Anja Schmidt

Copy = Right? Die digitale Privatkopie im Spannungs-
verhältnis zu technischen Schutzmaßnahmen

GRIN Verlag

Bibliografische Information der Deutschen Nationalbibliothek:

Die Deutsche Bibliothek verzeichnet diese Publikation in der Deutschen National-
bibliografie; detaillierte bibliografische Daten sind im Internet über http://dnb.d-
nb.de/ abrufbar.

Dieses Werk sowie alle darin enthaltenen einzelnen Beiträge und Abbildungen
sind urheberrechtlich geschützt. Jede Verwertung, die nicht ausdrücklich vom
Urheberrechtsschutz zugelassen ist, bedarf der vorherigen Zustimmung des Verla-
ges. Das gilt insbesondere für Vervielfältigungen, Bearbeitungen, Übersetzungen,
Mikroverfilmungen, Auswertungen durch Datenbanken und für die Einspeicherung
und Verarbeitung in elektronische Systeme. Alle Rechte, auch die des auszugsweisen
Nachdrucks, der fotomechanischen Wiedergabe (einschließlich Mikrokopie) sowie
der Auswertung durch Datenbanken oder ähnliche Einrichtungen, vorbehalten.

Impressum:

Copyright © 2004 GRIN Verlag GmbH
Druck und Bindung: Books on Demand GmbH, Norderstedt Germany
ISBN: 978-3-640-29180-9

Dieses Buch bei GRIN:

http://www.grin.com/de/e-book/120338/copy-right-die-digitale-privatkopie-im-
spannungsverhaeltnis-zu-technischen

GRIN - Your knowledge has value

Der GRIN Verlag publiziert seit 1998 wissenschaftliche Arbeiten von Studenten, Hochschullehrern und anderen Akademikern als eBook und gedrucktes Buch. Die Verlagswebsite www.grin.com ist die ideale Plattform zur Veröffentlichung von Hausarbeiten, Abschlussarbeiten, wissenschaftlichen Aufsätzen, Dissertationen und Fachbüchern.

Besuchen Sie uns im Internet:

http://www.grin.com/

http://www.facebook.com/grincom

http://www.twitter.com/grin_com

Copy = Right?

Die digitale Privatkopie im Spannungsverhältnis zu
technischen Schutzmaßnahmen

Vorwort

Die vorliegende Arbeit ist die aktualisierte Fassung meiner im Wintersemester 2003/2004 an der Rechtswissenschaftlichen Fakultät der Universität Wien approbierten Dissertation.

Es ist mir ein Anliegen, auch dieser Arbeit einige kurze Dankesworte voranzustellen.

Zunächst gilt mein Dank meinem Dissertationsbetreuer Herrn Univ.-Prof. Dr. *Wolfgang Zankl*, der mir im Rahmen des von ihm geleiteten europäischen Zentrums für E-Commerce und Internetrecht (e-zentrum) eine Plattform geboten hat, die es mir ermöglichte, mein im Zuge der Erarbeitung meiner Dissertation gewonnenes Wissen auf dem Gebiet des Urheberrechts in die Praxis einzubringen und der mich und meine Arbeit in dieser Form auf ganz besondere Weise gefördert hat.

Danken möchte ich auch *Herrn Univ.-Prof. Dr. Michael Enzinger* für die Bereitschaft, die Zweitbegutachtung zu übernehmen.

Auf ganz besondere Weise zu Dank verpflichtet bin ich *Herrn Mag. Christian Auinger* vom Bundesministerium für Justiz, der mir viele wertvolle Anregungen geliefert und durch seine stetige Diskussionsbereitschaft und mit immer neuen Gedanken die vorliegende Arbeit maßgeblich mitgeformt hat. Aufgrund seiner Tätigkeit als Vertreter Österreichs in der zuständigen Ratsarbeitsgruppe „Geistiges Eigentum/Urheberrecht" in der späteren Phase der Verhandlungen zur Urheberrechtsrichtlinie und seiner Beteiligung an der Erarbeitung der Urheberrechtsgesetz-Novelle 2003 als Mitarbeiter der zuständigen Fachabteilung des BMJ vermochte *Mag. Auinger* mir äußerst nützliche Hintergrundinformationen sowie die hinter bestimmten Regelungen stehenden Absichten sowohl des europäischen als auch des österreichischen Gesetzgebers zu vermitteln. Ohne die fachlichen Auseinandersetzungen mit *Mag. Auinger* wäre diese Arbeit mit Sicherheit nicht in der Form erschienen, wie sie jetzt vorliegt.

Mein Dank gilt auch *Herrn Dr. Kresbach* von Wolf Theiss & Partner Rechtsanwälte, der es mir während meiner Beschäftigung in dieser Rechtsanwaltskanzlei ermöglichte, mein Wissen im Bereich des E-Commerce und des Urheberrechts weiter zu vertiefen.

Größter Dank gebührt schließlich meinen *Eltern*, ohne deren Unterstützung es mir nicht möglich gewesen wäre, diese Arbeit zu erstellen.

Bearbeitungsstand der Arbeit ist der 20.12.2004. Die angegebenen Internet-Adressen wurden allesamt am 26.12.2004 überprüft und waren verfügbar.

Baden, am 26.12.2004   Anja Schmidt

INHALTSVERZEICHNIS

Abkürzungsverzeichnis

aA	anderer Ansicht (Auffassung)
ABl	Amtsblatt der Europäischen Gemeinschaften
ABGB	Allgemeines Bürgerliches Gesetzbuch
Abs	Absatz
aF	alte Fassung
Anm	Anmerkung
arg	Argument
Art	Artikel
Bd	Band
BG	Bundesgesetz
BGB	(deutsches) Bürgerliches Gesetzbuch
BGBl	Bundesgesetzblatt
BGH	(deutscher) Bundesgerichtshof
BlgNR	Beilagen zu den stenographischen Protokollen des Nationalrates
BMJ	Bundesministerium für Justiz
bspw	beispielsweise
bzgl	bezüglich
bzw	beziehungsweise
ca	circa
CD	Compact-Disc
CD-ROM	Compact-Disc – Read Only Memory
CD-RW	Compact-Disc - Rewritable
Computerprogramm-RL	EU-Richtlinie 91/250/EWG über den Rechtsschutz von Computerprogrammen vom 14. Mai 1991
CR	Computer und Recht (Zeitschrift)
Datenbank-RL	EU-Richtlinie 96/9/EG über den rechtlichen Schutz von Datenbanken vom 11. März 1996
dbzgl	diesbezüglich
dh	das heißt
DRM	Digital Rights Management

dt	deutsch
dUrhG	deutsches Urheberrechtsgesetz
DVD	Digital Versatile Disc
EB	Erläuternde Bemerkungen
ECG	E-Commerce-Gesetz
E-Commerce-RL	EU-Richtlinie 2000/31/EG "über bestimmte rechtliche Aspekte der Dienste der Informationsgesellschaft, insbesondere des elektronischen Geschäftsverkehrs, im Binnenmarkt" vom 8.Juni 2000
EDVuR	EDV & Recht (Zeitschrift)
EG	Europäische Gemeinschaft
E-Mail	Electronic Mail
endg	endgültig
ErläutRV	Erläuternde Bemerkungen zur Regierungsvorlage
EU	Europäische Union
EuGH	Europäischer Gerichtshof
f	und der (die) folgende
ff	und die folgenden
Fn	Fußnote
FS	Festschrift
GewO	Gewerbeordnung
GP	Gesetzesperiode
GRUR	Gewerblicher Rechtsschutz und Urheberrecht (Zeitschrift)
GRUR Int	Gewerblicher Rechtsschutz und Urheberrecht, Internat. Teil
hA	herrschende Ansicht
hM	herrschende Meinung
Hrsg	Herausgeber
idF	in der Fassung
idR	in der Regel
ieS	im engeren Sinn
IFPI	International Federation of the Phonographic Industry
Info-RL	EU-Richtlinie 2001/29/EG „zur Harmonisierung bestimmter Aspekte des Urheberrechts und der verwandten

Schutzrechte in der Informationsgesellschaft"
(Urheberrechtsrichtlinie) vom 22. Mai 2001

insb	insbesondere
iSd	im Sinne des/der
ISP	Internet Service Provider
iSv	im Sinne von
iVm	in Verbindung mit
JAB	Justizausschussbericht
JBl	Juristische Blätter
Kap	Kapitel
K&R	Kommunikation und Recht (Zeitschrift)
KOM	Dokumente der Kommission der Europäischen Gemeinschaften
lit	litera
MMR	Multimedia und Recht (Zeitschrift)
MP3	Moving Picture Experts Group Audio Layer 3
MR	Medien und Recht (Zeitschrift)
nF	neue Fassung
NJW	Neue Juristische Wochenschrift (Zeitschrift)
NJW-CoR	Computerreport der Neuen Juristischen Wochenschrift
Nr	Nummer
NZ	Österreichische Notariatszeitung
oä	oder ähnliches
ÖBl	Österreichische Blätter für gewerblichen Rechtsschutz und Urheberrecht
OGH	Oberster Gerichtshof
ÖJZ	Österreichische Juristenzeitung
OLG	Oberlandesgericht
PC	Personal Computer
RAM	Random Access Memory (Arbeitsspeicher eines PC)
RBÜ	Revidierte Berner Übereinkunft
RdW	Österreichisches Recht der Wirtschaft
RL	Richtlinie
Rn	Randnummer

Rspr	Rechtsprechung
RV	Regierungsvorlage
Rz	Randzahl
S	Seite
sog	sogenannte/r
StGB	Strafgesetzbuch
TKG	Telekommunikationsgesetz
TRIPS	Trade-Related Aspects of Intellectual Property Rights
UrhG	Urheberrechtsgesetz
Urheberrechts-RL	EU-Richtlinie 2001/29/EG „zur Harmonisierung bestimmter Aspekte des Urheberrechts und der verwandten Schutzrechte in der Informationsgesellschaft" vom 22. Mai 2001
ua	unter anderem
uä	und ähnliches
Unterabs	Unterabsatz
uU	unter Umständen
UWG	Bundesgesetz gegen den unlauteren Wettbewerb
vgl	vergleiche
WBl	Wirtschaftsrechtliche Blätter
WCT	World Intellectual Property Organisation Copyright Treaty
WIPO	World Intellectual Property Organisation
WPPT	World Intellectual Property Organisation Performance and Phonograms Treaty
Z	Ziffer
zB	zum Beispiel
Zugangskontroll-RL	EU-Richtlinie 98/84/EG über den rechtlichen Schutz von zugangskontrollierten Diensten und Zugangskontrolldiensten vom 2 November 1998.
ZuKG	Bundesgesetz über den Schutz zugangskontrollierter Dienste - Zugangskontrollgesetz
ZUM	Zeitschrift für Urheber- und Medienrecht

1 Einleitung

Vor dem Hintergrund der Urheberrechtsrichtlinie[1], auch Info-Richtlinie genannt, und deren Umsetzung in das österreichische Recht durch die UrhG-Nov 2003[2], widmet sich die nachstehende Arbeit vordergründig der digitalen Privatkopie und deren Spannungsverhältnis zu technischen Schutzmaßnahmen.

Das dem Urheber prinzipiell zustehende ausschließliche Vervielfältigungsrecht hat mit der Digitalisierung, insbesondere der Möglichkeit digitaler Vervielfältigung, einen veränderten Stellenwert erhalten. Zwar steht gemäß § 15 UrhG allein dem Urheber das Recht zu, die Vervielfältigung seines Werkes zu gestatten oder zu verbieten, in § 42 UrhG wird dieses Exklusivrecht jedoch erheblich eingeschränkt: Im Rahmen der sogenannten freien Werknutzung der Vervielfältigung zum eigenen Gebrauch darf jedermann von einem Werk einzelne Kopien herstellen, ohne dafür die Erlaubnis des Urhebers einholen zu müssen.

Diese im analogen Zeitalter entstandene urheberrechtliche Schrankenbestimmung[3], die vor allem der Allgemeinheit einen ungehinderten Informationszugang ermöglichen soll („free flow of information"), hat angesichts des neuen technischen Umfeldes, in dem unter Zuhilfenahme digitaler Reproduktionstechnik äußerst leicht und schnell eine qualitativ dem Original entsprechende Kopie hergestellt und via Internet verbreitet werden kann, eine neue Dimension erreicht.

Waren früher die Vervielfältigungen im privaten Bereich, etwa von Compactkassetten, noch mit erheblichem Qualitätsverlust verbunden, so ist es heute möglich, einen perfekten „Klon" mit sämtlichen Eigenschaften des Originals anzufertigen. Zudem entfallen beim Brennen von Musik auf CD im Vergleich zum Überspielen von Musik auf Kassette das lästige Hin- und Herspulen, das Aussteuern der Aufnahme sowie die mühseligen Versuche, die Bandlänge auszunutzen[4].

Angesichts dieser Entwicklung verwundert es auch nicht, dass die private Kopiertätigkeit in den letzten Jahren drastisch zugenommen hat. Die Anfertigung

---

[1]) Richtlinie 2001/29 des Europäischen Parlaments und des Rates vom 22. Mai 2001 zur Harmonisierung bestimmter Aspekte des Urheberrechts und der verwandten Schutzrechte in der Informationsgesellschaft, ABl L 167 vom 22.6.2001, S 10 ff. Im Folgenden Richtlinie, Urheberrechtsrichtlinie oder Info-Richtlinie genannt.
[2]) Urheberrechtsgesetz-Novelle 2003, BGBl I 2003/32 vom 6.6.2003.
[3]) Dem aus dem dUrhG stammenden Begriff „Schranke" entspricht die Bezeichnung „freie Werknutzung" bzw „gesetzliche Lizenz" des öUrhG. Die vorliegende Arbeit folgt in diesem Zusammenhang zumeist der Terminologie des dUrhG und bedient sich des Begriffes „Schranke". Vgl dazu unten Fn 38.
[4]) Siehe *Schaefer*, Die Rolle des Vervielfältigungsrechts in der Informationsgesellschaft, in Festschrift Nordemann, 1999, 197.

digitaler Kopien mit Hilfe der mittlerweile äußerst preiswerten CD-Brenner erfordert keine speziellen Computerkenntnisse mehr und tritt aufgrund der oben angesprochenen Kloneigenschaft der Kopien zunehmend auf die Ebene der Erstverwertung. Das private Kopieren substituiert den Kauf.

So verzeichnet insbesondere die Musikindustrie einen stetigen Umsatzrückgang, allein 19,8 % im Jahr 2003 in Deutschland[5], für den hauptsächlich das massenhafte Musikkopieren im Privatbereich verantwortlich gemacht wird. Den Zusammenhang zwischen sinkendem Musik-CD-Absatz und wachsender Kopiertätigkeit belegen folgende Zahlen: Während im Jahr 2003 in Deutschland rund 133,6 Millionen CD-Alben verkauft wurden, stieg die Zahl der an Private verkauften CD-Rohlinge auf insgesamt 702 Millionen Stück an, von denen nach Schätzungen 325 Millionen nur mit Musik kopiert worden sind. Insgesamt wurden daher ca. 375 Millionen mehr CD-Rohlinge verkauft und mit Musik bespielt, als reguläre Musik-CDs erstanden wurden[6].

Vor diesem Hintergrund schreiten die Rechtsinhaber[7] zunehmend zur Selbsthilfe und schützen ihre CDs mit einem Kopierschutz gegen privates Vervielfältigen. Der Einsatz solcher technischer Schutzmaßnahmen, etwa von Verschlüsselungsmechanismen, soll die Vervielfältigung urheberrechtlich geschützter Werke verhindern und den Rechtsinhabern die Kontrolle über die Werkverwertung sichern.

Dabei stellt sich allerdings die Frage, inwieweit sich diese Vorgangsweise mit der freien Werknutzung der Vervielfältigung zum eigenen Gebrauch vereinbaren lässt. Hat der Nutzer einer Musik-CD einen Anspruch darauf, dass die CD in einer Form veröffentlicht wird, die der privaten Vervielfältigung zugänglich ist, besteht also ein Recht, Vervielfältigungen zum eigenen Gebrauch herzustellen oder handelt es sich bei der freien Werknutzung gemäß § 42 UrhG lediglich um eine rechtliche Genehmigung zur Erstellung von Kopien zum eigenen Gebrauch, dessen Ausübung mit Hilfe technischer Schutzmaßnahmen faktisch verhindert werden darf?

---

[5]) Im Jahr 2002 ist der Musikabsatz in Deutschland um 11,3 % gesunken. Zur Quelle für diese Zahl vgl Fn 6.

[6]) Die Absatzzahlen des deutschen Tonträgermarktes sind auf der Homepage des deutschen Bundesverbandes der Phonographischen Wirtschaft unter www.ifpi.de zu finden. Der österreichische Musikmarkt verzeichnete im Jahr 2003 ebenso einen Umsatzrückgang, insgesamt 3,6 %; es wurden ebenso viele Musik-CDs verkauft wie Musik CD-Rs gebrannt (jeweils fast 19 Millionen Stück). Siehe www.ifpi.at.

[7]) Darunter sind im gegebenen Zusammenhang neben den Urhebern vor allem die Verwerter, z.B. Sony oder BMG, also die Content-Industrie, zu verstehen. •

Diesem soeben dargestellten Spannungsverhältnis zwischen technischem Schutz und freien Werknutzungen hat sich die EU-Urheberrechtsrichtlinie gewidmet und einer außerordentlich komplexen Regelung zugeführt.

Ziel dieser Arbeit ist es, dieses Kollisionsproblem näher zu beleuchten und generelle Lösungsmöglichkeiten für das Spannungsverhältnis zwischen technischen Schutzmaßnahmen und urheberrechtlichen Schranken aufzuzeigen. Einen Schwerpunkt werden dabei die diesbezüglichen Bestimmungen der Urheberrechtsrichtlinie[8] und deren Umsetzung im österreichischen Urheberrechtsgesetz[9] im Rahmen der Novelle 2003[10] bilden.

Der Auseinandersetzung mit diesem Untersuchungsgegenstand geht zunächst eine Darstellung des in § 15 UrhG geregelten Vervielfältigungsrechts sowie die durch die Urheberrechtsrichtlinie bedingten Änderungen desselben voraus. Im Anschluss daran wird, nach einer kurzen Erläuterung der hinter den Beschränkungen bzw Ausnahmen des Urheberrechts stehenden Motive des Gesetzgebers, die freie Werknutzung der Vervielfältigung zum eigenen bzw privaten Gebrauch umfassend dargestellt. Ausführlich behandelt werden hier vor allem die durch die Computerprogrammrichtlinie, die Datenbankrichtlinie und insbesondere die durch die Urheberrechtsrichtlinie bedingten Einschränkungen der in § 42 UrhG geregelten Privatkopieschranke. Dabei wird insbesondere geklärt, ob § 42 UrhG idF Novelle 2003 auch die Herstellung digitaler Kopien zum eigenen Gebrauch abdeckt und welche Änderungen sich in diesem Bereich durch die Urheberrechtsrichtlinie, insbesondere durch den Drei-Stufen-Test, ergeben haben. Weiters wird in diesem Zusammenhang ausführlich untersucht, ob auch der Download von Musikstücken aus Internet-Tauschbörsen unter das Privileg der freien Werknutzung der Vervielfältigung zum privaten Gebrauch gemäß § 42 UrhG fällt und mithin rechtmäßig ist.

Dem Kernstück der vorliegenden Arbeit, der Auseinandersetzung mit dem Spannungsverhältnis zwischen technischen Schutzmaßnahmen und der Privatkopieschranke geht schließlich noch die Untersuchung der Zulässigkeit des Ein-

---

[8]) Richtlinie 2001/29 des Europäischen Parlaments und des Rates vom 22. Mai 2001 zur Harmonisierung bestimmter Aspekte des Urheberrechts und der verwandten Schutzrechte in der Informationsgesellschaft, ABl L 167 vom 22.6.2001, S 10 ff. Im Folgenden Richtlinie, Urheberrechtsrichtlinie oder Info-Richtlinie genannt.
[9]) Im Folgenden UrhG.
[10]) Die richtlinienbedingten Anpassungen des österreichischen Urheberrechts erfolgten im Rahmen der Urheberrechtsgesetz-Novelle 2003, im Folgenden Novelle 2003. Die Urheberrechtsgesetz-Novelle 2003 ist seit 1.7.2003 in Kraft. Vgl BGBl I 2003/32 vom 6.6.2003, RV 40 BlgNR 22. GP. Wenn in weiterer Folge vom UrhG *idF Novelle 2003* gesprochen wird, so ist damit das UrhG in der Fassung des BGBl I 2003/32 gemeint.

satzes technischer Schutzmaßnahmen unter urheberrechtlichen Aspekten voran, wobei zwischen zugangsverhindernden und nutzungsverhindernden Schutzmaßnahmen unterschieden wird. Da gerade im Anwendungsbereich nutzungsverhindernder Schutzvorkehrungen das Spannungsverhältnis zur Privatkopieschranke besteht, wird in diesem Zusammenhang die Frage behandelt, ob sich die freie Werknutzung der Vervielfältigung zum privaten Gebrauch als Recht darstellt, aus dem sich ein Anspruch der Nutzer auf die Herstellung von Privatkopien ableiten ließe. Den diesbezüglichen Ausführungen schließt sich eine Untersuchung der Zulässigkeit nutzungsverhindernder Schutzmaßnahmen unter gewährleistungsrechtlichen Gesichtspunkten an. In weiterer Folge werden die Bestimmungen der Urheberrechtsrichtlinie über den Schutz technischer Maßnahmen vor Umgehung sowie deren Umsetzung im österreichischen Urheberrechtsgesetz umfassend behandelt. Neben den neu eingeführten Regelungen wird dabei ebenso auf den schon bisher bestehenden Umgehungsschutz für technische Vorkehrungen nach § 1 UWG sowie auf die gesonderten Umgehungsschutzbestimmungen für Computerprogramme und Zugangskontrollen eingegangen.

Den Abschluss bildet, wie bereits erwähnt, das Kernstück der vorliegenden Arbeit, in welchem das zwischen technischen Schutzmaßnahmen und der Privatkopieschranke bestehende Kollisionsproblem aufgezeigt und grundsätzliche Lösungsmöglichkeiten sowie die vom europäischen Gesetzgeber gewählte Regelungsoption ausführlich dargestellt werden.

2 Das Vervielfältigungsrecht

Das Urheberrechtsgesetz schützt eigentümliche geistige Schöpfungen auf den Gebieten der Literatur[11], der Tonkunst, der bildenden Künste und der Filmkunst (§ 1 UrhG) und regelt deren Verwertung (§§ 14 bis 18a UrhG). Diese eigentümlichen geistigen Schöpfungen werden im Urheberrecht „Werke" genannt. Neben diesem Urheberrecht im engeren Sinn schützt das UrhG aber auch die sogenannten verwandten Schutzrechte, auch Leistungsschutzrechte bezeichnet. Hier werden Leistungen, die keine persönlichen geistigen Schöpfungen darstellen und damit keinen Urheberrechtsschutz im engeren Sinn genießen, aus persönlichkeitsrechtlichen Erwägungen oder mit dem Ziel des Schutzes organisatorisch-unternehmerischer Leistungen auf kulturellem Gebiet geschützt[12]. Es handelt sich hierbei um den Schutz der ausübenden Künstler, der Veranstalter, der Lichtbildhersteller, der Tonträgerhersteller[13], der Sendeunternehmen, der Erstherausgeber nachgelassener Werke und der Datenbankhersteller.

Das Urheberrecht entsteht mit dem Realakt der Schaffung, einer Registrierung bedarf es nicht. Das Urheberrecht ist als Ausschließlichkeitsrecht ausgestaltet, dies bedeutet, dass dem Rechtsinhaber (Autor, Künstler etc) das alleinige Verfügungsrecht über sein Werk zusteht. Er kann der Verwendung seines geschützten Werkes zustimmen oder dessen unerlaubte Benützung untersagen.

Das alleinige Verfügungsrecht des Urhebers über sein Werk umfasst in materieller Hinsicht vor allem das Recht, sein Werk auf die ihm vorbehaltene Verwertungsart zu nutzen. Diese Verwertungsrechte sind in den §§ 14 bis 18a UrhG[14] geregelt und beinhalten das Bearbeitungs- und Übersetzungsrecht, das Veröffentlichungsrecht, das Recht der Vervielfältigung, das Verbreitungsrecht, das Recht auf Vermietung und Verleihung sowie das Senderecht, das Recht der öffentlichen Wiedergabe und das Zurverfügungstellungsrecht.

---

[11]) Computerprogramme sind beispielsweise als Werke der Literatur, und zwar als Sprachwerke, geschützt. Siehe ErläutRV 596 BlgNR 18 GP, S 4 und 6.
[12]) Siehe *Schricker*, in Schricker, Urheberrecht Kommentar, München 1999, Einleitung Rn 28.
[13]) Das öUrhG verwendet in diesem Zusammenhang den Begriff des Schallträgers, diese Arbeit folgt jedoch der Terminologie des dUrhG und bedient sich der Bezeichnung Tonträger.
[14]) § 18a UrhG, das Zurverfügungstellungsrecht, setzt Art 3 der Urheberrechtsrichtlinie um und wurde durch die Novelle 2003 in das UrhG eingefügt.

2.1 § 15 UrhG

Das Vervielfältigungsrecht ist in § 15 UrhG geregelt und normiert das ausschließliche Recht des Urhebers, sein Werk – gleichviel in welchem Verfahren und in welcher Menge – zu kopieren[15]. Kraft der Verweise in § 67 Abs 2 und § 76 Abs 6 UrhG gilt entsprechendes für die leistungsschutzberechtigten ausübenden Künstler (in bezug auf ihre Darbietungen) und Tonträgerhersteller (in bezug auf ihre Tonträger)[16].

Eine Vervielfältigung ist die Herstellung einer oder mehrerer „Festlegungen", die geeignet sind, das Werk den menschlichen Sinnen auf irgendeine Weise wiederholt unmittelbar oder mittelbar wahrnehmbar zu machen[17]. Der OGH geht bei der Interpretation des Vervielfältigungsbegriffes davon aus, dass erst dann von einem Vervielfältigungsstück gesprochen werden kann, wenn das Werk eine Verkörperung in einer konkreten Formgestaltung erfahren hat, wobei diese körperliche Festlegung nur in Verbindung mit einem Trägermaterial möglich ist. Auf Art und Beschaffenheit des Trägermaterials, also des Speichermediums, kommt es hingegen nicht an[18]. Hinsichtlich der Eignung des Vervielfältigungsstückes, das Werk den menschlichen Sinnen wahrnehmbar zu machen, führt der OGH in der Entscheidung Radio Melody III[19] aus, dass diese Wahrnehmbarmachung auch unter Zuhilfenahme technischer Einrichtungen erfolgen kann. Die digitale Speicherung von Werken auf Magnetbändern, Disketten oder auf der Festplatte eines Computers stellt daher eine urheberrechtlich relevante Vervielfältigung dar. Begründet wird dies nicht zuletzt damit, dass weniger auf mechanisch-technische Zusammenhänge der Vervielfältigung als vielmehr auf Sinn und Zweck des Vervielfältigungsrechts abgestellt werden soll: Dem Urheber soll ein Entgelt für diejenigen Nutzungshandlungen gesichert werden, die mittels Vervielfältigungen erfolgen. Durch die Vervielfältigung eines Werkes tritt ein Multiplikationseffekt ein, da der

---

[15]) Im Rahmen der Richtlinienumsetzung (Art 2 der RL) durch die Novelle 2003 hat auch eine ausdrückliche Bezugnahme auf vorübergehende oder dauerhafte Vervielfältigungen in § 15 UrhG Eingang gefunden. Siehe dazu sogleich, Kap 2.2.

[16]) Siehe *Haller*, Music on demand, Wien 2001, 98.

[17]) Siehe die EB zum UrhG zum Vervielfältigungsbegriff, abgedruckt bei *Röttinger*, Gedanken zum urheberrechtlichen Vervielfältigungsbegriff, in FS 50 Jahre Urheberrechtsgesetz, 203 ff.

[18]) Siehe OGH 26.1.1999, 4 Ob 345/98h – Radio Melody III - EvBl 1999/108 = MR 1999, 94 (Walter), MMR 1999, 352 (Haller).

[19]) OGH 26.1.1999, 4 Ob 345/98h; siehe Fn 18.

Werkgenuss einem größeren Personenkreis eröffnet wird. Sofern dadurch in irgendeiner Form die Verwertungsmöglichkeiten des Urhebers beeinträchtigt werden, sollen seine Interessen in der Form gewahrt werden, dass Vervielfältigungen von seiner Zustimmung abhängig sind[20].

2.2 Änderungen durch die Urheberrechtsrichtlinie

In Umsetzung der Urheberrechtsrichtlinie wurde das Vervielfältigungsrecht in § 15 UrhG durch die Novelle 2003 insofern angepasst, als die Definition dieses Vorbehaltsrechtes[21] nunmehr auch solche Vervielfältigungen beinhaltet, die bloß vorübergehend erfolgen. Art 2 der Richtlinie umschreibt das Vervielfältigungsrecht nämlich umfassender und verpflichtet die Mitgliedstaaten das Vervielfältigungsrecht als das Recht, *„die unmittelbare oder mittelbare, vorübergehende oder dauerhafte Vervielfältigung auf jede Art und Weise und in jeder Form ganz oder teilweise zu erlauben oder zu verbieten"*, vorzusehen. Diese weit gefasste Definition des Vervielfältigungsrechts erfolgte insbesondere im Hinblick auf die in der neuen elektronischen Umgebung bestehenden Unsicherheiten darüber, welche Vervielfältigungshandlungen im einzelnen geschützt sind.

Durch die Einbeziehung auch vorübergehender Vervielfältigungen in das Vorbehaltsrecht wird nunmehr durch die Novelle 2003 klargestellt, dass das Vervielfältigungsrecht sämtliche Vervielfältigungsverfahren erfasst, und zwar einschließlich elektronischer Verfahren, die für die menschlichen Sinne möglicherweise nicht wahrnehmbar sind[22]. Dem Vervielfältigungsrecht unterliegen damit alle relevanten Vervielfältigungshandlungen, ob online oder offline, in materieller oder immaterieller Form.

---

[20]) Siehe die Entscheidung Radio Melody III, OGH 26.1.1999, 4 Ob 345/98h. Vgl Fn 18.
[21]) Die Begriffe Vorbehalts-, Exklusiv-, Ausschließlichkeits-, und Verbotsrecht dienen im Rahmen dieser Arbeit als Synonyme. Es soll damit ausgedrückt werden, dass dem Urheber prinzipiell das alleinige Verfügungsrecht über sein Werk zusteht.
[22]) Siehe die Begründung der Kommission zum Richtlinienvorschlag KOM (1997) 628 endg., Teil I, Rn 8 zum Vervielfältigungsrecht.

Das Vervielfältigungsrecht wird nunmehr in § 15 UrhG idF Novelle 2003 folgendermaßen definiert: Der Urheber hat das ausschließliche Recht, sein Werk – gleichviel in welchen Verfahren, in welcher Menge und ob *vorübergehend oder dauerhaft*[23] – zu vervielfältigen.

Im Hinblick auf die Verwendung von Computern führt diese weit gefasste, das Tatbestandsmerkmal *vorübergehend* enthaltende Definition des Vervielfältigungsrechts insbesondere zu folgendem Ergebnis: Bei der Nutzung beispielsweise einer CD-ROM veranlasst der Nutzer die Anzeige des Inhalts am Bildschirm. Durch diese Werknutzung am Bildschirm kommt es automatisch zu einer Vervielfältigung im Arbeitsspeicher (RAM)[24] des Computers. Diese ist nur vorübergehend, da die Kopie mit dem Abschalten des Computers automatisch aus dem Speicher gelöscht wird. Nachdem es auf die Dauerhaftigkeit der Vervielfältigung nicht ankommt, sondern auch vorübergehende Kopien erfasst sind, handelt es sich hierbei um eine zustimmungspflichtige Verwertungshandlung[25]. Ebenso verhält es sich beim Caching oder Browsing: Erfolgen Zwischenspeicherungen in verschiedenen Servern auf dem Übertragungsweg („caching")[26] oder durchsucht ein Internetnutzer das Netzangebot („browsing")[27], so unterliegen die dabei erfolgenden Kopiervorgänge dem Vervielfältigungsrecht.

Mit *Walter*[28] ist allerdings davon auszugehen, dass es bereits vor Aufnahme des Kriteriums *vorübergehend* in § 15 UrhG im österreichischen Urheberrecht auf die Dauerhaftigkeit der Vervielfältigung nicht angekommen ist. Dies folgt vor allem aus den bereits erwähnten Ausführungen des OGH in der Entscheidung Radio Melody III[29] zu Sinn und Zweck des Vervielfältigungsrechts. Da es demnach bei der Beurteilung einer urheberrechtlich relevanten Vervielfältigung nicht auf ein zeitliches Element ankommt, sondern es vielmehr um die Frage geht, ob Verwertungsmöglichkeiten des Urhebers durch die Vervielfältigung in irgendeiner Form beeinträchtigt werden und dies bei vorübergehenden Speicherungen im RAM

---

[23]) Hervorhebungen vom Verfasser.
[24]) Random Access Memory.
[25]) *Walter*, Europäisches Urheberrecht, 2001, Info-RL Rn 56.
[26]) In Caches auf dem Computer des Nutzers oder in Cache-Servern des Internet Providers.
[27]) *Walter*, Europäisches Urheberrecht, 2001, Info-RL Rn 102.
[28]) *Walter*, MR 1999, 94 ff (Radio Melody III Glosse).
[29]) OGH 26.1.1999, 4 Ob 345/98h; siehe Fn 18.

oder im Rahmen des Caching oder Browsing in der Regel zutrifft, handelt es sich bei diesen Handlungen um zustimmungspflichtige Vervielfältigungen.

Dieses sowohl vor als auch nach der Urheberrechtsgesetz-Novelle erzielte Ergebnis, dass auch die über einen Arbeitsspeicher laufende Werknutzung einschließlich des Caching und Browsing zustimmungspflichtige Vervielfältigungshandlungen darstellen[30], steht allerdings in unmittelbarem Zusammenhang mit der in Art 5 Abs 1 Info-RL bzw der im neuen § 41a UrhG vorgesehenen Ausnahme vom ausschließlichen Vervielfältigungsrecht. Danach bedürfen solche vorübergehenden Vervielfältigungen, die bloß flüchtiger[31] oder begleitender[32] Natur sind, nicht der Zustimmung des Berechtigten. Auf diese Ausnahme vom Vervielfältigungsrecht wird noch weiter unten näher eingegangen[33].

---

[30]) Siehe *Schack,* Urheber- und Urhebervertragsrecht, Tübingen 2001, 180.
[31]) Flüchtig sind Vervielfältigungen dann, wenn sie von besonders kurzer Dauer iSv vergänglich sind. Vgl dazu das Kap 3.3.3.2.
[32]) Begleitend sind Vervielfältigungen dann, wenn sie zwar nicht kurzlebig sind, dafür aber bloß beiläufig im Zuge eines technischen Verfahrens entstehen. Vgl dazu das Kap 3.3.3.2.
[33]) Siehe das Kapitel 3.3.3.2.

3 Freie Werknutzungen

Das Urheberrecht und mit ihm die Verwertungsrechte, insbesondere das Vervielfältigungsrecht, sind zwar als absolute, jedoch nicht als unumschränkte Rechte ausgestaltet[34]. Während dem Eigentümer einer körperlichen Sache ein umfassendes Herrschaftsrecht über diese Sache gewährt wird[35], hat der Urheber als Eigentümer eines geistigen Gutes eben gerade „kein totales Beherrschungsrecht, das jede Benutzung des Werkes durch andere ausschließt, sondern eben nur bestimmte ausschließliche Befugnisse"[36]. Die Urheber müssen sich im Rahmen sogenannter „freier Werknutzungen" bzw urheberrechtlicher „Schranken" vielfältige Einschränkungen gefallen lassen, die gewissermaßen ein Korrektiv für das Alleinverfügungsrecht des Urhebers darstellen[37]. Diese Ausnahmen[38] sollen den Bedürfnissen des gesamten kulturellen und wirtschaftlichen Lebens Rechnung tragen und die Interessen der Allgemeinheit an der kulturellen Entwicklung angemessen berücksichtigen[39]. Die Weiterentwicklung des Kultur- und Geisteslebens erfordert es, dass für bestimmte Bereiche die ausschließlichen Verwertungsrechte eingeschränkt werden, um der Allgemeinheit einen Zugang zu den Kulturgütern und deren erlaubnisfreie Nutzung zu ermöglichen. Denn der Zugriff auf und der Austausch von fremden Werken bzw Informationen bringt erst die kulturelle Fortentwicklung mit sich.

Das Urheberrecht hat aber auch die Aufgabe, dem Urheber den wirtschaftlichen Wert des von ihm geschaffenen Werkes zu sichern[40]. In diesem Interessenkonflikt gewährt der Urheberrechtsgesetzgeber daher auf der einen Seite dem Urheber ausschließliche Verwertungsrechte, die aber auf der anderen Seite in ihrer Reichweite insbesondere im Rahmen freier Werknutzungen zugunsten der Allgemeinheit beschränkt sind.

---

[34]) Siehe *Schack*, Urheber- und Urhebervertragsrecht, Tübingen 2001, 213.
[35]) Vgl z.B. § 354 ABGB: „Als ein Recht betrachtet, ist Eigentum das Befugnis, mit der Substanz und den Nutzungen einer Sache nach Willkür zu schalten, und jeden anderen davon auszuschließen".
[36]) So die Erläuternden Bemerkungen zum Urheberrechtsgesetz 1936; siehe *Dillenz* (Hrsg), Materialien zum österreichischen Urheberrecht, Wien 1986, 63. Siehe *Haller*, Music on demand, 2001, 97.
[37]) Ebenso die Leistungsschutzberechtigten.
[38]) Die Begriffe freie Werknutzung, gesetzliche Lizenz, Schranke, Ausnahme und Beschränkung werden im Rahmen dieser Arbeit synonym verwendet. Vgl dazu insbesondere das Kap 3.1, letzter Absatz und Fn 51.
[39]) Siehe die EB zum Urheberrechtsgesetz 1936, abgedruckt bei *Dillenz* (Hrsg), Materialien zum österreichischen Urheberrecht, Wien 1986, 110.
[40]) Siehe *Dittrich*, Die Vervielfältigung zum eigenen Gebrauch, in FS Roeber, Berlin 1973, 119. Die Urheber und Leistungsschutzberechtigten sollen an den wirtschaftlichen Ergebnissen ihres Schaffens angemessen beteiligt werden, siehe OGH 31.5.1994 – Leerkassettenvergütung II – ecolex 1995, 112.

Die freien Werknutzungen sind in dem mit „Beschränkungen der Verwertungsrechte" übertitelten 7. Abschnitt des Urheberrechtsgesetzes in den §§ 41 ff geregelt[41]. Die Terminologie betreffend ist zu beachten, dass das Gesetz im Hinblick auf die Beschränkungen der Verwertungsrechte zwischen freien Werknutzungen, Zwangslizenzen und gesetzlichen Lizenzen unterscheidet. Bei freien Werknutzungen handelt es sich um vergütungsfreie Nutzungshandlungen ohne Zustimmungserfordernis des Urhebers, während unter gesetzlichen Lizenzen solche erlaubnisfreien Werknutzungsmöglichkeiten zu verstehen sind, für die eine Vergütungsverpflichtung vorgesehen ist. Bei einer Zwangslizenz wiederum erfordert die Nutzungshandlung die Zustimmung des Urhebers, der diesbezüglich allerdings bei Zahlung eines „angemessenen Entgeltes" einem Kontrahierungszwang[42] unterliegt. Während also freie Werknutzungen sowohl erlaubnis- als auch vergütungsfrei in Anspruch genommen werden können, lösen Nutzungshandlungen im Rahmen gesetzlicher Lizenzen einen gesetzlichen Anspruch auf „angemessene Vergütung" aus. Beispiel für eine Zwangslizenz ist der „Bewilligungszwang bei Schallträgern" gemäß § 58 UrhG, die „Benutzung von Rundfunksendungen" nach § 59 UrhG stellt hingegen eine gesetzliche Lizenz dar. Bei den Beschränkungen der Verwertungsrechte im Interesse der Rechtspflege und Verwaltung gemäß § 41 UrhG handelt es sich um eine freie Werknutzung[43].

3.1 Die Vervielfältigung zum eigenen Gebrauch

Das Gesetz sieht in § 42 UrhG eine freie Werknutzung zugunsten von Vervielfältigungen zum eigenen Gebrauch vor[44]. Danach darf *„jedermann von einem*

---

[41]) Die freien Werknutzungen für Computerprogramme sind jedoch in § 40d UrhG, jene für Datenbankwerke in § 40h UrhG geregelt.
[42]) Die Zustimmung des Urhebers zur Nutzung des Werkes kann gerichtlich durchgesetzt werden.
[43]) § 41 UrhG stellt Werknutzungen zu Beweiszwecken im Verfahren vor den Gerichten oder vor anderen Behörden sowie für Zwecke der Strafrechtspflege und der öffentlichen Sicherheit frei.
[44]) Im Rahmen dieser Arbeit wird lediglich auf die Vervielfältigung zum eigenen Gebrauch im engeren Sinn, somit nach § 42 Abs 1 UrhG aF bzw § 42 Abs 1 und 4 UrhG idF Novelle 2003 eingegangen. Die Vervielfältigung zum eigenen Schulgebrauch (§ 42 Abs 3 UrhG aF bzw Abs 6 idF Novelle 2003) und jene zugunsten der der Öffentlichkeit zugänglichen Einrichtungen, die Werkstücke sammeln (§ 42 Abs 4 UrhG aF bzw Abs 7 idF Novelle 2003) sowie Vervielfältigungen im Zusammenhang mit Pressespiegeln (§ 42 Abs 3 UrhG idF Novelle 2003) bleiben außer Betracht.

Werk einzelne Vervielfältigungsstücke zum eigenen Gebrauch herstellen"[45]. Aus den oben angeführten Gründen wird hier das in § 15 UrhG vorgesehene ausschließliche Vervielfältigungsrecht der Urheber im privaten Bereich eingeschränkt[46]. Dem OGH zufolge handelt es sich bei der Regelung der Vervielfältigung zum eigenen Gebrauch um einen Kompromiss, nämlich den Versuch eines gerechten Ausgleichs zwischen den Interessen der Urheber bzw Leistungsschutzberechtigten an der Anerkennung eines unbeschränkten Herrschaftsrechts am Werk und den Interessen der Allgemeinheit am ungehinderten Zugang jedes einzelnen zu den Kulturgütern[47].

Als Ausgleich für die Zulässigkeit privater Vervielfältigung und den dadurch bedingten wirtschaftlichen Nachteil wird dem Urheber eine „angemessene Vergütung" gewährt. Diese Kompensation erfolgt in Form der sogenannten Leerkassetten- bzw Reprographievergütung nach § 42b UrhG: Für Trägermaterial, das Vervielfältigungen im Wege der Bild- und Tonaufnahmen ermöglicht, wird nach Abs 1 eine Leermedienabgabe eingehoben[48]. Solche Träger bzw Geräte, die eine Vervielfältigung im Wege der Ablichtung, also mit Hilfe reprographischer oder ähnlicher Verfahren, ermöglichen, unterliegen nach Abs 2 einer Abgabe in der doppelten Form einer Geräte- und Betreibervergütung[49].

Diese verwertungsgesellschaftenpflichtigen Vergütungsansprüche richten sich nach § 42b Abs 3 Z1 UrhG gegen die Hersteller, Importeure und Händler von zur Vervielfältigung von Werken bestimmten Leermedien oder Geräten.

Im Hinblick auf die im Gesetz vorgenommene Differenzierung zwischen den drei verschiedenen Beschränkungsformen, nämlich der freien Werknutzung, der

---

[45]) Vgl § 42 UrhG alte Fassung. Die neue Fassung des § 42 UrhG unterscheidet nunmehr zwischen privatem und eigenem Gebrauch. Siehe dazu sogleich.

[46]) Auch im Leistungsschutzrecht sind entsprechende Einschränkungen vorgesehen. So ist etwa das ausschließliche Vervielfältigungsrecht des ausübenden Künstlers (vgl den Verweis des § 67 Abs 2 auf § 15 Abs 1 UrhG) bei Vervielfältigungen zum privaten Gebrauch eingeschränkt (vgl § 69 Abs 2 UrhG). Ebenso ist das ausschließliche Vervielfältigungsrecht des Tonträgerherstellers (siehe § 76 Abs 6 UrhG) im Privatbereich eingeschränkt (§ 76 Abs 4 UrhG).

[47]) OGH 26.1.1993 – Null-Nummer II - ÖBl 1993, 136 = MR 1993, 65 = WBl 1993, 233.

[48]) So etwa für Musik- und Videokassetten, Audio CD-Rs und CD-RWs, DVDs sowie sonstige Speichermedien aller Art wie z.B. Multimedia-, Smart- und Flash Cards, Festplattenspeicher usw.

[49]) Die Leerkassettenvergütung knüpft nur an das Trägermaterial an, eine korrespondierende Gerätevergütung ist nicht vorgesehen. Der Verkauf von Geräten wie etwa CD-Brenner oder MP3-Player, die für die Bild- und Tonaufzeichnung bestimmt sind, unterliegen daher nach österreichischem Recht keiner Vergütungspflicht. Multimedia Cards für MP3-Player und Festplatten (Etwa Festplatte in digitalen Videorekordern. Nach der Ansicht *Dittrichs* erfolgt die Einhebung einer Leerkassettenvergütung für Festplatten zu Unrecht, da Festplatten nicht als „Leerkassetten" iSd § 42b UrhG beurteilt werden können. Siehe *Dittrich*, Die Festplatte – ein Trägermaterial iSd § 42b UrhG, ÖJZ 2001, 754 ff.) unterliegen allerdings als Speichermedien der Leermedienabgabe. Anders die Rechtslage in Deutschland, dort besteht die Geräteabgabe nämlich nicht nur hinsichtlich der Reprographie, sondern auch für Vervielfältigungen auf Bild- und Tonträgern und ergänzt die Leerkassettenvergütung.

gesetzlichen Lizenz und der Zwangslizenz, folgt aus der Vergütungspflicht, dass diese Begriffe nicht sauber von einander getrennt werden. Entgegen dem Wortlaut der Überschrift zu den §§ 41 bis 57 UrhG handelt es sich bei der Vervielfältigung zum eigenen Gebrauch nach § 42 UrhG nämlich nicht um eine freie Werknutzung, sondern um eine gesetzliche Lizenz[50], da es sich bei freien Werknutzungen um erlaubnis- und vergütungsfreie Nutzungshandlungen handelt, der nach § 42 UrhG erlaubten Vervielfältigung zum eigenen Gebrauch korrespondiert jedoch eine Vergütungsverpflichtung. Die Vervielfältigung zum eigenen Gebrauch gemäß § 42 UrhG stellt daher aufgrund der gesetzlich vorgesehenen Vergütungsverpflichtung eine gesetzliche Lizenz dar[51].

3.2 Definition

Der Anwendungsbereich der gesetzlichen Lizenz der Vervielfältigung zum eigenen Gebrauch gemäß § 42 UrhG hat im Rahmen der Umsetzung der Urheberrechtsrichtlinie im Zuge der Novelle 2003 einige Einschränkungen erfahren, auf die im Rahmen dieser Arbeit ausführlich eingegangen wird. Um die Darstellung dieser richtlinienbedingten Änderungen des § 42 UrhG zu vereinfachen, wird im Folgenden zunächst die alte, vor der Novelle 2003 geltende Fassung des § 42 UrhG behandelt[52]. Erst im Anschluss an diese Darstellung der alten Rechtslage zu § 42 UrhG werden die Anpassungen an europarechtliche Vorgaben und damit die geltende Rechtslage im Zusammenhang mit der gesetzlichen Lizenz der Vervielfältigung zum eigenen Gebrauch dargestellt.

Nach der alten Rechtslage wurde[53] der Kern der freien Werknutzung der Vervielfältigung zum eigenen Gebrauch im Gesetzestext selbst[54] definiert: Eine Vervielfältigung zum eigenen Gebrauch lag dann nicht vor, wenn sie zu dem Zweck

---

[50]) Wird die Vervielfältigung allerdings durch Abschreiben vorgenommen, so handelt es sich dabei um eine tatsächliche freie Werknutzung, da in diesem Fall dem Urheber keine angemessene Vergütung gewährt wird.

[51]) Dennoch wird in Anlehnung an die Literatur und Rsp im Rahmen dieser Arbeit weiterhin mit § 42 UrhG weiterhin der Begriff der freien Werknutzung verwendet werden. Die Arbeit bedient sich hinsichtlich des § 42 UrhG ebenso der Begriffe Schranke, Ausnahme und Beschränkung, welche einander jeweils als Synonyme dienen.

[52]) Ein Großteil der nachfolgenden Ausführungen trifft, wie weiter unten noch zu zeigen ist, auch auf die geltende Fassung des § 42 UrhG zu.

[53]) Und wird weiterhin, vgl § 42 Abs 5 Satz 1 UrhG idF Novelle 2003.

[54]) Vgl § 42 Abs 2 Satz 1 UrhG aF.

vorgenommen wurde, das Werk mit Hilfe des Vervielfältigungsstückes der Öffentlichkeit zugänglich zu machen. Um eine Umgehung dieser Beschränkung zu verhindern, durfte das zum eigenen Gebrauch hergestellte Vervielfältigungsstück nicht dazu verwendet werden, das Werk damit der Öffentlichkeit zugänglich zu machen[55]. Aus dieser negativen Abgrenzung in Verbindung mit dem Tatbestandsmerkmal „jedermann" in § 42 Abs 1 UrhG aF folgte zum einen, dass die freie Werknutzung physischen und juristischen Personen in gleicher Weise zugute kam[56]. Zum anderen folgte daraus, dass die Privilegierung ohne Rücksicht darauf galt, ob das hergestellte Vervielfältigungsstück privaten oder beruflichen Zwecken diente und/oder damit mittelbare Einnahmen erzielt wurden[57]. Das Gesetz forderte zudem keinen persönlichen Gebrauch[58]: Solange das Werk damit nicht der Öffentlichkeit zugänglich gemacht wird, konnte der Begünstigte das Vervielfältigungsstück innerhalb der Privatsphäre auch weitergeben[59]. Die im Rahmen des § 42 UrhG hergestellte Kopie einer Musik-CD durfte demnach im Freundeskreis verschenkt bzw weitergegeben werden.

Der Benützer des Vervielfältigungsstückes musste dieses nicht selbst herstellen, er konnte es auch durch einen anderen herstellen lassen. Voraussetzung war nach § 42a UrhG jedoch eine Bestellung des von der freien Werknutzung Begünstigten, auf „Vorrat" durfte der Dritte nicht produzieren[60]. Im Hinblick auf obiges Beispiel konnte also der Käufer einer Musik-CD die zur anderweitigen Verwendung[61] beabsichtigte Kopie dieser CD auch von einem Freund herstellen lassen. Der Dritte musste prinzipiell unentgeltlich handeln, dies galt jedoch nicht für Vervielfältigungen

---

[55]) Vgl die EB zur RV 1996 zu § 42 Abs 1 und 2, abgedruckt bei *Dittrich*, Urheberrecht, 187. Dementsprechend ist die freie Werknutzung unanwendbar, wenn zwar ursprünglich bei der Herstellung der Kopie die öffentliche Zugänglichmachung nicht bezweckt war, dies aber dennoch in weiterer Folge geschehen ist. Vgl § 42 Abs 2 Satz 2 UrhG aF (dem entspricht § 42 Abs 5 Satz 2 UrhG idF Novelle 2003).

[56]) OGH 26.1.1993 – Null-Nummer II – ÖBl 1993, 136 = MR 1993, 65.

[57]) Nach der neuen Rechtslage gilt dies nur mehr für reprographische Vervielfältigungen. Vervielfältigungen auf anderen Trägern als Papier, etwa Digitalkopien, dürfen lediglich von natürlichen Personen hergestellt werden und ausschließlich privaten Zwecken dienen. Siehe § 42 Abs 4 idF Novelle 2003 und weiter unten, Kap 3.3.4.1.

[58]) Auch die geltende Fassung des § 42 UrhG fordert keinen persönlichen Gebrauch.

[59]) OGH 31.1.1995 – Ludus tonalis – ÖBl 1995, 184 = MR 1995, 106.

[60]) Siehe EB zum Urheberrechtsgesetz 1936, abgedruckt bei Dillenz, Materialien zum österreichischen Urheberrecht, Wien 1986, 111. Siehe auch *Dittrich* in FS Roeber, Die Vervielfältigung zum eigenen Gebrauch, 116.

[61]) Der Käufer einer Musik-CD wird diese primär zum Abspielen über die Stereo-Anlage oder den Computer verwenden. Möchte er den Hörgenuss dieser Musik-CD jedoch etwa auch im Pkw erfahren, so wird er für diese „anderweitige Verwendung" eine Kopie der Musik-CD herstellen. Die Herstellung dieser CD-Kopie kann auch durch einen Dritten erfolgen.

durch reprographische oder ähnliche Verfahren[62] sowie im Fall der Vervielfältigung durch Abschreiben eines Werkes der Literatur oder Tonkunst[63] [64].

Von der freien Werknutzung nach § 42 UrhG war, und ist auch nach der neuen Rechtslage weiterhin, die Herstellung *einzelner* Kopien gedeckt[65]. Die erlaubte Anzahl der Vervielfältigungsstücke eines Werkes ist daher nicht zahlenmäßig abgegrenzt, sondern im Einzelfall nach dem Zweck zu beurteilen, der mit dem Herstellen mehrerer Kopien verfolgt wird[66]. Als Auslegungshilfe dient demnach der Zweck des konkreten Eigengebrauchs, wobei damit auch gleichzeitig klargestellt wird, dass jedes einzelne Vervielfältigungsstück durch den Zweck des Eigengebrauchs gerechtfertigt sein muss. Von der österreichischen Lehre wurde aber in Anlehnung an die deutsche Rechtsprechung[67] daneben auch noch eine zahlenmäßige Obergrenze von 7 Vervielfältigungsstücken anerkannt[68]. Diese quantitative Festlegung wurde allerdings durch die „Null-Nummer"-Entscheidung des OGH[69] abgelöst. Die numerische Grenze für „einzelne Vervielfältigungsstücke" hängt somit weiterhin von der richterlichen Einschätzung unter Bezug auf Art des Werkes und Art der Werknutzung ab[70]. Diese Lösung ist sachgerecht, kommt es doch auf

---

[62]) § 42a Z1 UrhG. Dies betrifft z.b. Copy Shops.

[63]) § 42a Z2 UrhG.

[64]) § 42a UrhG, der die auf Bestellung erfolgende Herstellung von Vervielfältigungsstücken zum eigenen Gebrauch eines anderen für zulässig erklärte, wurde im Rahmen der Novelle 2003 unverändert beibehalten, aufgrund der neu eingeführten Trennung zwischen eigenem und privatem Gebrauch bezieht sich § 42a UrhG aber nunmehr nur auf Vervielfältigungen auf Papier und solchen zu wissenschaftlichen Forschungszwecken. Vgl dazu das Kap 3.3.4.1.

[65]) Vgl § 42 Abs 1 UrhG aF bzw § 42 Abs 1, 2, 3 und 4 UrhG idF Novelle 2003.

[66]) Siehe *Dittrich,* Zum Umfang der freien Werknutzung für den eigenen Gebrauch, MRA 1984 H 4, 1 ff.

[67]) BGH 14.4.1978, GRUR 1978, 474.

[68]) Vgl statt vieler *Dittrich,* Zum Umfang der freien Werknutzung für den eigenen Gebrauch, MRA 1984 H 4, 1 ff. Dittrich vertritt diesen Standpunkt mittlerweile nicht mehr, siehe *Dittrich,* Straffreier Gebrauch von Software?, ecolex 2002, 188.

[69]) OGH 26.1.1993, „Null-Nummer II", MR 1993, 65. Der Entscheidung liegt der Sachverhalt zugrunde, dass das künftige, grundlegend veränderte Erscheinungsbild einer Zeitung in Form einer „Null-Nummer" der Zeitungsredaktion gezeigt wurde und zu diesem Zweck 19 Exemplare an sämtliche Redaktionsmitglieder verteilt wurden. Der OGH entschied, dass alle 19 Vervielfältigungsstücke von der freien Werknutzung der Vervielfältigung zum eigenen Gebrauch gedeckt sind, da hinsichtlich der Stückanzahl auf den bei der Vervielfältigung verfolgten Zweck im Einzelfall abzustellen ist. Auch 19 Stück können demnach von der zulässigen Herstellung „einzelner Vervielfältigungsstücke" gedeckt sein. Siehe *Fiebinger,* § 42 UrhG: Die magische Zahl 7 ist tot!, MR 1993, 43 ff und *Dillenz,* Praxiskommentar zum österreichischen Urheberrecht und Verwertungsgesellschaftenrecht, Wien 1999, 130. Der OGH folgte hinsichtlich der Auslegung „einzelner Vervielfältigungsstücke" damit der Ansicht *Hofmanns,* der sich gegen die Festlegung einer zahlenmäßigen absoluten Obergrenze aussprach, siehe *Hofmann,* Zur Bedeutung des Begriffs „einzelne" für die freie Werknutzung im österreichischen Urheberrecht, MR 1985 H 4, 19.

[70]) Vgl *Dillenz,* Praxiskommentar zum österreichischen Urheberrecht und Verwertungsgesellschaftenrecht, Wien 1999, 130. Mit *Dittrich* ist davon auszugehen, dass bei der Ablehnung des OGH, eine absolute zahlenmäßige Grenze festzulegen, die Betonung auf dem Wort absolut liegt. Bei der Herstellung von 170 Kopien für Ausbildungszwecke des Bundesheeres wird die mit „einzelne Vervielfältigungsstücke" umschriebene Obergrenze des § 42 UrhG jedenfalls überschritten und scheidet ein Berufen auf die Freistellung aus. Siehe die OGH-Entscheidung vom 20.11.1991, 1 Ob 28/91, MR 1992, 156 (Walter). Vgl *Dittrich,* Straffreier Gebrauch von Software?, ecolex 2002, 188.

den jeweils mit der Vervielfältigung persönlich verfolgten Zweck an, dessen Beurteilung in Zweifelsfällen der Rechtsprechung obliegt. Eine ziffernmäßige Festlegung birgt zudem die Gefahr, einen Anreiz zur Ausschöpfung der festgelegten Obergrenze zu schaffen[71].

Entscheidend ist, dass nach § 42 UrhG idF vor der Novelle 2003 die Art der Vervielfältigung zum eigenen Gebrauch und die verwendeten technischen Verfahren keine Rolle spielten. Die Vervielfältigung konnte daher insbesondere im photographischen Verfahren, durch mechanische Vervielfältigung auf Tonband, Musikkassette, Videokassette, Filmstreifen aber auch durch Festhalten auf sonstigen Speichermedien wie etwa Disketten, CD-ROMs, Festplatten udgl erfolgen[72].

3.3 Einschränkung der Vervielfältigung zum eigenen Gebrauch

Die durch den technischen Fortschritt bedingten Entwicklungen und insbesondere immer ausgereiftere Vervielfältigungstechniken haben dazu geführt, dass die Urheber und Leistungsschutzberechtigten im Rahmen der freien Werknutzung der Vervielfältigung zum eigenen Gebrauch noch stärkeren Eingriffen in ihre ausschließlichen Verwertungsrechte, insbesondere in das Vervielfältigungsrecht, ausgesetzt sind. Auf internationaler[73] und vor allem auf europäischer Ebene bestehen deshalb schon seit einigen Jahren Tendenzen, die urheberrechtlichen Schrankenbestimmungen einzugrenzen. Im Lichte der Digitalisierung reicht die Bandbreite der Diskussion von der Forderung einer gänzlichen Abschaffung der Privatkopie bis hin zur vollständigen Beibehaltung der freien Werknutzung.

Die Vervielfältigung zum eigenen Gebrauch überhaupt zu untersagen, ginge wohl zu weit und ließe sich zudem praktisch kaum durchsetzen. In diesem Zusammenhang sei darauf hingewiesen, dass sich das Problem der Beschränkung des Vervielfältigungsrechts nicht zum ersten mal stellt. Bereits bei der Erfindung photomechanischer Verfahren in den 70er Jahren wurde die Abschaffung der

---

[71]) Vgl die Gegenäußerung der deutschen Bundesregierung zur Stellungnahme des Bundesrates zum Gesetzesentwurf zur Regelung des Urheberrechts in der Informationsgesellschaft vom 6.11.2002, zu Buchstabe c, S 1, abrufbar unter http://www.urheberrecht.org/topic/Info-RiLi/ent/11523.pdf.

[72]) Siehe *Walter*, Die freie Werknutzung zum eigenen Gebrauch, MR 1989, 69 ff.

[73]) Hier sind vor allem der WIPO-Urheberrechtsvertrag (WIPO Copyright Treaty - WCT) und der WIPO-Vertrag über Darbietungen und Tonträger (WIPO Performances and Phonograms Treaty – WPPT) zu nennen.

Schranke zugunsten der Vervielfältigung zum eigenen Gebrauch diskutiert und mit dem Argument verworfen, dass dies hieße, die Allgemeinheit von den Vorteilen eines technischen Fortschrittes auszuschließen[74]. Das gleiche muss für die nunmehr zur Diskussion stehenden elektronischen Vervielfältigungstechniken gelten. Freilich haben die modernen, insbesondere digitalen Herstellungsverfahren im Vergleich zu den mechanischen Vervielfältigungen[75] erheblich größere Auswirkungen auf die Verwertungsmöglichkeiten der Berechtigten[76]. Besinnt man sich auf den Zweck des Urheberrechts, nämlich dem Schöpfer den wirtschaftlichen Wert des von ihm geschaffenen Werkes zu sichern[77], so muss in diesem Sinne aber zumindest die Grenze zulässiger Vervielfältigungen im Rahmen des eigenen Gebrauchs angesichts der Eigenschaft digitaler Vervielfältigungen, die Verwertungsmöglichkeiten der Urheber und Leistungsschutzberechtigten erheblich einzuschränken, enger gezogen werden.

In diese Kerbe schlägt etwa der Vorstoß, § 42 UrhG im Hinblick auf Musiktauschbörsen insofern einschränkend zu interpretieren, dass nur solche privaten Vervielfältigungen von der Schranke gedeckt sein sollen, die von einer rechtmäßigen Kopiervorlage erfolgen[78]. Während über diese Einschränkung letztlich die Gerichte zu entscheiden hätten[79], hat im Rahmen der Umsetzung der Urheberrechtsrichtlinie im Zuge der Novelle 2003 der Anwendungsbereich der Privatkopie einige Einschränkungen erfahren, die positiv rechtlich umgesetzt wurden. Bereits vor der Novelle 2003 wurden für Vervielfältigungen im privaten Bereich von

---

[74]) Siehe dazu *Dittrich,* Die Vervielfältigung zum eigenen Gebrauch, in FS Roeber, Berlin 1973, 108.
[75]) Festhalten auf Tonträgern oder Bildtonträgern wie insbesondere auf Tonband, Musikkassette, Videoband oder Filmstreifen.
[76]) Der Urheber und Leistungsschutzberechtigten.
[77]) Siehe *Dittrich,* Die Vervielfältigung zum eigenen Gebrauch, in FS Roeber, 1973, 119.
[78]) Siehe etwa *Medwenitsch/Schanda,* Download von MP3-Dateien aus dem Internet: Private Vervielfältigung und rechtmäßig erstellte Vorlage, FS Dittrich, Wien 2000, 219 ff; *Walter,* Ministerialentwurf einer UrhGNov 2002 – Ausgewählte Aspekte, 217 ff. Für das deutsche Schrifttum vgl. etwa *Loewenheim,* Vervielfältigungen zum eigenen Gebrauch von urheberrechtswidrig hergestellten Werkstücken, FS Dietz, München 2001, 415 ff; *Leupold/Demisch,* Bereithalten von Musikwerken zum Abruf in digitalen Netzen, ZUM 2000, 379 ff; *Schaefer,* Welche Rolle spielt das Vervielfältigungsrecht auf der Bühne der Informationsgesellschaft?, FS Nordemann, 1999, 191 ff.
[79]) Wie weiter unten noch zu zeigen ist, könnte sich das Erfordernis der rechtmäßigen Quelle gegebenenfalls nur auf den Drei-Stufen-Test stützen. Der Drei-Stufen-Test stammt ursprünglich aus Art 9 Abs 2 der Berner Konvention und wurde in erweiterter Form von Art 13 TRIPS-Abkommen, Art 10 WCT, Art 16 WPPT und Art 5 Abs 4 der Urheberrechtsrichtlinie übernommen. Da sich der Drei-Stufen-Test an den Gesetzgeber und nicht an den Rechtsunterworfenen richtet, müsste erst ein Gericht darüber erkennen, ob die Zulässigkeit von von rechtswidrigen Kopiervorlagen erfolgenden Privatvervielfältigungen mit dem Drei-Stufen-Test in Einklang steht. Siehe dazu weiter unten die Kap 3.3.3.1 und 3.3.4.3.4.

Computerprogrammen und Datenbanken aufgrund der mit der Digitaltechnik verbundenen Gefahren[80] für die Berechtigten Sondervorschriften erlassen.

Bevor nun in diesem Zusammenhang Artikel 5 der Urheberrechtsrichtlinie untersucht und im Anschluss daran die neue Rechtslage zur Schranke zugunsten der Vervielfältigung zum eigenen Gebrauch erörtert wird, soll zunächst auf die durch die Computerprogrammrichtlinie und die Datenbankrichtlinie bedingten Einschränkungen der Privatkopie eingegangen werden.

3.3.1 Einschränkung durch die Computerprogrammrichtlinie

Im Rahmen der Urheberrechtsgesetz-Novelle 1993[81] erfolgte in Umsetzung der Computerprogrammrichtlinie[82] eine erhebliche Einschränkung des Anwendungsbereichs des § 42 UrhG dahin gehend, dass nach § 40d Abs 1 UrhG die freie Werknutzung der Vervielfältigung zum eigenen Gebrauch nicht für Computerprogramme gilt. Mithin ist eine Vervielfältigung von Computerprogrammen für private Zwecke oder für den Eigenbedarf ausgeschlossen[83].

Nach § 40d Abs 2 UrhG[84] dürfen Computerprogramme nur soweit vervielfältigt und bearbeitet werden, als dies für ihre bestimmungsgemäße Benutzung durch den zur Benutzung Berechtigten notwendig ist. Worin die bestimmungsgemäße Programmbenutzung besteht, richtet sich grundsätzlich nach den Parteienvereinbarungen. Daneben sind auch Art und Ausgestaltung des Programms für die

---

[80]) Aus Verwertersicht können sich etwa die digitalen Reproduktions-, Zugriffs-, und Wiedergabemöglichkeiten als Gefahren darstellen.
[81]) Urheberrechtsgesetz-Novelle 1993, BGBl 1993/93, RV 596 BlgNR 18. GP.
[82]) Richtlinie 91/250/EWG des Rates vom 14. Mai 1991 über den Rechtsschutz von Computerprogrammen, ABl Nr L 122/42, vom 17.5.1991; in der geänderten Fassung durch die Richtlinie 93/98 EWG des Rates vom 30.10.1993 zur Harmonisierung der Schutzdauer des Urheberrechts und bestimmter verwandter Schutzrechte, ABl Nr L 290/3 vom 24.11.1993.
[83]) Vgl *Wittmann/Popp*, Die Urheberrechtsgesetz-Novelle 1993, MR 1993, 4. Die Verletzung dieses Verbotes ist strafrechtlich sanktioniert (vgl § 91 Abs 1a UrhG aF bzw § 91 Abs 1 Satz 1 UrhG idF Novelle 2003). Die Urheberrechtsgesetz-Novelle 1996 (3 BlgNR 20. GP; BGBl I 1996/151) hat jedoch die Strafbarkeit ausgeschlossen, wenn es sich nur um eine unbefugte Vervielfältigung zum eigenen Gebrauch oder unentgeltlich auf Bestellung zum eigenen Gebrauch eines anderen handelt. Wird also bspw ein Computerprogramm zum eigenen Gebrauch vervielfältigt, so ist diese Vervielfältigung straffrei, obwohl § 40d UrhG die freie Werknutzung der Vervielfältigung zum eigenen/privaten Gebrauch nach § 42 UrhG für nicht anwendbar erklärt. Der Grund dieser Straffreistellung liegt darin, dass dem Gesetzgeber ein strafrechtliches Vorgehen in diesem Bereich zu hart erschien. Die ErläutRV (S 31) führen diesbezüglich aus, dass der Unrechtsgehalt der Vervielfältigung eines Computerprogramms zu privaten Zwecken verglichen mit der im Strafrecht allgemein gezogenen Grenze der gerichtlichen Strafbarkeit ein strafrechtliches Vorgehen nicht rechtfertige.
[84]) Vgl Art 5 Abs 1 der Computerprogrammrichtlinie.

Konkretisierung der bestimmungsgemäßen Benutzung maßgeblich[85]. Zweck dieser Bestimmung ist es jedenfalls, dem Anwender eine Nutzung in dem Umfang zu garantieren, die ihm die Arbeit mit dem Programm und dessen wirtschaftlich sinnvolle Nutzung gestattet[86]. So darf der zur Benutzung Berechtigte[87] jedenfalls jene Vervielfältigungsvorgänge vornehmen, die mit dem Laden des Programms in den Arbeitsspeicher oder etwa mit der Abspeicherung auf der Computerfestplatte verbunden sind. Bearbeitungen kommen beispielsweise im Rahmen von Fehlerberichtigungen[88], der Anpassung an individuelle Bedürfnisse des Benutzers oder an veränderte technische, wirtschaftliche oder organisatorische Gegebenheiten in Betracht[89]. Die nach § 40d Abs 2 UrhG zulässige Vervielfältigung oder Bearbeitung eines Computerprogramms steht zudem unter der Bedingung, dass diese Nutzungshandlungen zur bestimmungsgemäßen Benutzung notwendig sind. Dies ist dann der Fall, wenn durch andere zumutbare Maßnahmen die bestimmungsgemäße Programmbenutzung nicht ermöglicht werden kann. Vervielfältigungen oder Bearbeitungen, die für die bestimmungsgemäße Programmbenutzung lediglich zweckmäßig oder nützlich sind, sind daher nicht gedeckt[90].

§ 40d Abs 3 Z 1 UrhG[91] räumt dem zur Benutzung Berechtigten das Recht ein, Vervielfältigungsstücke zu Sicherungszwecken (Sicherungskopien) herzustellen, soweit dies für die bestimmungsgemäße Programmbenutzung notwendig ist. Von einer Sicherungskopie sind lediglich jene Vervielfältigungen[92] erfasst, die der Erhaltung der Einsatzfähigkeit des Programms dienen[93].

---

[85]) Siehe *Loewenheim* in *Schricker*, Urheberrecht, 2 Auflage 1999, Rn 7 zu § 69d dUrhG.

[86]) Vgl *Lehmann,* FS für Schricker, S 555, zitiert nach *Loewenheim* in *Schricker*, Urheberrecht, 2 Auflage 1999, Rn 12 zu § 69d dUrhG.

[87]) Zu den Berechtigten zählen nicht nur die Käufer von Computerprogrammen, sondern uU (je nach Parteienvereinbarung) ebenso die Zweit- sowie weitere Erwerber. Auch jene Personen, die bspw durch Abschluss eines Softwarelizenzvertrages urheberrechtliche Nutzungsbefugnisse am Programm erworben haben, können Berechtigte sein. Vgl *Loewenheim* in *Schricker*, Urheberrecht, 2 Auflage 1999, Rn 4 und 17 zu § 69d dUrhG.

[88]) Fehlerberichtigungen dienen der Beseitigung von Störungen, die eine bestimmungsgemäße Programmbenutzung verhindern, bspw Funktionsstörungen, Programmabstürze, Viren etc. Bei Programmverbesserungen oder der Erweiterung des Funktionsumfanges handelt es sich hingegen nicht um Fehlerbeseitigungen. Vgl *Loewenheim* in *Schricker*, Urheberrecht, 2 Auflage 1999, Rn 9 zu § 69d dUrhG. Zu Fehlerberichtungen im Zusammenhang mit der Entfernung von Dongles (Kopierschutzstecker), siehe unten die Kap 5.2.1 und 5.2.5.

[89]) Siehe *Loewenheim* in *Schricker*, Urheberrecht, 2 Auflage 1999, Rn 3 zu § 69d dUrhG.

[90]) Siehe *Loewenheim* in *Schricker*, Urheberrecht, 2 Auflage 1999, Rn 11 zu § 69d dUrhG.

[91]) Vgl Art 5 Abs 2 der Computerprogrammrichtlinie.

[92]) Zulässig ist nur die Anfertigung einer einzigen Sicherungskopie.

[93]) Siehe *Wand,* Technische Schutzmaßnahmen und Urheberrecht, München 2001, 129.

27

Wurde dem Benutzungsberechtigten vom Hersteller oder Lieferanten eine Sicherungskopie ausgehändigt, so wird dadurch die Programmbenutzung durch den Berechtigten im Fall des technischen Verlusts der Arbeitskopie gesichert[94]. Die Herstellung einer eigenen Sicherungskopie ist dann nicht notwendig.

Weiters darf der Benutzungsberechtigte gemäß § 40d Abs 3 Z 2 UrhG[95] das Funktionieren des Programms beobachten, untersuchen oder testen, um die einem Programmelement zugrunde liegenden Ideen und Grundsätze zu ermitteln, wenn er dies durch Handlungen zum Laden, Anzeigen, Ablaufen, Übertragen oder Speichern des Programms tut, zu denen er berechtigt ist.

Bei den in § 40d Abs 2 und 3 UrhG geregelten freien Werknutzungen in bezug auf Computerprogramme handelt es sich um unverzichtbare Rechte[96].

Schließlich erlaubt § 40e UrhG[97] unter gewissen Voraussetzungen die Dekompilierung eines Computerprogramms. Zweck dieser Bestimmung ist die Offenhaltung der Märkte und die Erhaltung eines funktionierenden Wettbewerbs der europäischen Software- und Computerindustrie, indem durch die Zulässigkeit der Vervielfältigung des Computerprogramm-Codes und der Übersetzung seiner Codeform der Zugang zu Schnittstellen gewährleistet und die Herstellung der Interoperabilität verschiedener Elemente eines Computersystems ermöglicht wird[98].

3.3.2 Einschränkung durch die Datenbankrichtlinie

Auch die Datenbankrichtlinie[99], die in Österreich durch die Urheberrechtsgesetz-Novelle 1997[100] umgesetzt wurde, brachte Einschränkungen des Anwendungsbereiches der in § 42 UrhG normierten Privatkopieschranke mit sich. Datenbanken werden gemäß § 40f UrhG als Sammelwerke iSd § 6 UrhG urheberrechtlich geschützt, wenn sie infolge der Auswahl oder Anordnung des Stoffes eine eigentümliche geistige Schöpfung sind („Datenbankwerke").

---

[94]) Siehe *Loewenheim* in *Schricker*, Urheberrecht, 2 Auflage 1999, Rn 18 zu § 69d dUrhG.
[95]) Vgl Art 5 Abs 3 der Computerprogrammrichtlinie.
[96]) Siehe § 40d Abs 4 UrhG.
[97]) Vgl Art 6 der Computerprogrammrichtlinie.
[98]) Siehe Erwägungsgründe 10-15 und 19-23 Computerprogrammrichtlinie sowie *Wand,* Technische Schutzmaßnahmen und Urheberrecht, München 2001, 130.
[99]) Richtlinie 96/9/EG des Europäischen Parlaments und des Rates vom 11.3.1996 über den rechtlichen Schutz von Datenbanken, ABl Nr L 77/20 vom 27.3.1996.
[100]) Urheberrechtsgesetz-Novelle 1997, BGBl I 1998/25, RV 883 BlgNR 20 GP.

Wie schon bei den Sondervorschriften für Computerprogramme werden nach § 40h Abs 3 UrhG[101] auch in bezug auf Datenbanken dem zur Benutzung Berechtigten jedenfalls jene Vervielfältigungen[102] gestattet, die für den Zugang zum Inhalt des Datenbankwerks oder für dessen bestimmungsgemäße Benutzung notwendig sind[103].

Das Recht der Vervielfältigung zum eigenen Gebrauch nach § 42 UrhG gilt für Datenbankwerke allerdings in nur eingeschränktem Maße. So dürfen nichtelektronische Datenbankwerke[104] nur von natürlichen Personen zum privaten Gebrauch und weder für unmittelbare noch mittelbare kommerzielle Zwecke vervielfältigt werden[105]. Zum wissenschaftlichen Gebrauch dürfen auch elektronische Datenbankwerke[106] vervielfältigt werden, soweit dies zur Verfolgung nicht kommerzieller Zwecke gerechtfertigt ist.

Datenbanken, die mangels Eigentümlichkeit im Sinne einer kreativen Auswahl oder Anordnung des Stoffes keinen urheberrechtlichen Schutz nach den §§ 40f ff UrhG genießen, können jedoch Leistungsschutz sui generis gemäß § 76c UrhG erlangen, wenn die Entwicklung der Datenbank mit einer wesentlichen Investition verbunden war. Wesentliche Teile einer solchen veröffentlichten Datenbank dürfen gemäß § 76d Abs 3 Z 1 UrhG für private Zwecke vervielfältigt werden, sofern es sich um eine nichtelektronische Datenbank handelt. Zu Zwecken der Wissenschaft oder des Unterrichts in einem durch den Zweck gerechtfertigten Umfang dürfen auch elektronische Datenbanken mit der Maßgabe vervielfältigt werden, dass dies ohne Erwerbszweck geschieht und die Quelle angegeben wird[107]. Der rechtmäßige Benutzer einer durch das sui generis Recht geschützten, veröffentlichten Datenbank darf gemäß § 76e UrhG[108] überdies unwesentliche Teile des Inhalts der Datenbank zu beliebigen Zwecken entnehmen und

---

[101]) Vgl Art 6 Abs 1 der Datenbankrichtlinie.
[102]) Sowie die anderen sonst dem Urheber vorbehaltenen Verwertungshandlungen wie etwa die Bearbeitung, wenn sie für den Zugang zur Datenbank und deren normale Benutzung erforderlich sind.
[103]) Auf dieses Recht kann nicht verzichtet werden, vgl § 40h Abs 3 Satz 2 UrhG.
[104]) Das Gesetz spricht von einem „Datenbankwerk, dessen Elemente nicht einzeln mit Hilfe elektronische Mittel zugänglich sind". Siehe § 40h Abs 1 Satz 2 UrhG.
[105]) Vgl § 40h Abs 1 UrhG idF Novelle 2003. Die im Rahmen der Novelle 2003 erfolgten Änderungen tragen dem Umstand Rechnung, dass bedingt durch die Vorgaben der Urheberrechtsrichtlinie bei der Privatkopieschranke nunmehr mit Rücksicht auf die Kopiertechnik (reprographisch, analog, digital) zwischen privatem und sonstigem eigenen Gebrauch unterschieden wird. Siehe dazu ausführlich weiter unten im Kap 3.3.4.1.
[106]) Unter elektronischen Datenbanken sind solche zu verstehen, die in digitaler Form vorliegen. Vgl *Haberstumpf,* Der Schutz elektronischer Datenbanken nach dem Urheberrechtsgesetz, GRUR 2003, 19.
[107]) Vgl § 76d Abs 3 Z 2 UrhG.
[108]) Vgl Art 8 Abs 1 der Datenbankrichtlinie.

weiterverwenden[109], soweit diese Handlungen weder der normalen Verwertung der Datenbank entgegenstehen noch die berechtigten Interessen des Datenbankherstellers unzumutbar beeinträchtigen.

3.3.3 Schrankenbestimmungen der Urheberrechtsrichtlinie[110]

Die Harmonisierung der urheberrechtlichen Schrankenbestimmungen war Gegenstand hitziger Debatten im Rahmen der fast 4-jährigen Verhandlungen zur Urheberrechtsrichtlinie und stellt im Ergebnis eine wenig zufriedenstellende Kompromisslösung dar[111]. Die in Art 5 aufgelisteten Ausnahmen sind zwar abschließend[112], Art 5 Abs 3 lit o eröffnet jedoch den Mitgliedstaaten die Möglichkeit, schon bisher vorgesehene traditionelle Beschränkungen in Fällen geringer Bedeutung beizubehalten[113]. Der Anwendungsbereich dieser Bestimmung ist allerdings auf analoge Nutzungen beschränkt[114]. Von den 21 in der Richtlinie vorgesehenen Ausnahmen haben 20 *optionalen* Charakter, lediglich die Ausnahme für vorübergehende Vervielfältigungen ist *zwingend* vorzusehen. Sämtliche Schranken können allerdings nur bei zusätzlicher Beachtung des Drei-Stufen-Tests

---

[109]) „Entnahme" bedeutet nach Art 7 Abs 2 lit a der Datenbankrichtlinie die ständige oder vorübergehende Übertragung der Gesamtheit oder eines wesentlichen Teils des Inhalts einer Datenbank auf einen anderen Datenträger, ungeachtet der dafür verwendeten Mittel oder der Form der Entnahme. Da dieser Vorgang im Bereich des Urheberrechts üblicherweise als Vervielfältigung bezeichnet wird, spricht § 76e nicht von Entnahme, sondern von Vervielfältigung. Unter „Weiterverwendung" ist jede Art der Verwertung zu verstehen, die die Datenbank der Öffentlichkeit zugänglich macht. § 76e UrhG verwendet daher auch nicht den Begriff der Weiterverwendung, sondern spricht von Verbreitung, Rundfunksendung und öffentliche Wiedergabe. Siehe ErläutRV 883 BlgNR 20.GP, 8.

[110]) Die Richtlinie bedient sich der Begriffe „Schranken", „Beschränkungen" und „Ausnahmen". Die unterschiedlichen Bezeichnungen dienen als Synonyme.

[111]) Die Schwierigkeit einer Einigung im Bereich der Schrankenregelungen wird wohl damit zu begründen sein, dass vor Umsetzung der Richtlinie in den Mitgliedstaaten über 130 verschiedene nationale Schrankenbestimmungen bestanden, die vom „skandinavischen Gefängnischor bis zum spanischen Schulunterricht" reichen, siehe *Hoeren*, Entwurf einer EU-Richtlinie zum Urheberrecht in der Informationsgesellschaft, MMR 2000, 517.

[112]) Vgl. Erwägungsgrund 32.

[113]) In diesem Zusammenhang wird kritisiert, dass dieser „Persil-Schein" das Scheitern der Harmonisierungsbemühungen im Bereich der Schranken endgültig besiegelt. Siehe *Hoeren*, Entwurf einer EU-Richtlinie zum Urheberrecht in der Informationsgesellschaft, MMR 2000, 519. Angesichts des engen Anwendungsbereiches, der auf Fälle geringer Bedeutung und analoge Nutzungen beschränkt ist, darf dieser Bestimmung jedoch nicht zu viel Bedeutung beigemessen werden.

[114]) So nachvollziehbar diese Einschränkung auf analoge Nutzungsformen mit Blick auf die Harmonisierungsbestrebungen auch ist, wird ihre Anwendung jedoch zu unsachgemäßen Ergebnissen führen. Der im Interesse der Allgemeinheit geförderte Zugang zu Informationen, zu den Kulturgütern, wird nicht davon abhängen dürfen, ob die Informationen in digitaler oder analoger Form vorliegen. So wird in diesem Zusammenhang auf die in einigen Mitgliedstaaten bestehenden Ausnahmen zu Gunsten amtlicher Dokumente verwiesen: Es erscheint nicht sachgerecht, dass der Bürger diese in Papierform beschaffen muss und sie nicht in digitaler Form, etwa im Internet oder auf CD-ROM, einsehen darf. Siehe *Hoeren*, Entwurf einer EU-Richtlinie zum Urheberrecht in der Informationsgesellschaft, MMR 2000, 519, *Kröger*, Enge Auslegung von Schrankenbestimmungen – wie lange noch?, MMR 2002, 19.

zur Anwendung kommen. Bevor nun auf einige ausgewählte Schrankenbestimmungen der Richtlinie, insbesondere die Vervielfältigung zum privaten Gebrauch näher eingegangen wird, soll zunächst der Drei-Stufen-Test ausführlich dargelegt werden.

3.3.3.1 Der Drei-Stufen-Test

Neben der Schaffung eines harmonisierten, adäquaten Rechtsrahmens für Urheberrechte und verwandte Schutzrechte in der Informationsgesellschaft hatte die Erlassung der Urheberrechtsrichtlinie auch, wenn nicht gar vordergründig, die Erfüllung internationaler Verpflichtungen zum Ziel[115]. Vor diesem Hintergrund wurde in Art 5 Abs 5 der RL der sogenannte „Drei-Stufen-Test" festgeschrieben, der den Bestimmungen des Art 9 Abs 2 RBÜ[116], Art 13 TRIP´s Übereinkommen[117] und Art 10 WCT sowie Art 16 WPPT[118] nachgebildet ist. Demnach dürfen die in der Richtlinie genannten Ausnahmen und Beschränkungen

- erstens nur in bestimmten Sonderfällen vorgesehen werden, in denen
- zweitens die normale Verwertung des Werks oder sonstigen Schutzgegenstands nicht beeinträchtigt wird und
- drittens die berechtigten Interessen des Rechtsinhabers nicht ungebührlich verletzt werden[119].

Nur unter diesen drei Bedingungen dürfen Beschränkungen im innerstaatlichen Recht vorgesehen werden.

Während die RBÜ den Drei-Stufen-Test nur hinsichtlich der Schranken des Vervielfältigungsrechts vorsieht, müssen nach dem TRIP´s Übereinkommen alle Ausnahmen in bezug auf Urheberrechte dem Drei-Stufen-Test genügen, auch nach dem WCT ist der Drei-Stufen-Test als allgemeine Vorschrift konzipiert, die alle

---

[115]) Vgl die Begründung der Kommission zum ursprünglichen Richtlinienvorschlag, KOM (1997) 628 endg, S 2, 13.

[116]) Revidierte Berner Übereinkunft zum Schutz von Werken der Literatur und Kunst, Pariser Fassung von 1971. BGBl 1982/319 idF BGBl 1986/612.

[117]) Übereinkommen über handelsbezogene Aspekte der Rechte des geistigen Eigentums, 1995, BGBl 1995/1.

[118]) Die Diplomatische Konferenz der WIPO (World Intellectual Property Organisation) vom Dezember 1996 führte zur Annahme zweier Verträge im Bereich des geistigen Eigentums, einerseits des WCT (WIPO-Urheberrechtsvertrag) und andererseits des WPPT (WIPO-Vertrag über Darbietungen und Tonträger). Die beiden Verträge sind abrufbar unter www.wipo.int.

[119]) Der Drei-Stufen-Test nach der RBÜ (Art 9 Abs 2) lautet im amtlichen deutschen Wortlaut: „Der Gesetzgebung der Verbandsländer bleibt vorbehalten, die Vervielfältigung in gewissen Sonderfällen unter der Voraussetzung zu gestatten, dass eine solche Vervielfältigung weder die normale Auswertung des Werks beeinträchtigt noch die berechtigten Interessen des Urhebers unzumutbar verletzt".

Ausnahmen und Beschränkungen abdeckt. Der WPPT wiederum bedingt die Anwendung des Drei-Stufen-Tests auf Ausnahmen von den Rechten zweier Gattungen von Inhabern verwandter Schutzrechte, der Künstler und Tonträgerhersteller. Durch die Aufnahme des Drei-Stufen-Tests in die Urheberrechtsrichtlinie müssen nunmehr alle Ausnahmen und Beschränkungen in bezug auf Rechte der Urheber, der ausübenden Künstler, der Tonträger- und Filmhersteller und der Sendeunternehmen diesen Vorgaben genügen[120].

Aus Sicht der Mitgliedstaaten war die Aufnahme des Drei-Stufen-Tests in den Richtlinientext nicht unbedingt notwendig, ergibt sich doch dessen Anwendung ohnehin aus RBÜ, TRIP´s und den beiden WIPO-Verträgen[121], wohl aber aus der Sicht der europäischen Union, da die EU auch selbst Vertragspartei der beiden WIPO-Verträge ist und eine Umsetzung des Drei-Stufen-Tests zur Bindung ihrer Organe an ebendiesen daher erforderlich war. Zudem soll dadurch gewährleistet werden, dass die durch den Drei-Stufen-Test vorgegebenen allgemeinen Leitlinien künftig als Teil des urheberrechtlichen acquis communautaire im Lichte des gemeinschaftsrechtlichen Besitzstandes ausgelegt und dadurch Auslegungs- und Auffassungsunterschiede vermieden werden[122]. Die bisher bestehenden Schwierigkeiten und vor allem in den verschiedenen Mitgliedstaaten bestehenden Auffassungsunterschiede bei der Anwendung und Auslegung der einzelnen Kriterien des ursprünglich aus Art 9 Abs 2 RBÜ stammenden Drei-Stufen-Tests, auf die weiter unten noch ausführlich eingegangen wird, sollen nunmehr gemeinschaftsweit einheitlich gehandhabt werden, wobei die konkrete Interpretation der drei Bedingungen den nationalen Rechtsprechungen innerhalb der EU überlassen bleibt und der EuGH die Auslegung des Drei-Stufen-Tests überprüfen kann. Wichtige Konsequenz der Übernahme des Drei-Stufen-Tests in den Richtlinientext ist daher, dass künftig der EuGH für eine einheitliche Interpretation dieser „Schranken-Schranke" sorgen wird.

---

[120]) Vgl Art 2 und 3 der RL, die jene Persongruppen auflisten, die im Rahmen der Richtlinie in den Genuss des Vervielfältigungsrechts, des öffentlichen Wiedergaberechts und des Rechts der öffentlichen Zugänglichmachung kommen. Die im Art 5 vorgesehenen Ausnahmen und Beschränkungen samt Drei-Stufen-Test beziehen sich auf die in diesen beiden Artikeln gewährten Rechte.
[121]) Neu ist allerdings die Anwendung des Drei-Stufen-Tests im Hinblick auf Beschränkungen der Rechte der Sendeunternehmen und Filmhersteller. Diese beiden Gruppen von Inhabern verwandter Schutzrechte werden nämlich vom Anwendungsbereich der WPPT nicht umfasst, die in der Richtlinie vorgesehenen Ausschließlichkeitsrechte und die davon zulässigen Ausnahmen beziehen sich jedoch auch auf diese Gattungen.
[122]) Vgl die Begründung der Kommission zum ursprünglichen Richtlinienvorschlag, KOM (1997) 628 endg, S 37.

Da der Kommission jedoch die durch die wenig konkreten Kriterien bedingte geringe Harmonisierungswirkung des Drei-Stufen-Tests[123], die in der Vergangenheit zu den eben erwähnten Auslegungsunterschieden und damit zu divergierenden Regelungen im Recht der Mitgliedstaaten geführt hat, bewusst war, wurde diese generalklauselartige Ausnahmeregelung zwar in Art 5 Abs 5 der RL übernommen, daneben aber detaillierte Bestimmungen in bezug auf Beschränkungen und Ausnahmen vorgesehen[124]. Insofern wird der Drei-Stufen-Test des Art 5 Abs 5 der RL aufgrund der ihm vorangestellten, klar und bestimmt formulierten Schranken in den Abs 1 bis 4 der RL zum „Zwei-Stufen-Test": Die in der Richtlinie vorgesehenen zwingenden und fakultativen Schrankenbestimmungen beziehen sich allesamt bereits auf bestimmte Ausnahmefälle, bei der Umsetzung in nationales Recht müssen daher die in der Richtlinie vorgesehenen Ausnahmen und Beschränkungen nicht nochmals auf bestimmte Sonderfälle eingeschränkt werden, sondern lediglich den zwei anderen Stufen genügen[125]. Macht ein Mitgliedstaat allerdings von der Möglichkeit des Art 5 Abs 3 lit o Gebrauch und lässt eine im innerstaatlichen Recht bereits bestehende, jedoch nicht in der Richtlinie vorgesehene Schranke bestehen[126], so muss sich diese Ausnahme oder Beschränkung auch an dem Kriterium des „bestimmten Sonderfalles" messen. Der Anwendungsbereich dieser übereilt als „Megaschranke"[127] bezeichneten Bestimmung ist jedoch begrenzt, da nur traditionelle Beschränkungen in Fällen geringer Bedeutung und überdies nur analoge Nutzungen betroffen sein dürfen[128].

Der Drei-Stufen-Test ist demnach als Gestaltungsanordnung gegenüber dem nationalen Gesetzgeber in bezug auf die im Einzelnen zu konkretisierenden Beschränkungen urheberrechtlicher Verwertungsrechte zu sehen und wurde daher –

---

[123]) Auch als „three-step-test" bekannt.

[124]) Vgl von *Lewinsky*, Der EG-Richtlinienvorschlag zum Urheberrecht und zu den verwandten Schutzrechten in der Informationsgesellschaft, GRUR Int 1998, 641.

[125]) Vgl *Dreier*, Die Umsetzung der Urheberrechtsrichtlinie 2001/29/EG in deutsches Recht, ZUM 2002, 35. Nicht zugestimmt werden kann daher der Auffassung *Bayreuthers*, dass bei der Formulierung der in der RL vorgesehenen Schranken bereits vollständig den Vorgaben des Drei-Stufen-Tests Rechnung getragen wurde und die Mitgliedstaaten die Schrankenbestimmungen ohne weitere Überprüfung im Hinblick auf die zwei letzten Kriterien des Art 5 Abs 5 der RL in nationales Recht umsetzen können. Sinn und Zweck des Drei-Stufen-Tests erfordern es, die bestehenden Ausnahmen und Beschränkungen stets daraufhin zu überprüfen, ob diese Vorgaben erfüllt werden und bei veränderten Umständen entsprechend zu reagieren. Es wäre z.B. durchaus denkbar, dass eine zur Zeit der RL-Erlassung dem Drei-Stufen-Test genügende Schranke nunmehr, etwa aufgrund einer späteren Änderung der tatsächlichen Verhältnisse (neue Werknutzungsmöglichkeiten oä.), diese Vorgaben nicht mehr erfüllt. Siehe *Bayreuther*, Beschränkungen des Urheberrechts nach der neuen EU-Urheberrechtsrichtlinie, ZUM 2001, 839.

[126]) Siehe weiter oben im Kap 3.3.3.

[127]) Vgl *Hoeren*, Entwurf einer EU-Richtlinie zum Urheberrecht in der Informationsgesellschaft, MMR 2000, 519.

[128]) Siehe Art 5 Abs 3 lit o der RL.

im Einklang mit allen anderen Mitgliedstaaten der EU - im Rahmen der UrhG-Novelle 2003 auch nicht in den Gesetzestext des österreichischen UrhG übernommen. Der Drei-Stufen-Test dient in erster Linie als Maßstab für die Anwendung der einschlägigen Ausnahmenbestimmungen, als allgemeingültige Interpretationshilfe[129]. Der Gesetzgeber hat also bereits bei der Formulierung einer gesetzlich zulässigen Ausnahme die Vorgaben des Drei-Stufen-Tests zu beachten, eine Aufnahme dieser Bestimmung in den Gesetzestext selbst ist nicht notwendig. Dies bringt für die Rechtsunterworfenen den Vorteil, sich auf eine gesetzlich vorgesehene Beschränkung verlassen zu können, ohne diese zusätzlich auf Einhaltung der Vorgaben des Drei-Stufen-Tests überprüfen zu müssen und dient damit vor allem der Rechtssicherheit[130].

Die nachstehenden Ausführungen hinsichtlich der Interpretation der drei Bedingungen des Drei-Stufen-Tests beziehen sich auf das zu Art 9 Abs 2 RBÜ, Art 13 TRIP´s Abkommen und Art 10 WCT vorliegende Schrifttum, denen der „Drei-Stufen-Test des Art 5 Abs 5 der Urheberrechtsrichtlinie, wie bereits erwähnt, nachgebildet ist[131].

Den drei Kriterien kommt jeweils eigenständige einschränkende Wirkung zu, dh, dass alle drei Bedingungen erfüllt sein müssen, damit eine Beschränkung oder Ausnahme vorgesehen werden darf[132].

---

[129]) Siehe *Reinbothe,* Der EU-Richtlinienentwurf zum Urheberrecht und zu den Leistungsschutzrechten in der Informationsgesellschaft, ZUM 1998, 434.

[130]) Vgl die Gegenäußerung der deutschen Bundesregierung zur Stellungnahme des Bundesrates zum Gesetzesentwurf zur Regelung des Urheberrechts in der Informationsgesellschaft vom 6.11.2002, zu Buchstabe e, S 9. Abrufbar unter http://www.urheberrecht.org/topic/Info-RiLi/ent/11523.pdf.

[131]) Wertvolle Hinweise zur Interpretation des Drei-Stufen-Tests bieten insbesondere die Ausführungen von *Ricketson,* in *Ricketson,* The Berne Convention for the protection of literary and artistic works: 1886 – 1986, London 1987 und der Report des TRIP´s panels anlässlich des Rechtsstreits zwischen der EU und den USA hinsichtlich einer Schranke des US-amerikanischen Copyright law und dessen Vereinbarkeit mit dem Drei-Stufen-Test des Art 13 TRIP´s. Der Report des Panels, der am 15.6.2000 veröffentlicht wurde, ist abrufbar auf der WTO-homepage, http://www.wto.org/english/news_e/news00_e/1234da.doc.

[132]) Vgl *Frotz,* Zum Vervielfältigungsrecht des Urhebers und zu den konventionskonformen nationalen Beschränkungen – Ein Beitrag zur Fortentwicklung des UrhG, in FS 50 Jahre UrhG, ÖSGRUM Bd 4, 1986, 122. In diesem Beitrag begründet *Frotz* ausführlich die Eigenständigkeit dieser ersten „Stufe". Demnach genügt es zur Verankerung einer Ausnahme nicht, dass die beiden anderen Elemente des Drei-Stufen-Tests erfüllt sind, es muss sich darüber hinaus um einen bestimmten Sonderfall handeln. Dass allerdings die nationalen Gesetzgebungen innerhalb der EU aufgrund der detaillierten Bestimmungen der RL in bezug auf Ausnahmen und Beschränkungen, die sich bereits auf *bestimmte Sonderfälle* beziehen, dieses erste Kriterium des Drei-Stufen-Tests nicht berücksichtigen müssen, wurde bereits weiter oben erwähnt, vgl Fn 125.

3.3.3.1.1 Bestimmter Sonderfall

Der ersten Anforderung des Drei-Stufen-Tests zufolge muss sich die vorgesehene Ausnahme oder Beschränkung auf „bestimmte Sonderfälle" beziehen. Aus dem Wort *bestimmter* folgt die Notwendigkeit bei der Formulierung von Schranken, die davon erfassten Fälle klar zu bezeichnen. Während der Drei-Stufen-Test selbst sehr allgemein gehalten ist, um seine Funktion als allgemeingültiger Maßstab bei der Anwendung von Ausnahmebestimmungen auch künftig noch erfüllen zu können und selbst bei einer Änderung der tatsächlichen, insbesondere technischen Verhältnisse noch anwendbar zu bleiben, müssen die nationalen Gesetze eindeutig identifizierte und spezifizierte Schranken vorsehen.

Die Bedeutung des Begriffes *Sonderfall* besteht darin, dass Beschränkungen nur in ausdrücklich bezeichneten *Ausnahme*fällen vorgesehen werden dürfen. Der Anwendungsbereich der Beschränkung muss daher begrenzt sein, letztere soll nur in spezifischen Fällen und nicht in den meisten oder allen Fällen vorgesehenen werden. Neben dieser quantitativen Einschränkung[133] folgt aus dem Begriff *Sonderfall* zudem das Erfordernis, dass mit der Ausnahme oder Beschränkung ein besonderer Zweck verfolgt wird. Die Normierung von Schranken ist daher in qualitativer Hinsicht insofern eingeschränkt, als sie auf eindeutig bestimmte politische Wertungen[134] oder sonstige außergewöhnliche Umstände[135] gestützt sein müssen. Zu diesen Bereichen zählen insbesondere das öffentliche Erziehungswesen, die öffentliche Sicherheit, die Forschung, aber auch der Privatgebrauch.

3.3.3.1.2 Ungebührliche Verletzung der berechtigten Interessen

Dem dritten Kriterium zufolge, das hier aus systematischen Gründen an zweiter Stelle erörtert wird, darf die sich auf eine Schranke stützende Werknutzung oder

---

[133]) Vgl *Lucas*, Le « triple test » de l´article 13 de l´Accord ADPIC à la lumière du rapport du Groupe spécial de l´OMC « Etats-Unis – Article 110 5) de la Loi sur le droit d´auteur », in *Ganea/Heath/Schricker*, Urheberrecht gestern – heute – morgen. Festschrift für Adolf Dietz zum 65. Geburtstag, München 2001,430.

[134]) Vgl *Reinbothe*, Beschränkungen und Ausnahmen von den Rechten im WIPO-Urheberrechtsvertrag, in *Tades/Danzl/Graninger* (Hrsg), Ein Leben für Rechtskultur. Festschrift für Robert Dittrich zum 75 Geburtstag (2000), 257.

[135]) Vgl *Ricketson*, The Berne Convention for the protection of literary and artistic works: 1886 – 1986, London 1987, 482.

Nutzung eines sonstigen Schutzgegenstandes die berechtigten Interessen des Rechtsinhabers nicht ungebührlich[136] verletzen.

Hinsichtlich des Schutzzwecks dieser Bedingung des Drei-Stufen-Tests ist zu betonen, dass freilich nur die *berechtigten* Interessen und nicht irgendwelche x-beliebigen Interessen der Rechtsinhaber bei der Verankerung einer Schranke gewahrt werden müssen. Bei diesen berechtigten Interessen muss es sich zudem um für den Urheber oder Leistungsschutzberechtigten typische Interessen handeln, nicht jedoch um besondere Individualinteressen[137]. Es geht um die typischen urheber- und leistungsschutzrechtlichen Interessen, andere, etwa aus einem anderen Rechtsgebiet stammende Interessen, werden in diesem Zusammenhang nicht berücksichtigt. Die relevanten Interessen können sowohl ideeller[138] als auch materieller Natur sein[139], wobei der Kern der berechtigten Interessen sicherlich materieller Natur ist. Es muss gewährleistet werden, dass die Urheber und Leistungsschutzberechtigten an den Früchten ihrer Werke bzw Schutzgegenstände wirtschaftlich beteiligt werden. In diesem Sinne ist im Rahmen einer Ausnahme oder Beschränkung darauf zu achten, dass das Interesse der Rechtsinhaber, an den wirtschaftlichen Ergebnissen ihres Schaffens, an den Nutzungen ihrer Werke oder Schutzgegenstände angemessen beteiligt zu werden, nicht unzumutbar geschmälert wird.

Hinsichtlich der *Verletzung* berechtigter Interessen versteht sich von selbst, dass jede Ausnahme und Beschränkung in gewissem Ausmaß zu einer Beeinträchtigung relevanter Interessen der Rechtsinhaber führt. Schon ein einziger Vervielfältigungsakt kann einen finanziellen Nachteil verursachen. Solange diese, durch die Ausnahme bedingte Beeinträchtigung jedoch dem Rechtsinhaber zuzumuten ist, muss sie hingenommen werden. Entscheidend ist also, ob die durch eine Schranke bewirkte Beeinträchtigung berechtigter, vor allem materieller Interessen, die Grenze des Zumutbaren überschreitet. *Unzumutbar* wird eine Beschränkung insbesondere dann sein, wenn ihre Ausübung durch die Privilegierten

---

[136]) RBÜ, TRIP´s und die beiden WIPO-Verträge sprechen in ihren deutschen Versionen von einer *unzumutbaren* Verletzung der berechtigten Interessen. Der Begriff *ungebührlich* soll lediglich das Wort *unreasonably* des englischen Originaltexts exakter übersetzen, eine veränderte Bedeutung erhält dieses Kriterium des Drei-Stufen-Tests dadurch nicht. Zu den möglichen Wertungsunterschieden aufgrund der verschiedenen Sprachversionen vgl *Daum,* Der Vergütungsanspruch für die private Überspielung von Musikwerken im österreichischen, internationalen und EG-Recht, Dissertation, Wien 1998, 97 f.

[137]) Siehe *Frotz,* Zum Vervielfältigungsrecht des Urhebers und zu den konventionskonformen nationalen Beschränkungen – Ein Beitrag zur Fortentwicklung des UrhG, in FS 50 Jahre UrhG, ÖSGRUM Bd 4, 1986, 127.

[138]) Hier ist vor allem an die Urheberpersönlichkeitsrechte zu denken.

[139]) Siehe *Frotz,* Zum Vervielfältigungsrecht des Urhebers und zu den konventionskonformen nationalen Beschränkungen – Ein Beitrag zur Fortentwicklung des UrhG, in FS 50 Jahre UrhG, ÖSGRUM Bd 4, 1986, 127.

in einem Ausmaß erfolgt, das für den Rechtsinhaber einen spürbaren Einkommensverlust bewirkt.

In diesem Sinne hat der OGH in seiner Entscheidung „ludus tonalis"[140] ausgesprochen, dass im Hinblick auf die technische Entwicklung der reprographischen Kopierverfahren und des jährlichen Kopiervolumens von Musiknoten die berechtigten, insbesondere materiellen Interessen der Urheber durch die Regelung der freien Werknutzung zum eigenen Gebrauch nach § 42 UrhG, der damals noch keine Reprographievergütung vorsah[141], unzumutbar verletzt werden. Entgegen den Forderungen der Interessensvertretungen der Musikverlage, die ein allgemeines Verbot der Vervielfältigung von Musiknoten vor allem wegen dieses Verstoßes gegen den Drei-Stufen-Test des Art 9 Abs 2 RBÜ verlangten, hat der historische Gesetzgeber der Urheberrechtsgesetz-Novelle 1996[142] die Vervielfältigung von Noten zum eigenen Gebrauch jedoch weiterhin zugelassen. In § 42b UrhG wurde allerdings eine Reprographievergütung eingeführt, welche die wirtschaftliche Beeinträchtigung der Urheber durch urheberrechtliche Ausnahmen ausgleichen soll. Der Gesetzgeber ist davon ausgegangen, dass das Fotokopieren von Musiknoten zwar die berechtigten Interessen des Urhebers verletzt, da das Volumen und die Intensität des Eingriffs in das urheberrechtliche Nutzungsrecht bei erlaubter reprographischer Vervielfältigung erheblich sei, dass jedoch durch ein allgemeines Verbot der Vervielfältigung von Musiknoten diese Vervielfältigungsakte mittels Fotokopie nicht verhindert werden können. Ein solches Verbotsrecht wäre weitgehend ein nudum ius, da einzelne Vervielfältigungshandlungen im privaten Bereich nicht wirksam kontrolliert oder unterbunden werden können[143]. Es sei daher sinnvoller, auch im Interesse der Urheber, den Eingriff in ihre verwertungsrechtlichen Interessen durch Einführung eines Vergütungsanspruches auszugleichen[144].

Allgemein kann daher festgehalten werden, dass eine unzumutbare Verletzung der berechtigten Interessen der Rechtsinhaber durch eine Ausnahme

---

[140]) OGH 31.1.1995 – ludus tonalis – MR 1995, 106 (Walter) = ÖBl 1995, 184 = ecolex 1995, 422 (Dillenz).
[141]) Diese wurde erst im Rahmen der UrhG-Novelle 1996 im § 42b UrhG verankert.
[142]) BGBl I 151/1996, RV 3 BlgNR 20 GP.
[143]) Dies gilt zumindest solange keine flächendeckenden und wirksamen Kopierschutzverfahren oder ähnliche technische Schutzmaßnahmen sowie DRM-Systeme (Digital Rights Management) wie etwa digitale Wasserzeichen verfügbar sind.
[144]) Siehe ErläutRV 3 BlgNR 20 GP, S 22 f. An dieser Stelle sei erwähnt, dass in Umsetzung des Art 5 Abs 2 lit a der Urheberrechtsrichtlinie Vervielfältigungen von Musiknoten nunmehr stets nur mit Einwilligung des Berechtigten zulässig sind. Insofern hat der europäische Gesetzgeber entschieden, dass das Verbotsrecht zur vollen Entfaltung kommt und eine diesbezügliche Schranke nicht zulässig ist. Ausgenommen ist die Vervielfältigung durch Abschreiben, die Vervielfältigung nicht erschienener oder vergriffener Werke sowie die einmalige Vervielfältigung eigener Werkstücke. Siehe § 42 Abs 7 UrhG idF Novelle 2003.

oder Beschränkung nicht zwingend dazu führt, dass sich das ausschließliche Recht voll entfaltet[145] und die Normierung der Schranke unzulässig wird. Der Schutzzweck des Drei-Stufen-Tests gebietet eine Auslegung in der Weise, dass in jenen Fällen, in denen sich eine individuelle Lizenzierung durch den Urheber oder Leistungsschutzberechtigten als schwierig oder unmöglich erweist[146], etwa bei Vervielfältigungen im privaten Bereich, die Reduzierung eines Verbotsrechts auf einen Vergütungsanspruch gerechtfertigt ist. Wird durch eine angemessene Vergütung bspw in Form der Leerkassetten- und Reprographievergütung gewährleistet, dass die Urheber und Leistungsschutzberechtigten an den wirtschaftlichen Ergebnissen ihres Schaffens angemessen beteiligt werden, so beseitigt der Vergütungsanspruch in diesem Fall die unzumutbare Beeinträchtigung der berechtigten Rechtsinhaberinteressen. Nach herrschender Auffassung können die beeinträchtigen materiellen Interessen demnach mittels Vergütungsanspruchs ausgeglichen werden[147].

3.3.3.1.3 Beeinträchtigung der normalen Verwertung

Die vorstehend erörterte Untersuchung einer Ausnahmebestimmung dahin gehend, ob dadurch berechtigte Interessen unzumutbar verletzt werden, erübrigt sich jedoch in jenen Fällen, in denen durch Verankerung dieser Schranke die normale Verwertung des Werks oder des sonstigen Schutzgegenstandes beeinträchtigt wird.

Ganz allgemein geht es bei dieser Bedingung des Drei-Stufen-Tests darum, dass die im Rahmen von Ausnahmen oder Beschränkungen erlaubten Handlungen, etwa Vervielfältigungen zum privaten Gebrauch, nicht in Konflikt mit der normalen Verwertung des Werkes oder Schutzgegenstandes geraten dürfen. Die Auswirkungen der Schranke dürfen nicht zu wirtschaftlicher Konkurrenz mit jenen

---

[145]) Vgl *Daum*, Der Vergütungsanspruch für die private Überspielung von Musikwerken im österreichischen, internationalen und EG-Recht, Dissertation, Wien 1998, 106.

[146]) Vgl *Reinbothe*, Beschränkungen und Ausnahmen von den Rechten im WIPO-Urheberrechtsvertrag, in *Tades/Danzl/Graninger* (Hrsg), Ein Leben für Rechtskultur. Festschrift für Robert Dittrich zum 75 Geburtstag (2000), 260.

[147]) Vgl *Daum*, Der Vergütungsanspruch für die private Überspielung von Musikwerken im österreichischen, internationalen und EG-Recht, Dissertation, Wien 1998, 116; *Frotz,* Zum Vervielfältigungsrecht des Urhebers und zu den konventionskonformen nationalen Beschränkungen – Ein Beitrag zur Fortentwicklung des UrhG, in FS 50 Jahre UrhG, ÖSGRUM Bd 4, 1986, 128; *Schricker/Katzenberger,* Die urheberrechtliche Leerkassettenvergütung – Eine Erwiderung, GRUR 1985, 99; *Masouyé,* WIPO-Kommentar zur Berner Übereinkunft (1981), 60; *Nordemann/Vinck/Hertin,* Kommentar zum internationalen Urheberrecht (1977), Rz 4 zu Art 9 RBÜ.

Wegen führen, auf denen die Verwertung des Werkes oder Schutzgegenstandes üblicherweise erfolgt. Handlungen in bezug auf Werke oder Schutzgegenstände, die von nicht unerheblicher wirtschaftlicher oder praktischer Bedeutung sind, sollen den Rechtsinhabern vorbehalten sein[148]. Schutzüberlegung ist demnach die Erhaltung der normalen Verwertungsmöglichkeiten.

Bei Beantwortung der Frage, worin die *normale Verwertung* besteht, muss jedenfalls im Hinblick auf das zur Diskussion stehende Nutzungsrecht unterschieden und die Eigenart eines Werkes oder Schutzgegenstandes berücksichtigt werden. *Normale* Verwertung bedeutet, dass nur solche Verwertungsmöglichkeiten berücksichtigt werden, von denen der Urheber oder Leistungsschutzberechtigte vernünftigerweise, bei normalem Lauf der Dinge Gebrauch macht[149]. Entscheidend ist zudem die Bestimmung des betroffenen Marktes. Da jede Verwertung unstreitig marktbezogen ist, kann nur auf Grundlage jener Marktsituation die normale Verwertung eines Werkes oder Schutzgegenstandes beurteilt werden, die in dem Land vorherrscht, das die betreffende Schranke vorsieht[150].

Hinsichtlich der Frage, wann eine Beeinträchtigung der normalen Verwertung angenommen werden kann, ist mit *Frotz*[151] davon auszugehen, dass zwar nicht jeder Schaden des Rechtsinhabers in der Form des entgangenen Gewinns, der etwa dadurch entsteht, dass die gesetzlich erlaubte Vervielfältigung eines Tonträgers zum privaten Gebrauch den Kauf dieses Tonträgers substituiert, bereits eine Beeinträchtigung darstellt, dass aber die Schwelle zur Beeinträchtigung der normalen Verwertung dennoch relativ niedrig ist. *Masouyé*[152] spricht etwa davon, dass die im Rahmen der Schranke zulässige Nutzungshandlung[153] der normalen „Auswertung" nicht abträglich sein darf. Die Anforderungen an diese Negativbedingung des Drei-Stufen-Tests sind demnach nicht all zu streng.

---

[148]) Vgl die Ausführungen des TRIPs Panels zu Punkt 6.179, S 47, abrufbar auf der WTO-Homepage unter http://www.wto.org/english/news_e/news00_e/1234da.doc.

[149]) So sind Fälle denkbar, in denen Rechtsinhaber üblicherweise nicht davon ausgehen, ihre Werke oder Schutzgegenstände zu verwerten. Unter diesem Gesichtspunkt ist etwa die freie Werknutzung im Interesse der Rechtspflege und der Verwaltung zulässig, da ein Rechtsinhaber nicht damit rechnen wird, sein Werk oder seinen Schutzgegenstand in gerichtlichen oder verwaltungsbehördlichen Verfahren zu verwerten. Siehe *Ricketson*, The Berne Convention for the protection of literary and artistic works: 1886 – 1986, London 1987, 488.

[150]) Vgl *Reinbothe*, Beschränkungen und Ausnahmen von den Rechten im WIPO-Urheberrechtsvertrag, in *Tades/Danzl/Graninger* (Hrsg), Ein Leben für Rechtskultur. Festschrift für Robert Dittrich zum 75 Geburtstag (2000), 258.

[151]) *Frotz*, Zum Vervielfältigungsrecht des Urhebers und zu den konventionskonformen nationalen Beschränkungen – Ein Beitrag zur Fortentwicklung des UrhG, in FS 50 Jahre UrhG, ÖSGRUM Bd 4, 1986, 132.

[152]) *Masouyé*, WIPO-Kommentar zur Berner Übereinkunft (1981), 58.

[153]) *Masouyé* bezieht sich in diesem Zusammenhang freilich auf Vervielfältigungen.

Im Anschluss an diese ausführliche Interpretation des Drei-Stufen-Tests wird im Folgenden auf einige ausgewählte, im Zusammenhang mit dieser Arbeit besonders interessierende Schrankenbestimmungen der Richtlinie eingegangen.

3.3.3.2 Zwingende Ausnahme vom Vervielfältigungsrecht: Vorübergehende Vervielfältigungen

Als einzige zwingende Ausnahme sieht die Richtlinie eine solche für vorübergehende Vervielfältigungen vor. Wie bereits weiter oben erwähnt, bedingt die umfassende Definition des Vervielfältigungsrechts in Art 2 der Richtlinie[154], dass auch bloß vorübergehende Vervielfältigungen dem Exklusivrecht des Urhebers unterliegen und damit seiner Zustimmung bedürfen. Sämtliche Kopiervorgänge einschließlich aller technischen Zwischenschritte, die bei der elektronischen Datenverarbeitung erfolgen, stellen nämlich eine urheberrechtlich relevante Vervielfältigung dar[155].

Über den Umweg der Ausnahme nach Art 5 Abs 1 der Richtlinie wird das Vorbehaltsrecht jedoch wieder auf wirtschaftlich eigenständige Vervielfältigungen reduziert[156]. In diesem Sinne sollen nach Art 5 Abs 1 der Richtlinie solche vorübergehenden Vervielfältigungen von der Zustimmungsbedürftigkeit ausgenommen sein, die flüchtig oder begleitend und verfahrensimmanent sind und deren alleiniger Zweck es entweder ist, eine Übertragung in einem Netz zwischen Dritten und einem Vermittler oder eine rechtmäßige Nutzung des geschützten Inhalts zu ermöglichen und denen wirtschaftlich kein eigener Wert zu kommt[157].

Die Berufung auf die freie Nutzung nach Art 5 Abs 1 der Richtlinie setzt daher zunächst voraus, dass es sich um eine nicht dauerhafte („vorübergehende") Vervielfältigung handelt, die einen integralen und wesentlichen Teil eines technischen Verfahrens darstellt. *Walter*[158] schließt aus diesem Erfordernis, dass sich die Notwendigkeit der Vornahme vorübergehender Vervielfältigungen

---

[154]) Bzw § 15 UrhG.
[155]) Vgl *Wittmann*, Die EU-Urheberrechts-Richtlinie – ein Überblick, MR 2001, 144.
[156]) Siehe *Hebenstreit*, Urheberrechtliche Schrankenregelungen im digitalen Umfeld, Dissertation Wien 2001, 142.
[157]) Die Bestimmung des Art 5 Abs 1 der Info-RL wurde wörtlich in den neuen § 41a UrhG übernommen.
[158]) Siehe *Walter*, Europäisches Urheberrecht, 2001, Rz 107 Info-RL.

unmittelbar aus den Erfordernissen der Anwendung eines technischen Verfahrens ergeben muss. Diesbezüglich genügt es nach *Spindler*[159], dass die Vervielfältigung gelegentlich während des Verfahrens anfällt und mit ihm verknüpft ist. Es sei hingegen nicht erforderlich, dass die Vervielfältigung notwendiger Bestandteil des Verfahrens ist[160].

Während Vervielfältigungen dann als flüchtig zu werten sind, wenn sie von besonders kurzer Dauer iSv vergänglich sind[161], handelt es sich bei begleitenden Vervielfältigungen um solche, die zwar nicht kurzlebig, dafür aber bloß beiläufig im Zuge eines technischen Verfahrens entstehen[162].

Dem Erfordernis der fehlenden eigenständigen wirtschaftlichen Bedeutung wird nach *Walter*[163] wohl nur dann nicht genügt werden, wenn der Vervielfältigungshandlung selbst eine derartige Bedeutung zu kommt.

Da die freie Nutzung nach Art 5 Abs 1 auf solche vorübergehenden Vervielfältigungen beschränkt ist, die entweder die Netzübertragung zwischen einem Dritten durch einen Vermittler oder eine rechtmäßige Nutzung ermöglichen, ist bei Erfüllung der obigen Kriterien in weiterer Folge zu prüfen, ob die in Frage stehende Vervielfältigung einen dieser beiden Anwendungsfälle betrifft.

Die urheberrechtliche Freistellung von vorübergehenden Vervielfältigungshandlungen, die auf dem Übertragungsweg entstehen, bezieht sich auf bestimmte Dienste der Informationsgesellschaft ("Vermittler"). Die von Access Providern[164] im Rahmen ihrer Vermittlertätigkeiten vorgenommen vorübergehenden Vervielfältigungshandlungen stellen daher keine urheberrechtlich relevanten Vervielfältigungen dar, eine Haftung für derartige Vervielfältigungen wird dadurch ausgeschlossen.

---

[159]) Siehe *Spindler,* Europäisches Urheberrecht in der Informationsgesellschaft, GRUR 2002, 111.

[160]) Dies hängt damit zusammen, dass sich die freie Nutzung nach Art 5 Abs 1 nicht nur auf flüchtige, sondern auch auf begleitende Vervielfältigungen bezieht, die bloß beiläufig im Zuge eines technischen Verfahrens entstehen. Siehe dazu sogleich.

[161]) Flüchtig sind insbesondere jene Vervielfältigungen, die im Arbeitsspeicher (RAM) eines Computers oder beim Zwischenspeichern (*caching*) auf der Festplatte einer Datenverarbeitungsanlage entstehen, da diese Kopien nach Beendigung der Arbeitssitzung bzw im Lauf der weiteren Anwendung automatisch gelöscht werden. Das gleiche trifft auf Vervielfältigungen zu, die automatisch beim Durchsuchen des Netzangebots (*browsing*) entstehen. Vgl dazu *Walter,* Europäisches Urheberrecht, 2001, Rz 107 Info-RL.

[162]) Als begleitend sind nach der Intention des Richtliniengebers, die sich insbesondere aus Erwägungsgrund 33 erhellt, jene Vervielfältigungen zu werten, die beim Zwischenspeichern (*caching*) in sog Proxy-Servern entstehen. Siehe *Walter,* Europäisches Urheberrecht, 2001, Rz 107 Info-RL.

[163]) Siehe *Walter,* Europäisches Urheberrecht, 2001, Rz 107 Info-RL.

[164]) Die urheberrechtliche Freistellung von Vervielfältigungen nach Art 5 Abs 1 bezieht jedoch keinesfalls die von Host Providern vorgenommenen Vervielfältigungshandlungen mit ein, da diese weder vorübergehend iSv nicht dauerhaft, noch ohne eigenständige wirtschaftliche Bedeutung sind. Vgl *Walter,* Europäisches Urheberrecht, 2001, Rz 113 Info-RL.

Der zweite Anwendungsfall führt zu einer urheberrechtlichen Freistellung von solchen vorübergehenden Vervielfältigungen, die im Rahmen einer rechtmäßigen Nutzung erfolgen. Diese Bestimmung ist vor dem Hintergrund zu sehen, dass das Urheberrecht lediglich an die Werkvermittlung und nicht an den Werkgenuss anknüpft, da die rezeptive Aufnahme eines Werkes oder Schutzgegenstandes sich als rein geistiger Vorgang der rechtlichen Regelung entzieht[165]. Erfasst werden nur die ausdrücklich normierten Verwertungshandlungen wie Vervielfältigung, Verbreitung, öffentliche Wiedergabe etc, reine Benutzungshandlungen wie das Lesen eines Buches oder das Betrachten eines Videofilmes sind jedoch nicht Gegenstand des Urheberrechts[166]. Im elektronischen Bereich führt allerdings die Einbeziehung vorübergehender Vervielfältigungen in das dem Urheber vorbehaltene Vervielfältigungsrecht zu dem Ergebnis, dass auch reine Benutzungshandlungen urheberrechtlich relevant sind[167]: Während bspw das bloße Lesen eines Buches in papierner Form ohne urheberrechtliche Relevanz ist, gilt dies nicht für das Lesen desselben Buches in elektronischer Form (e-book), da es beim Laden des Buches in den Arbeitsspeicher automatisch zu einer Vervielfältigung im Sinne des Art 2 der Richtlinie bzw § 15 UrhG kommt, die grundsätzlich der Zustimmung des Rechtsinhabers bedarf. Als Korrektiv für dieses, der Systematik des Urheberrechts[168] widersprechenden Ergebnisses, entfällt nach Art 5 Abs 1 der Richtlinie bzw § 41a UrhG das Zustimmungserfordernis für solche vorübergehenden Vervielfältigungen, die der rechtmäßigen Nutzung des Werkes dienen und keine eigenständige wirtschaftliche Bedeutung haben[169]. Anders ausgedrückt: Indem Art 5 Abs 1 auch solche vorübergehenden Vervielfältigungen freistellt, die im Rahmen rechtmäßiger Nutzung erfolgen, bleibt auch im elektronischen Bereich die bloße Benutzung frei[170].

Die Auslegung der Wendung „rechtmäßige Nutzung" bereitet jedoch erhebliche Schwierigkeiten, zumal die in Erwägungsgrund 33 enthaltene Interpretationshilfe, der zufolge es sich dann um eine rechtmäßige Nutzung handelt,

---

[165]) Vgl *Dittrich*, Veröffentlichung und Erscheinen, ÖJZ 1971, 226.

[166]) Vgl *Bechtold*, Multimedia und Urheberrecht – einige grundsätzliche Anmerkungen. GRUR 1998, 26.

[167]) Vgl dazu noch weiter unten, Kap. 5.1.

[168]) Das grundsätzlich nicht an den Werkgenuss, sondern nur an die Werkvermittlung anknüpft.

[169]) Siehe dazu auch weiter unten im Kap 5.1. Anders als die Schrankenbestimmungen hinsichtlich der digitalen Privatkopie (Art 5 lit b der RL bzw § 42 UrhG) ist es für die Anwendung des Art 5 Abs 1 der RL bzw § 41a UrhG unerheblich, ob es sich um Vervielfältigungen zum privaten oder zum eigenen Gebrauch (letzterer erfasst auch juristische Personen sowie Kopien zu beruflichen Zwecken; siehe dazu sogleich) handelt.

[170]) Die gleichen Erwägungen führten zur inhaltlich verwandten Bestimmung des Art 5 Abs 1 Computerprogrammrichtlinie, die allerdings insoweit einen engeren Anwendungsbereich hat, als nicht auf die rechtmäßige Nutzung, sondern auf den rechtmäßigen Benutzer im Rahmen des bestimmungsgemäßen Gebrauchs abgestellt wird. Vgl dazu *Walter*, Europäisches Urheberrecht, 2001, Rz 108 Info-RL.

wenn sie vom Rechtsinhaber zugelassen bzw nicht durch Gesetze beschränkt ist, nicht wirklich weiter hilft. Mit *Walter[171]* ist davon auszugehen, dass eine rechtmäßige Nutzung im Fall der – ausdrücklichen oder schlüssigen – Zustimmung des Rechtsinhabers (Arg „vom Rechtsinhaber zugelassen") sowie dann vorliegt, wenn der Nutzer zur Werkwiedergabe mit Hilfe eines vom Gesetz nicht untersagten Vorgangs in die Lage versetzt wurde[172].

Soweit die Voraussetzungen des Art 5 Abs 1 der Richtlinie erfüllt sind, entfällt daher für Maßnahmen wie das Browsing, Caching sowie Proxy-Speicherungen und Speicherungen im Arbeitsspeicher (RAM) das Zustimmungserfordernis für Vervielfältigungen[173].

Diese zwingende Ausnahme für flüchtige und begleitende Vervielfältigungen wurde wörtlich in den neuen § 41a UrhG übernommen.

3.3.3.3 Fakultative Ausnahmen vom Vervielfältigungsrecht

3.3.3.3.1 Reprographische Vervielfältigungen

Hinsichtlich reprographischer Vervielfältigungen geht die Kommission davon aus, dass die bestehenden nationalen Regelungen über die Reprographie keine größeren Hindernisse für den Binnenmarkt schaffen[174] und belässt deshalb einen breiten Spielraum für Ausnahmen „in bezug auf Vervielfältigungen auf Papier oder einem ähnlichen Träger mittels beliebiger fotomechanischer Verfahren oder anderer Verfahren mit ähnlicher Wirkung"[175]. Die Mitgliedstaaten können deshalb nach Art 5 Abs 2 lit a der Richtlinie Vervielfältigungen unter Zuhilfenahme typischer Reprographie-Techniken zulassen, eine Einschränkung etwa auf den privaten oder eigenen Gebrauch ist nach der Richtlinie nicht notwendig. Notenblätter sind jedoch von dieser Schranke nicht erfasst, ihre Vervielfältigung mittels Fotokopie bedarf deshalb uneingeschränkt der Zustimmung des Berechtigten. Zudem steht die

---

[171]) Siehe *Walter,* Europäisches Urheberrecht, 2001, Rz 108 Info-RL.
[172]) Siehe dazu ausführlich im Kap 5.1.
[173]) Siehe *Hoeren,* EU-Richtlinie zum Urheberrecht, MMR 2000, 516 und *Dreier,* Die Umsetzung der Urheberrechtsrichtlinie 2001/29/EG in deutsches Recht, ZUM 2002, 30.
[174]) Vgl Erwägungsgrund 37.
[175]) Vgl Art 5 Abs 2 lit a der RL.

Anwendung der Ausnahme für reprographische Kopien unter der Bedingung, dass die Rechtsinhaber einen gerechten Ausgleich[176] erhalten[177].

3.3.3.3.2 Vervielfältigungen zum privaten Gebrauch

Obwohl die Kommission davon ausgeht, dass die digitale im Vergleich zur analogen Vervielfältigung eine weitere Verbreitung finden und größere wirtschaftliche Bedeutung erlangen wird und deshalb den Unterschieden zwischen diesen beiden Vervielfältigungsverfahren gebührend Rechnung getragen werden soll[178], unterscheidet die Ausnahme für Vervielfältigungen zum privaten Gebrauch auf anderen Trägern als Papier nach Art 5 Abs 2 lit b nicht zwischen analogen und digitalen Trägern[179]. Sie findet auf sämtliche Vervielfältigungen auf beliebigen Trägern Anwendung, die zum privaten Gebrauch einer natürlichen Person vorgenommen werden und weder direkten noch indirekten kommerziellen Zwecken dienen[180]. Auch hier ist ein gerechter Ausgleich der Rechtsinhaber Bedingung für die Anwendung der Ausnahme[181].

Die Richtlinienformulierung „durch eine natürliche Person zum privaten Gebrauch" stellt klar, dass der private Gebrauch nicht immer eine strikt persönliche Verwendung sein muss, sondern auch die Privatkopie *für* eine natürliche Person

---

[176]) Die Bezeichnung „gerechter Ausgleich" soll nach *Reinbothe* eine Brücke bauen zwischen denjenigen Mitgliedstaaten, die Vergütungssysteme auf der Grundlage der „angemessenen Vergütung" kennen und anderen, die eine Einführung derartiger Vergütungssysteme stets strikt abgelehnt haben. Vgl *Reinbothe,* Europäisches Urheberrecht und Electronic Commerce, in *Lehmann,* Electronic Business in Europa, München 2002, 388 Rn 63. Der Begriff des „gerechten Ausgleichs" wird in Erwägungsgrund 35 der Richtlinie näher umschrieben. Danach ist den Rechtsinhabern grundsätzlich die Nutzung ihrer Werke oder sonstigen Schutzgegenstände angemessen zu vergüten, wobei bei der Festlegung der Form, der Einzelheiten und der etwaigen Höhe dieses gerechten Ausgleichs die besonderen Umstände des Einzelfalls berücksichtigt werden sollten. Unter Umständen kann die Berücksichtigung der Umstände jedes Einzelfalls auch dazu führen, dass überhaupt keine Zahlungspflicht entsteht. Vgl Erwägungsgrund 35 der Richtlinie.
[177]) Auf die diesbezüglichen Umsetzungsbestimmungen im österreichischen UrhG wird sogleich im Kap 3.3.4.1 eingegangen.
[178]) Vgl Erwägungsgrund 38.
[179]) Dies im Gegensatz zu den Vorentwürfen der Richtlinie. Während der erste Richtlinienentwurf elektronische Vervielfältigungen generell verboten wissen wollte, war der zweite Richtlinienentwurf zumindest noch unterschiedliche Rechtsfolgen an das Herstellungsverfahren der Vervielfältigungsstücke geknüpft. Siehe *Bayreuter,* Beschränkungen des Urheberrechts nach der neuen EU-Urheberrechtrichtlinie, ZUM 2001, 831.
[180]) Siehe *Reinbothe,* EG-Richtlinie zum Urheberrecht in der Informationsgesellschaft, GRUR Int. 2001, 739.
[181]) Hinsichtlich der Höhe des gerechten Ausgleichs soll insbesondere der Grad des Einsatzes technischer Schutzmaßnahmen berücksichtigt werden, um eine Doppelbezahlung im Sinne eine Überschneidung der Zahlung des gerechten Ausgleichs mit der Durchsetzung des Ausschließlichkeitsrechtes über technische Schutzvorkehrungen zu vermeiden. Vgl *Reinbothe,* EG-Richtlinie zum Urheberrecht in der Informationsgesellschaft, GRUR Int 2001, 739. Zum Begriff des „gerechten Ausgleichs" vgl Fn 176.

abdeckt. Demnach ist die Herstellung einer privaten Vervielfältigung durch eine natürliche Person für eine andere von der Ausnahme erfasst[182]. Die Anfertigung der Kopien darf aber weder direkten noch indirekten kommerziellen Zwecken dienen.

Entgegen den Forderungen der Content-Industrie hat also der europäische Gesetzgeber, der insbesondere hinsichtlich der digitalen Privatkopie „in bis dahin beispiellosem Maße dem massiven Druck von Lobbyisten" ausgesetzt war[183], die digitale Vervielfältigung zum privaten Gebrauch nicht abgeschafft.

Welche konkreten Änderungen die freie Werknutzung der Vervielfältigung zum eigenen Gebrauch nach § 42 des österreichischen UrhG durch diese Richtlinienvorgaben erfahren hat, wird im Folgenden gezeigt.

3.3.4 Die Neuregelung der Vervielfältigung zum eigenen Gebrauch in § 42 UrhG

3.3.4.1 § 42 UrhG in der Fassung Novelle 2003

Die wesentlichste Änderung besteht darin, dass § 42 UrhG idF Novelle 2003 nunmehr hinsichtlich der Zulässigkeit von Vervielfältigungshandlungen zum eigenen Gebrauch zwischen den verwendeten Vervielfältigungsverfahren unterscheidet. Vervielfältigungen in papierner oder ähnlicher Form sind weiterhin durch *jedermann* zum *eigenen* Gebrauch zulässig. Reprographische Vervielfältigungen können deshalb auch in Zukunft sowohl von natürlichen als auch von juristischen Personen ohne Zustimmung des Urhebers vorgenommen werden, sofern die Herstellung der Vervielfältigungsstücke zum eigenen Gebrauch erfolgt[184]. Die Anwendung dieser

---

[182]) Der geänderte Richtlinienvorschlag (KOM (1999) 250 endg.) hingegen umfasste nur Vervielfältigungen *„durch eine natürliche Person zur ausschließlich privaten und persönlichen Verwendung"*. Im gemeinsamen Standpunkt (2000/C 344) wiederum lautete der Text *„zum privaten Gebrauch durch eine natürliche Person"*. Erst die Abänderungen des Europäischen Parlaments brachten es mit sich, dass sich die Vervielfältigungen nach Art 5 Abs 2 b auf solche *„durch eine natürliche Person zum privaten Gebrauch"* beziehen. Die englische Sprachfassung verdeutlicht diesen Unterschied am Besten, so heißt es statt *„for the private use of a natural person"* nunmehr *„ by a natural person for private use"*. Das Wort „durch" bzw „by" soll auch eine Vervielfältigung für und im Auftrag einer natürlichen Person zum privaten Gebrauch ermöglichen. Siehe KOM (2001) 170 endg., zu Abänderung 5; *Reinbothe,* EG-Richtlinie zum Urheberrecht in der Informationsgesellschaft, GRUR Int., 2001, 739.
[183]) So der Binnenmarkt-Kommissar Frits Bolkestein in der Presseerklärung vom 14.2.2001.
[184]) Vgl § 42 Abs 1 UrhG in der neuen Fassung.

Ausnahme auf Musiknoten ist jedoch ausgeschlossen, für ihre Vervielfältigung ist nunmehr stets die Einwilligung des Berechtigten notwendig[185].

Für Vervielfältigungen auf anderen Trägern als Papier, also insbesondere im Hinblick auf die digitale Kopie, wird die freie Werknutzung zum eigenen Gebrauch richtlinienbedingt auf Vervielfältigungshandlungen *natürlicher Personen* zum *privaten* Gebrauch zurückgestuft[186]. Zudem darf das Vervielfältigungsstück zu keinerlei kommerziellen Zwecken hergestellt werden[187]. Daraus ergibt sich gegenüber der bisherigen Rechtslage die Einschränkung, dass, von der Reprographie[188], Vervielfältigungen im Rahmen wissenschaftlicher Forschung[189] und von Papierpressespiegeln[190] abgesehen, eine Privilegierung juristischer Personen im Rahmen des § 42 UrhG entfällt, da hinsichtlich der Vervielfältigung auf beliebigen Trägern lediglich natürliche Personen erfasst sind. Juristische Personen können daher z.B. nicht mehr zur Information ihrer Organe (Vorstand einer AG, Bedienstete eines Gerichts etc) digitale Vervielfältigungsstücke erstellen und verteilen und sich dabei auf die freie Werknutzung nach § 42 UrhG berufen.

Die Anwendung der Privatkopieschranke auf beliebige Träger ist zudem auf solche Vervielfältigungshandlungen beschränkt, die zum *privaten Gebrauch* erfolgen. Im Gegensatz zum eigenen Gebrauch bei reprographischen Kopien dürfen deshalb Vervielfältigungen auf beliebigen Trägern nicht zu beruflichen Zwecken vorgenommen werden. Kopien des Lehrers etwa zu Fortbildungszwecken oder generell für seine berufliche Tätigkeit auf anderen Trägern als Papier sind demnach nicht mehr von § 42 UrhG gedeckt.

Da § 42 Abs 4 UrhG idF Novelle 2003 aber nach wie vor lediglich privaten und keinen persönlichen Gebrauch verlangt, ist die Weitergabe digitaler Privatkopien, etwa von vervielfältigten Musik-CDs, im Freundeskreis weiterhin erlaubt. So wurde zwar die nach § 42a UrhG zulässige, auf Bestellung erfolgende Herstellung von Vervielfältigungsstücken zum eigenen Gebrauch eines anderen unverändert beibehalten, § 42a UrhG bezieht sich aber nur auf Vervielfältigungen zum eigenen Gebrauch, also auf Vervielfältigungen auf Papier und solche zu wissenschaftlichen

---

[185]) Vgl § 42 Abs 8 Z. 1 UrhG nF.
[186]) Vgl § 42 Abs 4 UrhG. Lediglich der eigene Gebrauch zu Zwecken der Forschung konnte aufgrund der weitgefassten Ausnahme des Art 5 Abs 3 lit a Info-Richtlinie auch für beliebige Träger beibehalten werden. Die Anwendung dieser Schranke zum eigenen Gebrauch ist deshalb nicht auf Papier oder ähnliche Träger beschränkt. Vgl § 42 Abs 2 UrhG nF.
[187]) Vgl § 42 Abs 4 UrhG nF.
[188]) Vgl § 42 Abs 1 UrhG nF.
[189]) Vgl § 42 Abs 2 UrhG nF.
[190]) Vgl § 42 Abs 3 UrhG nF.

Forschungszwecken[191]. Dies legt nahe, dass entgegen der bisherigen Rechtslage Vervielfältigungen auf anderen Trägern als Papier durch eine natürliche Person im Auftrag einer anderen nicht erlaubt sind. Zurückkommend auf obiges Beispiel wäre es demnach nicht mehr möglich, einen Freund bzw irgendeinen Dritten darum zu bitten, eine bestimmte Musik-CD zur anderweitigen Verwendung[192], etwa im Pkw, unter Zuhilfenahme seines CD-Brenners zu vervielfältigen, da die Herstellung digitaler Kopien nicht von § 42a UrhG gedeckt ist.

Gegen diese Interpretation spricht zum einen der Wille des europäischen Gesetzgebers[193], der von der Ausnahme zu Gunsten privater Vervielfältigungen auch solche Kopien erfasst wissen wollte, die von einer natürlichen Person für eine andere hergestellt werden[194].

Zum anderen ergibt sich aus der Definition des privaten Gebrauchs[195], dass dieser nur dann nicht vorliegt, wenn die Vervielfältigung mit dem Zweck vorgenommen wird, das Werk mit Hilfe des Vervielfältigungsstückes der Öffentlichkeit zugänglich zu machen. Daraus folgt, dass der private ebenso wie der eigene Gebrauch nicht nur im Werkgenuss selbst, sondern auch darin bestehen kann, dass die Kopie einem anderen weitergegeben und zur Benützung überlassen wird, sofern nur das Werk hierdurch nicht der Öffentlichkeit zugänglich gemacht wird[196]. Das Gesetz fordert nur einen privaten, aber keinen streng persönlichen Gebrauch. Für die Zulässigkeit der Herstellung von Kopien auf beliebigen Trägern für einen anderen ergibt sich daraus, dass sie zwar nicht direkt aus dem diesbezüglich einschlägigen § 42a UrhG folgt, da dieser nur den eigenen Gebrauch und damit lediglich Vervielfältigungen auf Papier erfasst, letztlich aber doch aus der Definition des privaten Gebrauchs und dem mangelnden Erfordernis eines *persönlichen* Gebrauchs geschlossen werden kann.

Schließlich spricht für die Zulässigkeit der Herstellung analoger und digitaler Vervielfältigungsstücke zum privaten Gebrauch eines anderen die bei der

---

[191]) Während die Kopien zu Forschungszwecken keinerlei kommerziellen Zwecken dienen dürfen, gilt diese Einschränkung nicht für reprographische Vervielfältigungen. Der Betrieb von Copy Shops udgl ist natürlich weiterhin zulässig.

[192]) Vgl zum Begriff der „anderweitigen Verwendung" oben Fn 61.

[193]) Der sich in der Formulierung des entsprechenden Art 5 Abs 2b „durch eine natürliche Person zum privaten Gebrauch" manifestiert.

[194]) Siehe die Mitteilung der Kommission an das europäische Parlament zu Abänderung 5, KOM (2001) 170 endg., *Reinbothe,* EG-Richtlinie zum Urheberrecht in der Informationsgesellschaft, GRUR Int. 2001, 739 sowie Fn 182.

[195]) Der private Gebrauch wird gemeinsam mit dem eigenen Gebrauch in § 42 Abs 4 UrhG nF negativ umschrieben.

[196]) Siehe *Dittrich,* Zum Umfang der freien Werknutzung für den eigenen Gebrauch, MRA 1984 H 4, 1 ff.

Richtlinienumsetzung verfolgte Absicht des österreichischen Gesetzgebers, die bisher bestehenden freien Werknutzungen soweit wie möglich aufrecht zu erhalten[197]. Wenn demnach die Richtlinienumsetzung nicht zum Anlass genommen werden sollte, die nach bisheriger Rechtslage vorgesehenen freien Werknutzungen einzuschränken, so muss dies wohl auch für die Herstellung von Privatkopien durch einen anderen gelten. Dies zumal ein Verbot des Herstellenlassens insbesondere digitaler Kopien zum privaten Gebrauch weitreichende Konsequenzen hätte und weite Teile der Bevölkerung zu Rechtsverletzern machen würde[198].

Nach dieser Ansicht bleibt es also weiterhin möglich, dass das Vervielfältigungsstück, etwa die Musik-CD, von jemand anderem, etwa dem beauftragten Dritten, hergestellt wird.

Der Gesetzgeber nimmt jedenfalls in den Erläuterungen zur Urheberrechtsnovelle zu diesem Problem konkret nicht Stellung, letztlich wird wohl ein Gericht zu entscheiden haben, wie die Herstellung von Vervielfältigungsstücken durch einen anderen auf anderen Trägern als Papier zu beurteilen ist. Angesichts der Brisanz dieses Problems ist schon sehr bald mit einem Vorabentscheidungsverfahren beim EuGH zu rechnen.

Obwohl der Drei-Stufen-Test aus weiter oben angeführten Gründen nicht in den Text der Novelle aufgenommen wurde, wird an dieser Stelle dennoch überprüft, ob die im Rahmen dieser Arbeit interessierende digitale Privatkopie dessen Vorgaben erfüllt. Die nachstehenden Ausführungen sind daher der Untersuchung der Digitalkopie dahingehend gewidmet, ob die durch den Drei-Stufen-Test gezogenen Grenzen eingehalten werden, ob es sich mithin bei der Schranke zugunsten digitaler Privatkopien um einen bestimmten Sonderfall handelt, der weder zu einer ungebührlichen Verletzung der berechtigten Interessen der Rechtsinhaber noch zu einer Beeinträchtigung der normalen Verwertung führt.

---

[197]) Siehe ErläutRV 40 BlgNR 22.GP (Allgemeiner Teil), S 27 und 32.

[198]) Man denke nur an die weit verbreitete und bisher zulässige Praxis bei Schülern, den Klassenfreund, der im Besitz eines CD-Brenners ist, mit der Vervielfältigung einer Musik-CD zu beauftragen. Dies wäre nunmehr unzulässig und käme damit einer Kriminalisierung des Schulhofes gleich.

3.3.4.2 Der Drei-Stufen-Test und die Digitalkopie

Die Schranke zugunsten der Vervielfältigung zum eigenen bzw privaten Gebrauch stellt insofern einen Sonderfall dar, als durch die umfassende Definition des Privatgebrauchs in § 42 UrhG[199] die von dieser Ausnahme erfassten Fälle ausreichend klar bezeichnet sind und insofern das Kriterium des *bestimmten* Sonderfalles erfüllt ist. Zudem ist der Anwendungsbereich dieser Ausnahme vom Vervielfältigungsrecht auf spezifische Fälle, nämlich solche des Privatgebrauchs, eingeschränkt und daher begrenzt. Private Vervielfältigungen sind ein Sonderfall aller denkbaren Vervielfältigungen und damit zu unterscheiden von sonstigen Vervielfältigungen[200]. Die freie Werknutzung der Vervielfältigung zum privaten Gebrauch ist von der Zielsetzung getragen, den Zugang jedes einzelnen zu den Kulturgütern zu ermöglichen[201] und den Gebrauch dieser kulturellen Güter im privaten Bereich zu fördern. Dieses kultur- und bildungspolitische Motiv[202] genügt den qualitativen Anforderungen, die sich aus dem Begriff *Sonderfall* ergeben. Die Beschränkung des Vervielfältigungsrechts im Privatbereich nach § 42 UrhG erfüllt daher die Anforderungen der ersten Stufe des Tests.

Die berechtigten Interessen der Urheber und Leistungsschutzberechtigten an einer angemessenen Entlohnung für jede Nutzung der von ihnen geschaffenen Werke bzw Schutzgegenstände sind durch die digitale Privatkopie jedenfalls beeinträchtigt. Während bei der Einführung der freien Werknutzung der Vervielfältigung zum eigenen Gebrauch die private Kopiertätigkeit keine nennenswerten Absatzverluste verursachte, da zum einen nur wenige Privatpersonen über die hiefür nötigen technischen Mittel verfügten und zum anderen deutliche Qualitätsverluste beim Vervielfältigungsstück hingenommen werden mussten, bietet sich durch die Digitalisierung ein völlig neues Bild. Das niedrige Preisniveau der technischen Hilfsmittel zur digitalen Vervielfältigung, vor allem der Computer und CD-Brenner ermöglicht inzwischen weiten Teilen der Bevölkerung die private Nutzung dieser Geräte. Unter Zuhilfenahme digitaler Reproduktionstechnik

---

[199]) Vgl dazu die Ausführungen weiter oben im Kap 3.2.
[200]) Vgl das Urteil des LG Stuttgart vom 21.6.2001 zur Urheberrechtsabgabe auf CD-Brenner, Entscheidungsgründe, III bei Punkt 1. Abrufbar auf f der Homepage der GEMA unter http://www.gema.de/urheberrecht/rechtsprechung/lg_stuttgart_21062001.shtml.
[201]) Siehe OGH 26.1.1993 – Null-Nummer II - vgl Fn 47.
[202]) Vgl *Daum*, Der Vergütungsanspruch für die private Überspielung von Musikwerken im österreichischen, internationalen und EG-Recht, Dissertation, Wien 1998, 103.

kann heute äußerst leicht und schnell eine qualitativ dem Original entsprechende Kopie hergestellt werden. Die digitale Vervielfältigung ist mit Hilfe der CD-Brenner äußerst einfach durchführbar und schafft beliebige Zugriffsmöglichkeiten auf das kopierte Werk[203]. Das Volumen und die Intensität privater Vervielfältigungen ist folglich im digitalen Umfeld erheblich höher als noch im analogen Bereich. Dadurch kommt es zu einer zunehmenden Verlagerung der Vervielfältigungsvorgänge aus dem gewerblichen in den privaten Bereich. Diese veränderten technischen Verhältnisse bewirken, dass es im Rahmen der gesetzlich zulässigen Vervielfältigung zum privaten Gebrauch zu deutlich spürbaren Einkommenseinbußen der Rechtsinhaber kommt.

Dies legt im Sinne der dritten Bedingung des Drei-Stufen-Tests nahe, ein vollständiges Verbotsrecht im Bereich der privaten Vervielfältigung oder zumindest für die digitale Privatkopie vorzusehen. In diesem Fall könnten Vervielfältigungen im Privatbereich nur mit Zustimmung des Berechtigten vorgenommen werden. Davon abgesehen, dass dadurch die Allgemeinheit am Zugang zu den Errungenschaften des technischen Fortschritts gehindert würde[204], käme ein solches Ausschließlichkeitsrecht weitgehend totem Recht gleich. Denn die Kontrolle der Einhaltung dieses Verbotsrechts und die individuelle Verfolgung jedes einzelnen Verstoßes erweist sich mangels derzeit verfügbarer, flächendeckender Kopierschutzverfahren und weltweit eingesetzter DRM-Systeme als schwierig bzw nahezu unmöglich.

Sinnvoller und nach herrschender Auffassung[205] mit dem Drei-Stufen-Test vereinbar ist es daher, das ausschließliche Recht auf einen Vergütungsanspruch zu beschränken. Der Vergütungsanspruch für Vervielfältigungen im privaten Bereich erweist sich als allein praktikabel, um die beeinträchtigten materiellen Interessen der Rechtsinhaber auszugleichen und diesen immerhin eine gewisse Gegenleistung für private Nutzungen zu sichern.

Im Hinblick auf die digitale Privatkopie beschränkt sich die Auseinandersetzung mit dem Erfordernis des Drei-Stufen-Tests, dass eine

---

[203]) Siehe den Einigungsvorschlag der DPMA-Schiedsstelle München vom 4.5.2000 in dem Rechtsstreit der ZPÜ gegen HP, zu den Ausführungen der Antragsgegnerin. Abrufbar auf der Homepage der GEMA unter der Rubrik Copyright – Case law; http://www.gema.de/engl/copyright/rechtsprechung/urteil_schiedsstelle.shtml.
[204]) Vgl dazu *Dittrich*, Die Vervielfältigung zum eigenen Gebrauch, in FS Roeber, Berlin 1973, 108, siehe weiter oben Fn 74 und *Daum*, Der Vergütungsanspruch für die private Überspielung von Musikwerken im österreichischen, internationalen und EG-Recht, Dissertation, Wien 1998, 114.
[205]) Siehe Fn 147.

Ausnahme oder Beschränkung die normale Verwertung nicht beeinträchtigen darf, zur Zeit vornehmlich auf Vervielfältigungen im Rahmen von Tauschbörsen[206]. Lässt man diesen spezifischen Problemkreis außer Acht, so kommt man zu dem Ergebnis, dass digitale Kopien zum privaten Gebrauch die normale Verwertung ebenso wenig beeinträchtigen wie analoge Vervielfältigungen. Wenn nach der geltenden Rechtslage bspw die Vervielfältigung eines bestimmten Musikstückes auf analogem Tonband durch eine Privatperson zur Verwendung im Pkw von der gesetzlichen Lizenz der Vervielfältigung zum privaten Gebrauch gedeckt ist, dann muss dies auch für die digitale Kopie auf CD gelten, da die Rechte des betreffenden Urhebers bzw Leistungsschutzberechtigten dadurch nicht stärker tangiert werden.[207] Freilich besteht zwischen analogen und digitalen Vervielfältigungsstücken, wie bereits mehrfach erwähnt, ein immenser Qualitätsunterschied. Die digitalen Technologien ermöglichen die Herstellung von Kopien, die qualitativ dem Original entsprechen. Wird etwa eine Musik-CD mit Hilfe eines CD-Brenners vervielfältigt und in weiterer Folge dieses Vervielfältigungsstück im Freundeskreis verschenkt[208], dann ist der Beschenkte im Besitz einer CD in perfekter Originalqualität. Der Kauf der im Handel erhältlichen Original-CD erübrigt sich. Die digitale Vervielfältigung von Musikstücken im privaten Bereich führt daher in bestimmtem Umfang zu einer Substitution des Kaufes physischer Tonträger. Die dadurch entstehenden Umsatzeinbußen halten sich jedoch noch im zumutbaren Rahmen, da berücksichtigt werden muss, dass der mit einer kopierten Musik-CD Beschenkte ohne diese Schenkung nicht zwingend die Original-CD gekauft hätte. Schließlich erhalten die Rechtsinhaber auch eine am Trägermaterial ansetzende pauschale Vergütung, um die sich aus der privaten Kopiertätigkeit ergebenden Konsequenzen auszugleichen[209].

---

[206]) Vgl etwa *Medwenitsch/Schanda,* Download von MP3-Dateien aus dem Internet: Private Vervielfältigung und rechtmäßig erstellte Vorlage, FS Dittrich, Wien 2000,119 ff; *Loewenheim,* Vervielfältigungen zum eigenen Gebrauch von urheberrechtswidrig hergestellten Werkstücken, FS Dietz, München 2001, 415 ff.

[207]) Vgl das Urteil des LG Stuttgart vom 21.6.2001 zur Urheberrechtsabgabe auf CD-Brenner, Entscheidungsgründe, III bei Punkt 2. Abrufbar auf f der Homepage der GEMA unter http://www.gema.de/urheberrecht/rechtsprechung/lg_stuttgart_21062001.shtml.

[208]) Diese Weitergabe des Vervielfältigungsstückes ist auch nach der neuen Rechtslage weiterhin zulässig. Zwar dürfen digitale Privatkopien statt zum eigenen Gebrauch nur mehr zum privaten Gebrauch hergestellt werden, ein streng persönlicher Gebrauch ist aber nicht gefordert. Die Weitergabe auch digitaler Kopien bleibt deshalb zulässig. Siehe dazu schon oben im Kap 3.3.4.1.

[209]) So unterfallen etwa Audio CD-Rs, CD-RWs, DVDs, Multimedia Cards für MP3-Player sowie Festplattenspeicher (etwa Festplatte in digitalen Videorekordern. Nach der Ansicht *Dittrichs* erfolgt die Einhebung einer Leerkassettenvergütung für Festplatten zu Unrecht, da Festplatten nicht als „Leerkassetten" iSd § 42b Abs 1 UrhG beurteilt werden können. Siehe *Dittrich,* Die Festplatte – ein Trägermaterial iSd § 42b UrhG, ÖJZ 2001, 754 ff.) als zum Speichern und Vervielfältigen geeignete Datenträger der Vergütungspflicht nach § 42b Abs 1 UrhG (Leerkassettenvergütung). Für den PC selbst und vor allem für CD-Brenner wird jedoch keine Vergütung eingehoben, da die Leermedienabgabe nur an das Trägermaterial anknüpft, nicht aber an die

Es kann daher festgehalten werden, dass die gesetzlich klar gezogenen Grenzen des Privatgebrauchs gewährleisten, dass die typischen Verwertungsmöglichkeiten der Urheber und Leistungsschutzberechtigten in diesem Bereich trotz der Ausübung der Privatkopieschranke erhalten bleiben. So darf nur eine natürliche Person zum privaten Gebrauch digitale Vervielfältigungsstücke herstellen und dabei keine kommerziellen Zwecke verfolgen[210]. Überdies dürfen diese Kopien nicht dazu verwendet werden, das Werk oder den Schutzgegenstand damit der Öffentlichkeit zugänglich zu machen. Solange der gesetzlich zulässige Rahmen daher nicht überschritten wird, beeinträchtigt die digitale Vervielfältigung im privaten Bereich die Verwertungsrechte der Urheber und Leistungsschutz-berechtigten nicht.

Im Hinblick auf die digitalen Vervielfältigungen im Rahmen von Tauschbörsen gebietet sich jedoch eine differenziertere Betrachtungsweise. Aus diesem Grund werden im folgenden Kapitel über Musiktauschbörsen die bei Verwendung einer solchen Tauschbörse erfolgenden Vorgänge aus urheberrechtlicher Sicht näher untersucht. Bei der urheberrechtlichen Einordnung des Downloads aus Musiktauschbörsen wird im Zusammenhang mit der Problematik der rechtmäßigen Kopiervorlage noch weiter auf die soeben behandelte Berücksichtigung des Drei-Stufen-Tests im Rahmen der digitalen Privatkopieschranke eingegangen.

3.3.4.3   Musiktauschbörsen

Während das soeben besprochene Vervielfältigen von Original-CDs und die Weitergabe im Freundeskreis im Hinblick auf die dadurch bedingten Umsatzeinbußen der Rechtsinhaber noch hinnehmbar ist, beschert die inzwischen zum „Volkssport" avancierte Nutzung von Internet-Tauschbörsen der Musikindustrie beträchtliche Einkommensverluste. Die weit verbreitete Nutzung erklärt sich vor allem damit, dass sich die hiefür notwendigen technischen Mittel mittlerweile in den meisten Haushalten finden, benötigt man doch lediglich einen PC mit Internetzugang und gegebenenfalls einen CD-Brenner. Das Herunterladen der zum Tausch

---

entsprechenden Geräte. Eine Geräteabgabe ist nach § 42b Abs 2 Z1 lediglich hinsichtlich reprographischer Vervielfältigungen vorgesehen (etwa für Kopierer, Scanner, Drucker usw.). Vgl Fn 49.
[210]) Vgl § 42 UrhG idF Novelle 2003.

notwendigen Filesharing-Software ist äußerst benutzerfreundlich, versierte Computerkenntnisse sind jedenfalls nicht erforderlich. Wird die Tauschbörse in weiterer Folge verwendet, so genügen ein paar mouse-clicks, um den gewünschten Musiktitel im P2P-Netz zu finden und kostenlos auf die Festplatte des heimischen Computers herunter zu laden. Das gespeicherte Musikstück kann sodann mit beliebigen anderen aus dem Internet gezogenen Songs mittels CD-Brenner auf CD gebrannt werden.

In bezug auf die im Rahmen von Tauschbörsen erfolgenden Vorgänge muss aus urheberrechtlicher Sicht zwischen verschiedenen Handlungen der Nutzer unterschieden werden: Die Einspeicherung, also das Einspeisen der Musikdateien auf den PC ist vom Bereithalten, dh der Zugänglichmachung dieser Musikdateien im P2P-Netz und dem Download, also dem Herunterladen der Musiktitel aus der Internet-Tauschbörse zu unterscheiden.

3.3.4.3.1 Einspeicherung

Der Online-Nutzung von Musikwerken geht in der Regel[211] zunächst die Umwandlung der analogen Tonträgeraufnahme in ein digitales Dateiformat und daran anschließend die Einspeicherung dieser Musikdaten auf die Festplatte eines Computers voraus. Im Zuge dieses Umwandelns von analogen in digitale Informationen erfolgt zumeist eine Komprimierung der auf diese Weise ausgelesenen Musikdaten auf das MP3-Format. Bei all diesen Vorgängen handelt es sich um Vervielfältigungen im Sinne des § 15 UrhG.

Bei der Digitalisierung analoger Tonträgeraufnahmen werden die Musikinformationen in einen binären Zahlencode konvertiert, so dass die hierdurch erzeugten Digitaldaten der elektronischen Verarbeitung, etwa durch PC, zugänglich sind. In weiterer Folge wird das Ergebnis dieser Konvertierung in der Regel auf einem materiellen Datenträger, etwa einer Computerfestplatte[212], festgehalten. Nach

---

[211]) Für die Online-Nutzung von Musikwerken ist die Erstspeicherung (Digitalisierung) dann nicht erforderlich, wenn die Daten bereits in digitaler Form gespeichert sind und zur Nutzung lediglich von einem Speicher in einen anderen übertragen werden müssen. Eine solche Übertragung stellt ebenfalls eine Vervielfältigung dar. Siehe dazu weiter unten.

[212]) Als Speichermedium können ebenso Diskette oder etwa CD-ROM dienen.

ganz herrschender Auffassung[213] ist diese Einspeicherung als Vervielfältigung im Sinne des § 15 UrhG anzusehen. Wie bereits weiter oben ausführlich dargelegt, gewährt § 15 UrhG dem Urheber das ausschließliche Recht, sein Werk – gleichviel in welchem Verfahren, in welcher Menge und ob vorübergehend oder dauerhaft – zu kopieren. Damit im urheberrechtlichen Sinn von einer Vervielfältigung gesprochen werden kann, muss das Ergebnis des Vervielfältigungsvorgangs eine körperliche Festlegung sein, die es gestattet, das Werk mit den menschlichen Sinnen wahrzunehmen.

Wie bereits erwähnt, hat der OGH in der Entscheidung Radio Melody III[214] diesbezüglich ausgesprochen, dass diese Wahrnehmbarmachung auch unter Zuhilfenahme technischer Einrichtungen erfolgen kann. Damit ein digitalisiertes Musikstück sinnlich wahrgenommen werden kann, müssen erst die digitalen Signale in Schallwellen rückverwandelt werden. Diese Rückverwandlung erfolgt unter Zuhilfenahme technischer Einrichtungen. Mithin liegt auch in dem Vorgang der Einspeicherung einer Tonträgeraufnahme auf die Computerfestplatte eine Festlegung, die durch Rückverwandlung der digitalen Signale in Schallwellen es mittelbar gestattet, das auf diese Weise festgelegte Musikstück sinnlich wahrzunehmen. Durch die Einspeicherung erfährt die digitalisierte Tonträgeraufnahme daher die zur Erfüllung des Vervielfältigungsbegriffes erforderliche Festlegung, das Einspeisen ist als Vervielfältigung im Sinne des § 15 UrhG zu qualifizieren[215]. Ebenso verhält es sich, wenn bereits bestehende Digitaldaten von einem Speicher in einen anderen übertragen werden. Wird etwa ein auf der Computerfestplatte eingespeichertes Musikstück auf CD-R übertragen, also mittels CD-Brenner auf Audio CD-R gebrannt, so stellt dieser Vorgang eine urheberrechtlich relevante Vervielfältigung dar. Das Gleiche gilt, wenn das Musikwerk von der Festplatte des PC auf einen Internet-Netzrechner (Server) übertragen wird

---

[213]) Vgl statt vieler *Walter,* Werkverwertung in körperlicher Form I, Vervielfältigung und Verbreitung des Werks, MR 1990, 112 f; *Zanger,* Urheberrecht und Leistungsschutz im digitalen Zeitalter, Wien 1996, 91 ff; *Mahr,* Die digitale Speicherung von Werken der Tonkunst zum Zwecke der Rundfunksendung, MR 1998, 337; *Blocher* in *Koppensteiner* (Hrsg), Österreichisches und europäisches Wirtschaftsprivatrecht Teil 2: Geistiges Eigentum, Wien 1996, 571 (FN 443); OGH 26.1.19994, Ob 345/98h – Radio Melody III - EvBl 1999/108 = MR 1999, 94 (Walter), MMR 1999, 352 (Haller).

[214]) OGH 26.1.1994, Ob 345/98h – Radio Melody III.

[215]) Selbst wenn die digitalisierte Datei keine dauerhafte Speicherung auf einem Datenträger erfährt, ist die Digitalisierung dennoch als Vervielfältigung anzusehen. Zum einen geht mit der Digitalisierung in der Regel eine vorübergehende Festlegung des Werkes/Schutzgegenstandes im Arbeitsspeicher des PCs einher (vgl dazu sogleich). Zum anderen handelt es sich ganz allgemein bei der Digitalisierung um eine erneute Festlegung des Werks in digitaler Form und daher um eine Vervielfältigung im Sinne des § 15 UrhG. Vgl *Loewenheim* in *Schricker,* Urheberrecht, 2 Auflage 1999, Rdn18 zu § 16 dUrhG.

(sog Upload). Nachdem es für die Qualifizierung eines Vorganges als Vervielfältigung im urheberrechtlichen Sinn nicht auf die Dauerhaftigkeit der Vervielfältigung ankommt[216], handelt es sich auch bei vorübergehenden Speicherungen im Arbeitsspeicher (RAM) eines Computers um Vervielfältigungen im Sinne des § 15 UrhG. Wird ein auf einer Audio-CD festgehaltenes Musikstück über Computer wiedergegeben, so kommt es beim Abspielen automatisch zu einer Vervielfältigung im Arbeitsspeicher (RAM) des Computers. Diese ist nur vorübergehend, da die Kopie mit dem Abschalten des Computers automatisch aus dem Speicher gelöscht wird. Nachdem es aber wie bereits erwähnt auf die Dauerhaftigkeit der Vervielfältigung nicht ankommt, ist auch die beim Abspielen einer Musik-CD über PC entstehende ephemere Kopie im RAM als urheberrechtlich relevante Vervielfältigung anzusehen.

Schließlich ist auch die Komprimierung eines Musikstückes auf das MP3-Format[217] als Vervielfältigung anzusehen. Im Rahmen des Datenkompressions-verfahrens wird die betreffende Musikdatei mit Hilfe eines sog Encoders in das MP3 Format umgewandelt. Dabei werden unhörbare Audio-Informationen entfernt, etwa die von lauten Tönen überlagerten leisen Töne bzw jene Frequenzbereiche, die vom menschlichen Gehör nicht wahrgenommen werden können. Durch dieses gezielte Herausfiltern unwichtiger, weil ohnedies nicht hörbarer Informationen, wird die Musikdatei auf ein Zehntel der ursprünglichen Größe reduziert. Erst die vergleichsweise geringe Größe der komprimierten Musikdateien macht die Übertragung von Musik im Internet praktikabel und für die breite Masse attraktiv. Bei der Konvertierung einer Musikdatei in das MP3-Format handelt es sich nicht um eine Bearbeitung des Werkes im Sinne des § 5 UrhG, da hiefür das Originalwerk in seiner Wesenheit verändert werden muss[218]. Im Falle von Musikdateien müssten kompositorische Modifikationen erfolgen, also z.B. der Rhythmus oder die Melodie verändert werden, damit eine schützenswerte Bearbeitung entsteht[219]. Durch die Datenkompression kommt es zwar zu Veränderungen hinsichtlich Größe, Form und

---

[216]) In Umsetzung des Art 2 der RL bezieht der Wortlaut des Verbotsrecht nach § 15 UrhG idF Novelle 2003 sowohl dauerhafte als auch vorübergehende Kopien mit ein. Im Sinne der Rechtsprechung des OGH zu Radio Melody III ist jedoch davon auszugehen, dass es bereits vor Aufnahme des Kriteriums *vorübergehend* in § 15 UrhG im österreichischen Urheberrecht auf die Dauerhaftigkeit der Vervielfältigung nicht angekommen ist. Siehe dazu schon weiter oben im Kap. 2.2.
[217]) MP3 steht für MPEG Audio Layer 3 und ist Teil des Motion Picture Expert Group (MPEG) Standards, der ursprünglich zur Kompression von Filmdaten entwickelt wurde. Patentiert wurde MP3 vom deutschen Fraunhofer Instititut für integrierte Schaltungen, siehe www.iis.fraunhofer.de/amm/techinf/layer3/index.html.
[218]) Vgl *Loewenheim* in *Schricker*, Urheberrecht, 2 Auflage 1999, Rn 6 zu § 23 dUrhG.
[219]) Vgl *Fromm/Nordemann*, Urheberrecht, 9 Auflage 1998, Rn 46 zu § 2 dUrhG und *Kreutzer,* Napster, Gnutella & Co.: Rechtsfragen zu Filesharing-Netzen, GRUR 2001, 197 f.

Datenstruktur[220], inhaltlich erfolgt jedoch keine Modifikation. Die Komprimierung einer Musikdatei ist daher vielmehr als Vervielfältigung zu qualifizieren, da es im Rahmen der Datenkompression zur Herstellung eines neuen, inhaltlich mit dem Original identischen Musikstückes kommt.

Konsequenz der Feststellung, dass die Digitalisierung, Speicherung und Kompression von Musikstücken Vervielfältigungen im Sinne des § 15 UrhG darstellen, ist, dass für diese Vorgänge die Zustimmung des Urhebers erforderlich ist. Dieses Zustimmungserfordernis entfällt jedoch, sofern die Handlungen von der freien Werknutzung der Vervielfältigung zum privaten Gebrauch nach § 42 UrhG gedeckt sind. In bezug auf die hier interessierenden Digitalkopien erlaubt § 42 Abs 4 UrhG idF Novelle 2003 jeder natürlichen Person, von einem Werk einzelne Vervielfältigungsstücke zum privaten Gebrauch herzustellen. Für private Zwecke dürfen also Musikstücke digitalisiert, auf der Computerfestplatte gespeichert, komprimiert und auch auf CD gebrannt werden.

Erfolgen diese Vervielfältigungen jedoch in erster Linie mit dem Ziel, die digitalisierten, komprimierten und eingespeicherten Musikdateien über ein Filesharing-Netz mit anderen Nutzern zu tauschen, so kommt die Privilegierung des § 42 UrhG nicht zur Anwendung. Eine Vervielfältigung zum eigenen Gebrauch liegt nämlich nach der gesetzlichen Definition dann nicht vor, wenn sie zu dem Zweck vorgenommen wird, das Werk mit Hilfe des Vervielfältigungsstückes der Öffentlichkeit zugänglich zu machen[221]. Wird ein Musikstück auf dem heimischen PC gespeichert, komprimiert und in weiterer Folge im Rahmen einer Tauschbörse abrufbar gemacht, so wird dadurch der Öffentlichkeit der Zugang zu diesem Musikstück eröffnet. Der private Bereich umfasst nämlich nur einen engen Bereich persönlicher Bindungen[222], die Gesamtheit der Tauschbörsen-Nutzer fällt jedenfalls nicht mehr darunter. Wird demnach bei der im Rahmen der Speicherung oder Kompression eines Musikstückes entstehenden Vervielfältigung von vornherein die Online-Nutzung beabsichtigt, so liegt keine Privatkopie vor. Selbst dann, wenn ein Vervielfältigungsstück zwar ursprünglich zum privaten Gebrauch hergestellt, später jedoch „zweckentfremdet"[223] und einer öffentlichen Online-Nutzung zugeführt wurde,

---

[220]) Vgl *Mönkemöller*, Moderne Freibeuter unter uns? – Internet, MP3 und CD-R als GAU für die Musikbranche!, GRUR 2000, 667.

[221]) Siehe § 42 Abs 4 Satz 1 UrhG idF Novelle 2003.

[222]) Vgl *Mönkemöller*, Moderne Freibeuter unter uns? – Internet, MP3 und CD-R als GAU für die Musikbranche!, GRUR 2000, 667.

[223]) Vgl *Braun*, „Filesharing"-Netze und deutsches Urheberrecht, GRUR Int 2001, 1107.

kommt die Privilegierung des § 42 UrhG nicht zum Tragen. Denn zum privaten Gebrauch angefertigte Kopien dürfen nicht dazu verwendet werden, das Werk damit der Öffentlichkeit zugänglich zu machen[224].

Daraus folgt, dass das Zustimmungserfordernis des Urhebers im Rahmen der freien Werknutzung nach § 42 UrhG nur dann entfällt, wenn die auf den PC eingespeiste Musik im Privatbereich konsumiert oder archiviert wird. Ist hingegen der Austausch dieser Musikdateien über ein P2P-Netz beabsichtigt, so liegt kein Privatgebrauch vor. In einem solchen Fall handelt es sich bei der Musikdatei um eine sogenannte Raubkopie, da durch die zweckentfremdete Verwendung[225] der Privatkopie[226] das ausschließliche Vervielfältigungsrecht des Urhebers verletzt wurde.

Im Hinblick auf die leistungsschutzberechtigten ausübenden Künstler und Tonträgerhersteller ist die Rechtslage nicht anders zu beurteilen als im Urheberrecht ieS. Das ausschließliche Vervielfältigungsrecht dieser beiden Gruppen von Leistungsschutzberechtigten[227] ist bei Nutzungen im Privatbereich ebenfalls eingeschränkt[228], aber auch hier darf die Privatkopie nicht dazu verwendet werden, den Schutzgegenstand der Öffentlichkeit zugänglich zu machen[229].

3.3.4.3.2 Bereithalten

Hat der Teilnehmer eines Filesharing-Netzes die Musikdateien erst auf seinem PC gespeichert, so wird er in der Regel[230] der Öffentlichkeit Zugriff auf diese Dateien verschaffen, sie zum Abruf bereitstellen.

---

[224]) Siehe § 42 Abs 4 Satz 2 UrhG idF Novelle 2003.

[225]) Vgl *Braun*, „Filesharing"-Netze und deutsches Urheberrecht, GRUR Int 2001, 1110.

[226]) Um eine Privatkopie handelt es sich in diesem Zusammenhang freilich nur dann, wenn zumindest ursprünglich eine Kopie zum privaten Gebrauch angefertigt wurde und erst später die öffentliche Zugänglichmachung erfolgte. Wird bei der Vervielfältigung von vornherein die öffentliche Nutzung bezweckt, so kommt gar keine Privatkopie zustande. Die hergestellte Kopie kommt von Anfang an unter Verletzung des ausschließlichen Vervielfältigungsrechts zustande.

[227]) Vgl § 67 Abs 2 UrhG in bezug auf ausübende Künstler und § 76 Abs 6 UrhG in bezug auf Tonträgerhersteller.

[228]) Vgl § 69 Abs 2 UrhG bzw § 76 Abs 4 UrhG. Siehe auch Fn 46.

[229]) Vgl die Verweise der §§ 69 Abs 2 und 76 Abs 4 UrhG auf den entsprechenden § 42 Abs 4 UrhG.

[230]) Tatsächlich sollen einer Studie des Xerox Palo Alto Research Centers (PARC) zufolge jedoch nur 10% der Tauschbörsen-Teilnehmer aktiv auftreten, also den Fremdzugriff ermöglichen, während die restlichen Nutzer lediglich herunterladen, ohne Anfragen anderer Nutzer entgegen zu nehmen. Die im Internet kursierenden MP3-Raubkopien stammen daher in der Tat von einigen wenigen aktiven Teilnehmern, die aber zahlenmäßig dennoch

Wie soeben dargestellt, bewirkt diese öffentliche Zugänglichmachung der Musikdateien, dass die im Rahmen der Einspeicherung erfolgten Vervielfältigungen nicht von der Privatkopieschranke nach § 42 UrhG erfasst sind. Da die hergestellten Kopien unzulässiger Weise dazu verwendet werden, das Werk damit der Öffentlichkeit zugänglich zu machen, wird im Zuge des Anbietens das ausschließliche Vervielfältigungsrecht verletzt.

Davon getrennt ist aber auch das öffentliche Anbieten zum Abruf und der netzvermittelte Übertragungsakt selbst zu untersuchen. Die urheberrechtliche Qualifikation dieses Vorgangs war bis vor kurzem heftig umstritten, diskutiert wurde eine Einordnung sowohl unter das Vervielfältigungsrecht und das Verbreitungsrecht als auch unter das Senderecht und das Recht der öffentlichen Wiedergabe[231]. Auf Grund der dem Urheberrecht zu Grunde liegenden Maxime, dass die Urheber und Leistungsschutzberechtigten an den wirtschaftlichen Ergebnissen ihres Schaffens angemessen beteiligt werden sollen[232], war jedoch stets unumstritten, dass das Anbieten geschützter Werke auf Abruf im Internet Urheberrechtsschutz genießt.

Letztlich wurde in Umsetzung der WIPO-Verträge[233] das Bereithalten zum Abruf von geschützten Werken über das Internet oder ein P2P-Netz in Art 3 der Urheberrechtsrichtlinie als Unterfall des öffentlichen Wiedergaberechts qualifiziert, als sog „making available right". In bezug auf Urheber übernimmt Art 3 Abs 1 der Richtlinie mithin die „Schirm"-Lösung des Art 8 WCT und gestaltet dieses Verbotsrecht als Bestandteil des Rechts der öffentlichen Wiedergabe aus[234]. Danach steht den Urhebern das ausschließliche Recht zu,

> „die drahtgebundene oder drahtlose öffentliche Wiedergabe ihrer Werke einschließlich der öffentlichen Zugänglichmachung der Werke in der Weise, dass sie Mitgliedern der Öffentlichkeit von Orten und zu Zeiten ihrer Wahl zugänglich sind, zu erlauben oder zu verbieten."

Da die leistungsschutzberechtigten ausübenden Künstler und Tonträgerhersteller weder nach internationalem noch nationalem Recht ein Verbotsrecht in bezug auf die öffentliche Wiedergabe ihrer Leistungen genießen, war

---

bedeutend sind. Die Studie „Free Riding on Gnutella" von *Adar/Huberman* ist abrufbar unter www.firstmonday.dk/issues/issue5_10/adar/index.html.

[231]) Vgl statt vieler *Walter*, Öffentliche Wiedergabe und Online-Übertragung. Berner Übereinkunft, WIPO-Verträge, künftige Info-RL und deren Umsetzung in österreichisches Recht, in *Tades/Danzl/Graninger* (Hrsg), Ein Leben für Rechtskultur. Festschrift für Robert Dittrich zum 75. Geburtstag, Wien 2000, 363 ff.

[232]) OGH 31.5.1994 – Leerkassettenvergütung II – ecolex 1995, 112.

[233]) Siehe Art 8 WCT in bezug auf Urheber, Art 10 WPPT in bezug auf ausübende Künstler und Art 14 WPPT hinsichtlich der Tonträgerhersteller.

[234]) Vgl *Reinbothe*, Die Umsetzung der EU-Urheberrechtsrichtlinie in deutsches Recht, ZUM 2002, 48.

in dieser Hinsicht die Qualifizierung der öffentlichen Zugänglichmachung als Wiedergabe nicht ausreichend, sondern die Schaffung eines neuen Verwertungsrechtes erforderlich[235]. In diesem Sinne gewährt Art 3 Abs 2 der RL den Inhabern der vier „Europäischen Leistungsschutzrechte"[236] ein interaktives Wiedergaberecht dergestalt, dass diesen Rechtsinhabern das ausschließliche Recht zusteht, ihre Schutzgegenstände im Wege der interaktiven Übertragung auf Abruf für die Öffentlichkeit zugänglich zu machen[237].

Dementsprechend sieht das österreichische UrhG idF Novelle 2003 im neuen § 18a das Zurverfügungstellungsrecht vor, das als Unterfall des Rechts der öffentlichen Wiedergabe konstruiert ist. Danach hat der Urheber das ausschließliche Recht, das Werk der Öffentlichkeit drahtgebunden oder drahtlos in einer Weise zur Verfügung zu stellen, dass es Mitgliedern der Öffentlichkeit von Orten und Zeiten ihrer Wahl zugänglich ist. Dieses interaktive Wiedergaberecht steht in bezug auf ihre Leistungen auch den ausübenden Künstlern und Tonträgerhersteller zu[238].

Für die Beurteilung des Bereithaltens von Musikdateien zum Abruf im Rahmen von Musiktauschbörsen bedeutet das neu eingeführte Zurverfügungstellungsrecht folgendes: Nimmt ein Nutzer aktiv am Filesharing-Netz teil, indem er die auf seinem PC befindlichen Musikdateien den anderen Teilnehmern zum Abruf zur Verfügung stellt, so ist dafür die Einwilligung des Rechtsinhabers notwendig. Denn das Abrufbarmachen urheberrechtlich geschützter Inhalte im Internet fällt unter das dem Urheber und den leistungsschutzberechtigten ausübenden Künstlern und Tonträgerherstellern vorbehaltene Recht der Zurverfügungstellung.

In diesem Zusammenhang ist zu betonen, dass es für die Geltendmachung des Zurverfügungstellungsrechts unstreitig nicht darauf ankommt, ob die durch das

---

[235]) Vgl *Walter*, Öffentliche Wiedergabe und Online-Übertragung. Berner Übereinkunft, WIPO-Verträge, künftige Info-RL und deren Umsetzung in österreichisches Recht, in *Tades/Danzl/Graninger* (Hrsg), Ein Leben für Rechtskultur. Festschrift für Robert Dittrich zum 75. Geburtstag, Wien 2000, 372.

[236]) Ausübende Künstler, Tonträgerhersteller, Laufbildhersteller sowie Sendeunternehmen. Vgl dazu *Walter*, Fn 235, S 374.

[237]) Siehe Erwägungsgrund 25 der Richtlinie.

[238]) Für die ausübenden Künstler siehe § 71a UrhG, für die Tonträgerhersteller § 76 Abs 1 UrhG. In bezug auf Licht- und Laufbildhersteller vgl § 74 Abs 1 UrhG, hinsichtlich der Rundfunkunternehmer § 76a Abs 1 UrhG und in bezug auf Datenbankhersteller § 76d UrhG. Nach den Erläuternden Bemerkungen zur Novelle 2003 handelt es sich bei der Einführung des Zurverfügungstellungsrechts im Bereich des Urheberrechts und der verwandten Schutzrechte der Lichtbildhersteller bzw Filmproduzenten sowie des Datenbankherstellers eher um eine Klarstellung, da dieses Recht schon bisher unter die diesen Rechtsinhabern eingeräumten Rechte der öffentlichen Wiedergabe subsumiert werden konnte. In bezug auf die verwandten Schutzrechte der ausübenden Künstler, des Tonträgerherstellers sowie der Rundfunkunternehmer ist die Einführung des Rechts der Zurverfügungstellung hingegen als Ausweitung des bisherigen Rechtekatalogs zu werten. Vgl ErläutRV 40 BlgNR 22 GP, 25.

öffentliche Anbieten theoretisch ermöglichte Nutzung auch konkret ausgenutzt wird, ob dem Zugänglichmachen auch tatsächlich ein Abruf der angebotenen Werke oder Leistungen folgt. Die urheberrechtlich relevante Nutzungshandlung liegt bereits im Anbieten geschützter Inhalte und nicht erst in der Übertragung derselben. Gleichwohl erschöpft sich das neue Verbotsrecht des „making available" nicht im Angebot zur interaktiven Übertragung an die Öffentlichkeit, sondern umfasst gegebenenfalls auch den nachfolgenden Übertragungsakt selbst[239]. So heißt es etwa in Erwägungsgrund 25 der Richtlinie, dass das neue Exklusivrecht die Zugänglichmachung im Wege der *interaktiven Übertragung auf Abruf* umfasse. Mithin ist das Zurverfügung-stellungsrecht zweistufig aufgebaut und schützt sowohl die Vorfeldhandlung, also das öffentliche Anbieten geschützter Inhalte zur interaktiven Übertragung, als auch den der Zurverfügungstellung folgenden Übertragungsakt selbst[240].

Als Anbieter von Musikdateien auftretende, sogenannte aktive Teilnehmer einer Musiktauschbörse, verhalten sich demnach rechtswidrig, da nach § 18a UrhG für das Zugänglichmachen dieser Inhalte die Zustimmung des Berechtigten erforderlich ist. Diese Einwilligung der Urheber bzw Produzenten liegt bei kostenlosen Musiktauschbörsen[241] naturgemäß nicht vor.

Wie bereits erwähnt, wird neben dieser Verletzung des Zurverfügungstellungsrechts durch das öffentliche Anbieten der Musikdateien auch das Vervielfältigungsrecht verletzt, da durch das öffentliche Zugänglichmachen dieser Dateien kein Privatgebrauch mehr vorliegt.

Weiter oben wurde bereits erwähnt, dass es sich in der Praxis jedoch so verhält, dass die meisten Tauschbörsen-Nutzer die Programmeinstellungen dergestalt vornehmen, dass der Zugang zu den auf ihrem PC befindlichen Musikdateien für andere Teilnehmer gesperrt wird[242] – diese Sperre ist in der Regel durch einfachen mouse-click möglich. Die soeben gemachten Feststellungen über die Verletzung des Vervielfältigungsrechts und des Zurverfügungstellungsrechts durch die Teilnehmer einer Musiktauschbörse beziehen sich jedoch nur auf aktive

---

[239]) Vgl *Gerlach,* „Making available right" – Böhmische Dörfer?, ZUM 1999, 279.

[240]) In diesem Sinne wäre für das neue Verbotsrecht statt der Benennung „Recht der Zurverfügungstellung" die Bezeichnung „Übertragungsrecht" sinnvoller gewesen (wofür sich auch der deutsche Gesetzgeber entschieden hat), da auf diese Weise eindeutig klargestellt wird, dass sowohl das Anbieten zum Abruf als auch der Übertragungsakt selbst vom Verwertungsrecht mit umfasst sind.

[241]) Wie etwa KaZaA, eDonkey, Audiogalaxy oder Morpheus.

[242]) Eine Untersuchung der Gnutella-User im Jahr 2000 durch die Forscher Adar und Huberman vom Palo Alto Research Center (PARC) ergab, dass 90 % der Tauschbörsenteilnehmer keine Anfragen entgegen nehmen. Zu dieser Studie „Free Riding on Gnutella" vgl Fn 230 bzw www.firstmonday.dk/issues/issue5_10/adar/index.html.

Teilnehmer, also jene Nutzer, die den Fremdzugriff ermöglichen. Diese Ausführungen haben jedoch keine Geltung für passive Teilnehmer, mithin jene Nutzer, die lediglich herunterladen, ohne Anfragen anderer Nutzer entgegen zu nehmen.

Es ist daher in weiterer Folge der Vorgang des Herunterladens näher zu untersuchen und die Frage zu beantworten, ob sich auch jene Nutzer einer Tauschbörse, die lediglich herunterladen, rechtswidrig verhalten.

3.3.4.3.3 Download

Auch beim Download aus dem P2P-Netz einer Tauschbörse erfolgt eine urheberrechtlich relevante Vervielfältigung des heruntergeladenen Musikstückes.

Ist der gewünschte Musiktitel im P2P-Netz gefunden worden, so erfolgt in der Regel durch einfachen mouse-click der Download dieser Musikdatei. In technischer Hinsicht wird dabei die Musikdatei auf die Festplatte des heimischen PCs kopiert, die Kopiervorlage hingegen verbleibt auf dem Rechner des Anbieters[243]. Der Vorgang des Herunterladens ist daher unstreitig als Vervielfältigung anzusehen, die nach § 15 UrhG der Zustimmung des Rechtsinhabers bedarf.

Wie schon bei der Einspeicherung von Musikstücken auf den PC und deren Komprimierung auf das MP3-Format erwähnt, könnte jedoch auch dieser Kopiervorgang unter das Privileg der Privatkopie gemäß § 42 UrhG fallen und somit zustimmungsfrei zulässig sein.

3.3.4.3.4 Download und Privatkopie

Nach dem Wortlaut des § 42 Abs 4 UrhG, demzufolge jede natürliche Person zum privaten Gebrauch einzelne Vervielfältigungstücke herstellen darf, würde beim Download eines Musikstückes zum Zweck der Konsumation im Privatbereich ein Fall der Privatkopie vorliegen. Die Subsumtion des Downloads aus Musiktauschbörsen

---

[243]) Aus diesem Grund ist der Begriff „Tausch"-börse nicht korrekt. Beim Tausch wird nämlich eine Sache *gegen* eine andere Sache überlassen (vgl § 1045 ABGB). Hier wird hingegen urheberrechtlich geschützter Content, insbesondere Musikwerke, zum Kopieren angeboten. Die Kopiervorlage verbleibt beim Anbieter, der Nutzer erhält ein Vervielfältigungstück des gewünschten Musikwerkes. Mit Tausch hat dies mithin nichts zu tun.

unter die Schranke der Vervielfältigung zum privaten Gebrauch ist jedoch heftigst umstritten. Dies insbesondere deshalb, weil beim Herunterladen ein rechtswidrig hergestelltes Vervielfältigungsstück des Musikwerks als Kopiervorlage dient. Schließlich wurde ja das vom Anbieter zum Kopieren zur Verfügung gestellte Musikstück zunächst ohne Zustimmung des Rechtsinhabers und mangels Verwendung im Privatbereich ohne Privilegierung durch die Privatkopieschranke und mithin unter Verletzung des ausschließlichen Vervielfältigungsrechts nach § 15 UrhG hergestellt. Zudem verletzt der Anbieter durch das Abrufbarmachen des Musikstückes im P2P-Netz das Recht der öffentlichen Zurverfügungstellung nach § 18a UrhG.

Insbesondere die Tonträgerindustrie fordert angesichts der Ummenge an im Internet verfügbaren MP3-Raubkopien[244], dass nur solche Kopien durch § 42 UrhG privilegiert werden, die von einer rechtmäßigen Vervielfältigungsvorlage hergestellt werden. Ob die Heranziehung eines derartigen „ungeschriebenen Tatbestands-merkmales" zulässig ist, ist Gegenstand hitziger Diskussionen, was aufgrund der wirtschaftlichen Bedeutung von Raubkopien, deren Weiterverbreitung via Internet und den dadurch bedingten Umsatzeinbußen der Musikindustrie nicht weiter verwundert[245].

Gegen eine solche Interpretation des § 42 UrhG spricht zunächst der Wortlaut dieser Bestimmung, der weder nach dem Vervielfältigungsverfahren[246] noch nach der Werkvorlage unterscheidet. Spezielle Anforderungen im Hinblick auf die Kopiervorlage können dem Gesetz nicht entnommen werden, dieses spricht lediglich von „einem Werk" als Vorlage. Bei einer Raubkopie handelt es sich zweifellos um ein Werk, das in diesem Sinne als Vorlage dienen kann[247].

Auch die in diesem Zusammenhang angeführte[248] OGH Entscheidung[249], der zufolge „eine zulässige Vervielfältigung zum eigenen Gebrauch voraussetze, dass

---

[244]) So vor allem in den Internet Musiktauschbörsen wie KaZaA, Grokster, Morpheus und anderen P2P-Netzen.

[245]) In Deutschland ist dieser Diskussion durch das Gesetz zur Regelung des Urheberrechts in der Informationsgesellschaft, BGBl I 2003/46, S 1774 ff, insofern der Boden entzogen worden, als nach dem Text des einschlägigen § 53 dUrhG nunmehr ausdrücklich solche Privatkopien unzulässig sind, die unter Verwendung einer offensichtlich rechtswidrigen Vorlage hergestellt wurden. Um die Einfügung dieses für die Privatkopie zusätzlichen Erfordernisses einer rechtmäßigen Quelle wurde jäh gerungen, letztlich scheint sich die Lobby der Content-Industrie durchgesetzt zu haben. Die entsprechende Gesetzesstelle ist abrufbar unter http://www.urheberrecht.org/topic/Info-RiLi/ent/11650.pdf.

[246]) Wie bereits weiter oben erwähnt spielen die Art der Vervielfältigung und die dabei verwendeten technischen Verfahren keine Rolle. Die digitale Vervielfältigung ist davon natürlich auch erfasst.

[247]) Siehe *Medwenitsch/Schanda,* Download von MP3-Dateien aus dem Internet: Private Vervielfältigung und rechtmäßig erstellte Vorlage, FS Dittrich, Wien 2000, 221.

[248]) Siehe *Medwenitsch/Schanda,* Download von MP3-Dateien aus dem Internet: Private Vervielfältigung und rechtmäßig erstellte Vorlage, FS Dittrich, Wien 2000, 221.

sie mit Hilfe eines rechtmäßig erworbenen Werkstücks erfolgt", vermag nicht weiter zu helfen. Der OGH beschäftigt sich in dieser Entscheidung nämlich mit dem Erfordernis einer *rechtmäßigen Besitzerlangung*, die er zu Recht als selbstverständlich voraussetzt[250]. Der Nutzer einer Musiktauschbörse aber, der sich mit Hilfe dieses P2P-Netzes eine Raubkopie aus dem Internet lädt, erlangt im eigentlichen Sinne keinen Besitz an der Vervielfältigungsvorlage, da diese auf dem Rechner des Anbieters verbleibt. Richtigerweise geht es hinsichtlich des Downloads einer Raubkopie vielmehr um die Frage, ob sich der Kopierer die *Möglichkeit zur Vervielfältigung* auf rechtmäßige Weise verschafft hat[251]. Entscheidend ist also nicht, ob der Kopiervorlage selbst ein rechtlicher Makel anhaftet, etwa weil es sich um eine Raubkopie handelt, sondern vielmehr das Verhältnis zwischen Kopierer und Besitzer der Kopiervorlage[252]. Da der Anbieter der Musikdatei diese jedoch freiwillig zum Download durch die Mitglieder der Tauschbörse bereit stellt, den Zugriff ermöglicht, liegt seitens des Kopierers eine rechtmäßige Verschaffungshandlung vor. Nur wenn sich der Nutzer die Möglichkeit zur Vervielfältigung etwa durch Umgehen der Zugangskontrolle einer fremden Datenbank verschafft[253], handelt es sich um eine nicht mehr von § 42 UrhG privilegierte, *rechtswidrig erworbene* Kopiervorlage.

Um zu dem Erfordernis einer rechtmäßigen Vervielfältigungsvorlage zu gelangen, wird von manchen auch mit „der Vorstellung von den Früchten des verbotenen Baumes"[254] argumentiert. Demnach können die von einer rechtswidrigen Vorlage gezogenen Vervielfältigungsstücke nicht rechtmäßig entstehen[255]. Diese Argumentation basiert letztlich auf dem Grundgedanken, dass niemand mehr Rechte übertragen kann, als er selbst hat[256] und dass es im Urheberrecht mangels Gutglaubenstatbestandes keinen gutgläubigen Erwerb von Rechten gibt[257]. Bei dem ersten Prinzip geht es darum, dass der Anbieter der Raubkopie, also der Hersteller

---

[249]) OGH 17.3.1998, 4 Ob 80/98p – Figur auf einem Bein – MR 1998, 2000 (Walter) = ÖBl 1998, 266.

[250]) Der Entscheidung liegt der Sachverhalt zugrunde, dass der von einem Bildhauer mit einer Skulptur Beschenkte von dieser einen Bronzeabguss zum eigenen Gebrauch herstellen ließ. Die Erbinnen des Bildhauers waren der Ansicht, dass die Rechte eines Beschenkten beschränkter seien als die eines Käufers und daher die Herstellung privater Vervielfältigungsstücke durch den Beschenkten nicht zulässig sei. Der OGH teilte diese Ansicht nicht, da es hinsichtlich des Erfordernisses der rechtmäßigen Besitzerlangung auf die Art des Erwerbes nicht ankomme. Auch eine Schenkung sei ein rechtmäßiger Erwerbsvorgang.

[251]) Siehe *Kreutzer,* Napster, Gnutella & Co.: Rechtsfragen zu Filesharing-Netzen, GRUR 2001, 200.

[252]) Siehe *Mönkemöller,* Moderne Freibeuter unter uns? – Internet, MP3 und CD-R als GAU für die Musikbranche!, GRUR 2000, 667.

[253]) Siehe *Kreutzer,* Napster, Gnutelle & Co.: Rechtsfragen zu Filesharing-Netzen, GRUR 2001, 200.

[254]) Siehe *Schack,* Private Vervielfältigung von einer rechtswidrigen Vorlage?, in FS Erdmann, Köln 2002, 168.

[255]) Siehe *Zanger,* Urheberrecht und Leistungsschutz im digitalen Zeitalter, Wien 1996, 118.

[256]) Es handelt sich hierbei um den rechtsgeschäftlichen Grundsatz „nemo plus iuris transferre potest quam ipse habet".

[257]) Siehe *Weinknecht,* Rechtslage bei MP3-Dateien, www.weinknecht.de/ojr/index.html.

der Kopiervorlage, nicht über die für die öffentliche Zugänglichmachung erforderliche Zustimmung des Urhebers verfüge und die dem Urheber zustehenden Nutzungsrechte ohne seine Erlaubnis auch nicht übertragen könne. Wenn dem Anbieter keine Nutzungsrechte eingeräumt wurden, dann kann dieser sie auch nicht weiter übertragen. Das zweite Argument soll dem Nutzer verwehren, sich beim Download einer Pirateriedatei damit zu rechtfertigen, dass er die Rechtswidrigkeit der betreffenden Vorlage nicht erkennen konnte oder hätte erkennen müssen und daher das Nutzungsrecht gutgläubig erworben habe. Die Heranziehung dieser beiden Grundsätze ist jedoch verfehlt, da sie das Wesen der gesetzlichen Lizenz zur Vervielfältigung zum eigenen Gebrauch verkennen. § 42 UrhG knüpft gerade nicht an die Einräumung von Nutzungsrechten durch den Urheber an, sondern ermöglicht vielmehr unmittelbar aufgrund des Gesetzes eine erlaubnisfreie[258] Benutzung. Da es sich um eine gesetzliche und nicht vertragliche Nutzungserlaubnis handelt, sind die oben angeführten Grundsätze, die den zivilrechtlichen Rechtserwerb betreffen, jedenfalls nicht anzuwenden. Das Nutzungsrecht entsteht ex lege und gerade nicht aufgrund eines Rechtsverhältnisses zum Berechtigten und der Weiterleitung dieser Rechte. Folglich kommt es weder auf die Frage, ob der Hersteller der Kopiervorlage Nutzungsrechte des Urhebers weiterleiten konnte, noch darauf an, ob der Vervielfältiger beim Kopieren gutgläubig war oder ob er wusste, dass es sich bei der Vorlage um eine Raubkopie handelt[259].

Eine Heranziehung der Wertungen dieser rechtsgeschäftlichen Grundsätze, um den Anwendungsbereich des § 42 UrhG auf rechtmäßige Vervielfältigungsvorlagen zu reduzieren, verbietet sich ebenfalls, da es Sache des Gesetzgebers ist, in welcher Form er den Ausgleich zwischen den Interessen der Urheber an einer Beteiligung an den wirtschaftlichen Ergebnissen ihres Schaffens[260] und jenen der Allgemeinheit an einem ungehinderten Zugang zu den Kulturgütern regelt. Der Vervielfältigungsbegriff des § 15 UrhG nimmt keine Rücksicht auf die angewandten Vervielfältigungsverfahren, ist also umfassend zu verstehen[261]. Die gesetzlich vorgesehene Ausnahme zu diesem Vervielfältigungsrecht in § 42 UrhG umfasst

---

[258]) Jedoch vergütungspflichtige.

[259]) Siehe *Mönkemöller*, Moderne Freibeuter unter uns? – Internet, MP3 und CD-R als GAU für die Musikbranche!, GRUR 2000, 667. Die Prüfung der Rechtekette wäre für den Nutzer wohl nahezu unmöglich und schon deshalb nicht mit § 42 UrhG vereinbar.

[260]) Siehe EB zur Urheberrechtsnovelle 1980, abgedruckt bei *Dillenz*, Materialien zum österreichischen Urheberrecht, Wien 1986, 359 und OGH 31.5.1994 – Leerkassettenvergütung II – ecolex 1995, 112.

[261]) Siehe EB zum Urheberrechtsgesetz 1936, abgedruckt *Dillenz*, Materialien zum österreichischen Urheberrecht, Wien 1986, 65.

somit ebenfalls sämtliche Vervielfältigungsvorgänge, auch jenen von einer rechtswidrigen Vorlage[262].

Schließlich hat der Urheberrechtsgesetzgeber das Problem rechtswidriger Vorlagen sehr wohl erkannt und für bestimmte freie Werknutzungen geregelt, dass diese bei rechtswidrig vervielfältigten bzw verbreiteten Vorlagen nicht anwendbar sind[263]. Für § 42 UrhG hat er diese Einschränkung jedoch nicht vorgenommen, weshalb das Hineinlesen eines „ungeschriebenen Tatbestandsmerkmals" nicht zulässig ist. Hätte der Gesetzgeber auch den Anwendungsbereich der Vervielfältigung zum eigenen Gebrauch auf rechtmäßige Vorlagen reduzieren wollen, so hätte er dies im Rahmen des § 42 UrhG getan[264].

Letztlich ist aber die Vornahme einer privaten Vervielfältigung unter Zuhilfenahme einer rechtswidrigen Kopiervorlage dennoch problematisch. Dies folgt jedoch nicht aus dem Wortlaut des § 42 UrhG, aus etwaigen ungeschriebenen Tatbestandsmerkmalen oder der Anwendung rechtsgeschäftlicher Grundsätze auf die freie Werknutzung der Vervielfältigung zum privaten Gebrauch, sondern ist vielmehr Konsequenz der Anwendung des Drei-Stufen-Tests. Jene Bedingung des Drei-Stufen-Tests, der zufolge die Anwendung einer Ausnahme oder Beschränkung nicht zu einer Beeinträchtigung der normalen Verwertung des Werkes oder Schutzgegenstandes führen darf, gebietet nämlich die Erhaltung der normalen Verwertungsmöglichkeiten. Deckt jedoch die gesetzliche Lizenz der Vervielfältigung zum privaten Gebrauch nach § 42 UrhG auch die Vervielfältigung von einer rechtswidrigen Vorlage und damit den Download von Musikstücken aus Internet-Tauschbörsen, so entsteht ein Konflikt mit der normalen Verwertung durch die Rechtsinhaber. Das kostenlose Herunterladen von Raubkopien aus dem Internet konkurriert mit dem entgeltlichen Vertrieb von Tonträgern im Handel. Genau diese Situation will der Drei-Stufen-Test verhindern.

---

[262]) Siehe *Bosak,* Urheberrechtliche Zulässigkeit privaten Downloadings von Musikdateien, CR 2001, 181.

[263]) Vgl etwa § 56 Abs 3 UrhG, der die freie Werknutzung zu Gunsten bestimmter Geschäftsbetriebe regelt. Siehe *Walter,* Ministerialentwurf einer UrhGNov 2002 – Ausgewählte Aspekte, MR 2002, 217 ff.

[264]) Entgegen der Meinung *Dittrichs,* kann aus der OGH-Entscheidung „Figur auf einem Bein" keine Generalisierung des Rechtsgedankens heraus gelesen werden, dass von einer freien Werknutzung eine Rückausnahme vorzusehen ist, wenn das benützte Werkstück (hier die Kopiervorlage) unter Verletzung eines Verbotsrechtes zu Stande gelangt ist. Der OGH beschäftigt sich in dieser Entscheidung, wie bereits erwähnt, mit dem Kriterium der rechtmäßigen Besitzerlangung, welche er im gegenständlichen Fall der Schenkung als gegeben erachtet. Auch bei der Privatkopie von einer Raubkopie ist diese Vorgabe erfüllt. Siehe dazu weiter oben. Vgl *Dittrich,* Straffreier Gebrauch von Software?, ecolex 2002, 187 f.

Während die Autoren, ausübenden Künstler und Tonträgerhersteller an den Verkaufserlösen der entgeltlich vertriebenen Tonträger beteiligt werden, erhalten sie für ihre Leistungen beim kostenlosen Download ihrer geschützten Werke und Schutzgegenstände aus Tauschbörsen, von der pauschalen Vergütung in Form der Leermedienabgabe abgesehen, keinerlei Gegenleistung. Wie bereits weiter oben ausgeführt, stellt zwar nicht jeder Schaden des Rechtsinhabers in der Form des entgangenen Gewinns, der durch die Substitution des Tonträgerkaufes aufgrund privater Vervielfältigung entsteht, eine Beeinträchtigung der normalen Verwertung dar. Im Vergleich zu obigem Beispiel der zulässigen Weitergabe einer privat vervielfältigten Musik-CD erreicht die private Kopiertätigkeit im Rahmen von Tauschbörsen jedoch eine ganz andere Dimension. Urheberrechtlich geschützte Werke und Schutzgegenstände werden hier massenweise zum privaten Gebrauch vervielfältigt. So wurden etwa im Jahr 2003 in Deutschland 602 Millionen Songs aus dem Internet heruntergeladen, wobei fast alle dieser Lieder aus kostenlosen und somit in der Regel illegalen Musikangeboten stammen[265].

An dieser Stelle kann daher festgehalten werden, dass die Herstellung von Privatkopien von im Rahmen von Tauschbörsen angebotenen und damit rechtswidrigen Kopiervorlagen nicht mit dem Drei-Stufen-Test in Einklang steht, da durch diese Praxis die normalen Verwertungsmöglichkeiten der Rechtsinhaber beeinträchtigt werden. Meines Erachtens ist daher der Download von Musikstücken, bzw ganz allgemein von urheberrechtlich geschütztem Content aus Internet-Tauschbörsen nicht von der Privatkopieschranke nach § 42 UrhG gedeckt, statt dessen kommt das ausschließliche Vervielfältigungsrecht zum Tragen. Da sich jedoch der Drei-Stufen-Test, wie bereits weiter oben erwähnt[266], an den Gesetzgeber und nicht an den Rechtsunterworfenen richtet, müsste allerdings erst ein österreichisches Gericht bzw nach Vorlage der EuGH in diesem Sinne erkennen[267].

Wie schon bei jener Bedingung des Drei-Stufen-Tests, der zufolge durch eine Schranke die berechtigten, insbesondere materiellen Interessen der Rechtsinhaber nicht verletzt werden dürfen, stellt sich nun aber die Frage, ob nicht auch in diesem Bereich die Zuerkennung eines Verbotsrechts weitgehend totes Recht darstellen

---

[265]) Siehe zu den Zahlen des deutschen Tonträgermarktes 2003 die Homepage der IFPI, http://www.ifpi.de/jb/2004/musikkopien.pdf.
[266]) Siehe weiter oben im Kap 3.3.3.1.
[267]) De lege lata ist der Download urheberrechtlich geschützten Contents aus Internet-Tauschbörsen daher rechtmäßig.

würde[268]. Die individuelle Verfolgung jedes einzelnen Verstoßes im Hinblick auf die Vervielfältigung zum privaten Gebrauch mit Hilfe des Rechtsdurchsetzungsinstrumentariums der §§ 81 ff UrhG[269], insbesondere durch Geltendmachung von Schadenersatzansprüchen, erweist sich nämlich unter den gegebenen technischen Voraussetzungen als schwierig bzw nahezu unmöglich[270].

So ist etwa *Daum*[271] der Auffassung, dass im Fall der Beeinträchtigung der normalen Verwertung durch eine Ausnahme oder Beschränkung[272] nicht bedingungslos und ausschließlich die Anerkennung des Ausschließlichkeitsrechts in Frage komme. Zwar ließe sich das Ziel der betreffenden Bestimmung des Drei-Stufen-Tests, nämlich der Schutz der Rechtsinhaber[273] vor der Beeinträchtigung der Verwertung ihrer Werke oder Schutzgegenstände, im Regelfall durch Zuerkennung bzw Aufrechterhaltung eines Verbotsrechts bewerkstelligen. Könne dadurch aber ausnahmsweise dieser Schutzzweck nicht erfüllt werden, etwa weil wie im konkreten Fall das Verbotsrecht praktisch nicht oder nur sehr schwer durchsetzbar ist, dann müsse eine für die betroffenen Rechtsinhaber günstigere Lösung gefunden werden. Diese könnte in einem gesetzlich durchsetzbaren Anspruch auf Vergütung bestehen, der die Beeinträchtigung der normalen Verwertung ausgleichen soll.

In diesem Sinne hält es *Schack*[274] für sinnvoller, die Vervielfältigung zum privaten Gebrauch von einer rechtswidrigen Vorlage für legal und somit von § 42 UrhG erfasst zu erklären, da den Berechtigten dadurch immerhin die mittelbare

---

[268]) Siehe dazu die Erläuternden Bemerkungen der UrhG-Novelle 1996, 3 BlgNR 20 GP. Im Hinblick auf Vervielfältigungen von Notenmaterial, die laut der OGH-Entscheidung „Ludus tonalis" nicht mit dem Drei-Stufen-Test in Einklang stehen, da es dadurch zu einer Beeinträchtigung der berechtigten Interessen und der normalen Auswertung kommt, würde nach Ansicht des historischen Gesetzgebers im dbzgl Verbotsrecht weitgehend ein nudum ius sein. Statt dessen wurde daher eine Reprographievergütung eingeführt, welche die Beeinträchtigung sowohl der berechtigten Interessen als auch der normalen Verwertung ausgleichen soll. Vgl Fn 140 und 144.

[269]) Anspruch auf Unterlassung, Beseitigung, angemessenes Entgelt, Schadenersatz und Herausgabe des entgangenen Gewinns.

[270]) Etwaige Ansprüche gegen den Betreiber der Tauschbörse sind aus der Sicht des österreichischen Rechts von geringer Bedeutung, da zum aktuellen Zeitpunkt keine österreichische Tauschbörse betrieben wird. Erwähnt sei an dieser Stelle aber, dass ein niederländisches Berufungsgericht im März 2002 ausgesprochen hat, dass die Entwickler des (ursprünglich niederländischen) File-Sharing-Dienstes KaZaA sowie die Vertreiber dieser Software nicht für die (eventuell urheberrechtswidrigen) Aktivitäten ihrer Nutzer verantwortlich sind. Siehe den Bericht der ORF futurezone vom 29.3.2002, abrufbar unter http://futurezone.orf.at/futurezone.orf?read=detail&id=117477.

[271]) Siehe *Daum*, Der Vergütungsanspruch für die private Überspielung von Musikwerken im österreichischen, internationalen und EG-Recht, Dissertation, Wien 1998, 107 f.

[272]) Hier durch eine gesetzliche Lizenz der Vervielfältigung zum privaten Gebrauch, die auch Vervielfältigungen von rechtswidrigen Kopiervorlagen abdeckt.

[273]) Da sich *Daum* mit dem Drei-Stufen-Test der RBÜ befasst, der sich nur auf das Vervielfältigungsrecht der Urheber und den davon zulässigen Ausnahmen und Beschränkungen bezieht, beschränkt er sich auf eine Untersuchung der Rechte der Urheber.

[274]) Siehe *Schack*, Private Vervielfältigung von einer rechtswidrigen Vorlage?, in FS Erdmann, Köln 2002, 172.

Beteiligung an den Nutzungen ihrer Werke in Form der Leermedienabgabe garantiert ist[275]. Wäre die Privatkopie unter Zuhilfenahme einer rechtswidrigen Kopiervorlage hingegen nicht von § 42 UrhG gedeckt, so gebührte den Urhebern und sonstigen Berechtigten auch kein gesetzlicher Vergütungsanspruch, sondern kämen ausschließlich die Vorschriften über die Rechtsdurchsetzung nach den §§ 81 ff UrhG zur Anwendung.

Dem ist zunächst entgegen zu halten, dass hinsichtlich der Digitalkopie das Instrument der pauschalen Vergütung in Form der Leerkassettenabgabe bereits dazu dient, die durch Aufrechterhaltung der Privatkopie auch im digitalen Bereich bewirkte Beeinträchtigung der berechtigten Interessen der Rechtsinhaber zu beseitigen. Dient demnach die Vergütungsregelung zur Beseitigung der Interessenverletzung, so kann die Tatsache, dass gesetzliche Vergütungsansprüche für die private Vervielfältigung bestehen, nicht auch noch als Argument für die Beibehaltung einer Schranke trotz Beeinträchtigung der normalen Verwertung herangezogen werden. Die beiden Negativbedingungen des Drei-Stufen-Tests haben jeweils eigenständige Bedeutung, während die eine den Schutz der berechtigten Interessen bezweckt, soll die andere für eine Erhaltung der normalen Verwertungsmöglichkeiten sorgen. Die Vergütungsregelung gleicht schon die Interessenbeeinträchtigung aus, darüber hinaus kann sie nicht auch noch als Rechtfertigung einer die normale Verwertung beeinträchtigenden Ausnahme oder Beschränkung dienen. Mithin kann festgehalten werden, dass das betreffende Ausschließlichkeitsrecht jedenfalls wieder auflebt, sobald eine Schranke die normale Verwertung durch die Rechtsinhaber beeinträchtigt.

Der Argumentation Schacks[276], der die Vervielfältigung zum privaten Gebrauch von rechtswidriger Vorlage von § 42 UrhG[277] erfasst wissen will, um den Rechtsinhabern statt eines undurchsetzbaren Verbotsrechtes zumindest die mittelbare Beteiligung an den Nutzungen ihrer Werke oder Schutzgegenstände in Form der Leermedienabgabe zu garantieren, ist jedoch insofern zuzustimmen, als der Vergütungsanspruch an die gesetzliche Lizenz nach § 42 UrhG geknüpft ist und folgerichtig entfallen müsste, wenn Privatkopien unter Zuhilfenahme von

---

[275]) *Schack* bezieht sich auf das deutsche Recht, somit auf die §§ 53 und 54 dUrhG.
[276]) Siehe *Schack*, Private Vervielfältigung von einer rechtswidrigen Vorlage?, in FS Erdmann, Köln 2002, 165 ff.
[277]) *Schacks* Ausführungen beziehen sich, wie bereits erwähnt, auf das deutsche Urheberrecht. Siehe Fn 275.

rechtswidrigen Kopiervorlagen nicht von der gesetzlichen Lizenz erfasst sind[278]. An der Erkenntnis, dass Vervielfältigungen zum privaten Gebrauch von rechtswidrigen Kopiervorlagen die normale Verwertung des Werkes oder Schutzgegenstandes beeinträchtigen und sich daher das ausschließliche Vervielfältigungsrecht der Berechtigten entfaltet[279], ändert sich dadurch freilich nichts. Vor dem Hintergrund, dass die Schadenersatzansprüche der Rechtsinhaber in der Praxis jedoch nur sehr schwer durchsetzbar sind, könnten jedoch die Vergütungsansprüche auch bei rechtswidrigen Vervielfältigungen zuerkannt werden[280].

Dazu ist zunächst die Verteilung der Vergütungsansprüche in der Praxis näher zu erklären: Die von den Verwertungsgesellschaften geltend zu machenden[281] Vergütungsansprüche in Form der Leerkassettenabgabe nach § 42 b UrhG knüpfen nicht an die tatsächlich erfolgten Vervielfältigungen im Privatbereich an, sondern stellen eine pauschale Vergütung dar, die am Trägermaterial anknüpft. Maßstab für die Vergütung ist somit die *wahrscheinliche* Nutzung eines Werkes oder Schutzgegenstandes. Anknüpfungspunkt für die Abgabe sind Trägermaterialien, die typischerweise für die Überspielung zum eigenen bzw privaten Gebrauch verwendet werden. Zu diesem Zweck werden auf die verkauften Leermedien wie CD-Rs, CD-RWs oder DVDs[282] eine auf Spielstunden abstellende Urheberrechtsabgabe eingehoben[283], und zwar unabhängig davon, ob die an den Kauf anschließende Nutzung des Trägermaterials dem privaten oder nichtprivaten Gebrauch dient. Derjenige, der Trägermaterial für eine Vervielfältigung aufgrund der Einwilligung des Berechtigten benutzt, etwa Tonstudios zur Aufnahme eines Musikwerkes auf CD, hat allerdings gemäß § 42 Abs 6 Z 2 UrhG[284] gegen die Verwertungsgesellschaft einen Anspruch auf Rückzahlung.

---

[278]) Vgl *Pakuscher,* zitiert bei *Zecher,* Die Umsetzung der EU-Urheberrechtsrichtlinie in deutsches Recht II, ZUM 2002, 456.
[279]) Freilich erst dann, wenn ein österreichisches Gericht bzw nach Vorlage der EuGH in diesem Sinne entscheidet. Siehe dazu schon weiter oben.
[280]) So *Walter,* zitiert bei *Zecher,* Die Umsetzung der EU-Urheberrechtsrichtlinie in deutsches Recht II, ZUM 2002, 456.
[281]) So genannte Verwertungsgesellschaftenpflicht.
[282]) Vgl Fn 48.
[283]) Die Höhe der Vergütung pro Spielstunde hängt vom Trägermedium ab. So beträgt etwa im Jahr 2003 die Vergütung pro Spielstunde Audio Digital (Audio CD-R und CD-RW) 18,- Cent, Daten CD-R/RW 15.- Cent (17,- Cent ab 1.1.2004), DVD 18,- Cent und für integrierte oder Wechselspeicher von MP3-Musikdateien 2 Euro pro Spielstunde (= 64 MB). Diese Tarife gelten für Vertragspartner. Ein Tarifübersichtsblatt ist bei der Verwertungsgesellschaft Austro Mechana erhältlich. Vergütungsfragen, insbesondere die Tarifhöhe pro Spielstunde und Medium, werden in den zwischen Verwertungsgesellschaften und Nutzerorganisationen geschlossenen Gesamtverträgen geregelt.
[284]) § 42 Abs 6 Z 2 UrhG idF vor der Novelle 2003 umschrieb die Voraussetzungen für die Rückzahlung der Vergütung negativ, so legitimiere nichteigener Gebrauch und das Nichtvorliegen einer freien Werknutzung zur

Die sich aus der Leerkassettenvergütung[285] ergebende Ausschüttungssumme wird sodann auf die an dem Werk Beteiligten nach den im Verteilungsplan festgelegten Quoten verteilt[286]. Die Höhe der Quote ergibt sich aus dem Tantiemenaufkommen, das der betreffende Berechtigte in dem für die Bemessungsgrundlage heranzuziehenden Jahr hatte[287].

Die durch die Digitalisierung bedingte Zunahme privater Kopiertätigkeit führt zwingend auch zu einem Ansteigen des Absatzes von Leermedien wie CD-Rs/RWs etc und damit zu einer größeren Ausschüttungssumme im Rahmen der Leerkassettenvergütung. Je mehr im Privatbereich kopiert wird, desto größer ist der Trägermaterialverkauf und mithin die Ausschüttungssumme.

Im Hinblick auf Internet-Tauschbörsen ergibt sich nun aber das Problem, dass die Leerkassettenvergütung an die gesetzliche Lizenz der Vervielfältigung zum privaten Gebrauch geknüpft ist. Die Abgabe soll die durch diese Schranke entstehenden Nachteile der Rechtsinhaber ausgleichen. Wenn aber, wie oben ausgeführt, der Download aus Tauschbörsen nicht von der Privatkopieschranke erfasst ist, weil § 42 UrhG Vervielfältigungen zum privaten Gebrauch von rechtswidrigen Vorlagen mangels Vereinbarkeit mit dem Drei-Stufen-Test nicht abdeckt, wenn also die gesetzliche Lizenz in diesem Bereich nicht greift, dann entfällt auch die daran geknüpfte Leerkassettenabgabe.

Praktisch hat dies jedoch nur geringe Auswirkungen. So ist etwa ein Anspruch auf Rückerstattung der angemessenen Vergütung nach § 42 Abs 6 Z 2 UrhG kaum vorstellbar. Einerseits geht das Gesetz davon aus, dass der Erwerber von Trägermaterial dieses zur Vervielfältigung zum Eigen- bzw Privatgebrauch verwendet und sich die dabei erfolgenden Nutzungen innerhalb der gesetzlichen Grenzen bewegen. Zum Ausgleich gebührt den Berechtigten die pauschale Leerkassettenvergütung. Andererseits besteht ein Anspruch auf Rückerstattung der Vergütung für

---

Rückforderung. Die im Rahmen der Novelle 2003 eingeführte Unterscheidung zwischen eigenem und privatem Gebrauch hat eine vereinfachte Formulierung in der Weise erforderlich gemacht, dass nunmehr die Anspruchsvoraussetzungen positiv umschrieben sind: Rückzahlung kann derjenige begehren, der Trägermaterial für eine Vervielfältigung aufgrund der Einwilligung des Berechtigten benutzt. Vgl § 42 Abs 6 Z 2 UrhG idF Novelle 2003.

[285]) Nach Abzug der Verwaltungskosten, der Beiträge für etwaige soziale Einrichtungen und der für die Rücklagenbildung notwendigen Beträge. Vgl *Popp*, Verwertungsgesellschaften. Ihre Stellung im Spannungsfeld zwischen Urheberrecht und Kartellrecht, in *Dittrich* (Hrsg), ÖSGRUM Bd 25, Wien 2001, 48.

[286]) Vgl *Popp*, Verwertungsgesellschaften. Ihre Stellung im Spannungsfeld zwischen Urheberrecht und Kartellrecht, in *Dittrich* (Hrsg), ÖSGRUM Bd 25, Wien 2001, 48 f.

[287]) Die Quotenhöhe hängt auch von der Werkgattung und davon ab, an welche Personengruppe ausbezahlt wird. So sind etwa für Originalwerke und Bearbeitungen unterschiedliche Prozentsätze vorgesehen, ebenso für Urheber und Produzenten.

jene Vervielfältigungen, die aufgrund der Einwilligung des Berechtigten erfolgen. Wird etwa Filmmaterial nicht zur privaten Vervielfältigung, sondern zu gewerblichen Filmaufnahmen verwendet, so liegt aufgrund der Drehgenehmigung die Einwilligung des Berechtigten vor, die auf das Filmmaterial eingehobene Urheberrechtsabgabe kann zurückgefordert werden. Da beim Download urheberrechtlich geschützten Contents aus Tauschbörsen die gesetzlich zulässigen Grenzen des Downloads überschritten werden, liegt kein rechtmäßiger Privatgebrauch vor, weshalb der Vergütungsanspruch nicht besteht. Da aber auch keine Vervielfältigung aufgrund der Einwilligung des Berechtigten vorliegt, kommt auch keine Rückerstattung der Vergütung in Frage. Ein Rückforderungsrecht steht nach § 42 Abs 6 Z 2 UrhG nur im Fall der Einwilligung des Berechtigten zu. Es erscheint als eine Art Sanktion durchaus sachgemäß, dass derjenige, der Trägermaterial auf rechtswidrige Weise nutzt, seinen durch den Kauf dieses Leermediums beglichenen Anteil an der Leerkassettenvergütung nicht zurück erhält.

Der Tatsache, dass Trägermaterial auch für rechtswidrige, nicht von § 42 UrhG erfasste Vervielfältigungen verwendet wird, ist allerdings im Rahmen der Vertragsverhandlungen zum Abschluss von Gesamtverträgen Rechnung zu tragen. In diesen Gesamtverträgen, die von Verwertungsgesellschaften und Nutzerorganisationen[288] abgeschlossen werden, werden die Vergütungsfragen, insbesondere die Tarifhöhe pro Spielstunde und Medium, geregelt. Aus dem System der *Pauschal*vergütung, das nicht auf die tatsächlichen, sondern wahrscheinlichen Nutzungen abstellt, ergibt sich, dass rechtswidrige Vervielfältigungen zum Teil auch von der Vergütung miterfasst sind. Dieser Anteil dürfte theoretisch aber nicht verteilt werden, da bei rechtswidrigen Nutzungen kein Vergütungsanspruch, sondern Schadenersatzansprüche[289] entstehen. Dem müsste bei Festlegung der Höhe der Vergütungen Rechnung getragen werden. Vor dem Hintergrund, dass die Vergütungen für private Vervielfältigungen im Rahmen der Leerkassettenvergütung sehr niedrig sind[290], ist jedoch nicht zu erwarten, dass die Höhe der Vergütungen im Rahmen künftiger Vertragsverhandlungen zu Gesamtverträgen noch verringert werden. Im Gegenteil wird man davon ausgehen dürfen, dass die Tatsache, dass Leermedien auch zu rechtswidrigen Nutzungen verwendet werden, nur - wenn

---

[288]) Vgl *Popp*, Verwertungsgesellschaften. Ihre Stellung im Spannungsfeld zwischen Urheberrecht und Kartellrecht, in *Dittrich* (Hrsg), ÖSGRUM Bd 25, Wien 2001, 26 f.

[289]) Die individuelle Verfolgung von Verstößen gegen Ausschließlichkeitsrechte erfolgt vor allem durch Geltendmachung von Schadenersatzansprüchen nach § 87 UrhG.

[290]) So fallen etwa pro Spielstunde Audio digital nur 0,18 Euro an. Siehe zu den Tarifen weiter oben Fn 283.

überhaupt - geringen Einfluss auf die Tarifhöhe haben wird. Insofern ist *Schack*[291] nicht zuzustimmen, wenn er davon ausgeht, dass die Rechtsinhaber *überhaupt keine Gegenleistung* erhielten, wenn die Vervielfältigung von rechtwidriger Vorlage, also der Download aus Internet-Tauschbörsen, nicht von § 42 UrhG gedeckt sei.

Im Ergebnis werden somit die Berechtigten wirtschaftlich nicht schlechter gestellt, wenn der Download von urheberrechtlich geschütztem Content aus Internet-Tauschbörsen nicht von der Privatkopieschranke nach § 42 UrhG gedeckt ist und statt dessen das ausschließliche Vervielfältigungsrecht zum Tragen kommt. Individuelle Verstöße gegen dieses Verbotsrecht sind zwar nur schwer durchsetzbar, totes Recht stellt das ausschließliche Vervielfältigungsrecht in diesem Bereich jedoch nicht dar, da sich die Position der Rechtsinhaber verbessert: Sie partizipieren auch dann an der Leerkassettenvergütung, wenn die Vervielfältigung von rechtswidriger Vorlage nicht von § 42 UrhG gedeckt ist, gleichzeitig entfaltet sich das ausschließliche Vervielfältigungsrecht und ermöglicht die individuelle Verfolgung von Verstößen gegen dieses Verbotsrecht.

An dieser Stelle ist jedoch nochmals ausdrücklich darauf hinzuweisen, dass der Drei-Stufen-Test als Gestaltungsanordnung an den Gesetzgeber anzusehen ist und sich mithin an diesen und nicht an die Rechtsunterworfenen richtet. Gründet sich die Ansicht[292], dass die Vervielfältigung von rechtswidriger Vorlage nicht von der gesetzlichen Lizenz der Vervielfältigung zum privaten Gebrauch nach § 42 UrhG gedeckt ist, einzig und allein darauf, dass ansonsten ein Verstoß gegen den Drei-Stufen-Test vorläge, so ist der Download dennoch solange von der Privatkopieschranke nach § 42 UrhG gedeckt, bis ein österreichisches Gericht bzw nach Vorlage der EuGH in diesem Sinne erkennt.

Kommt man letztlich zu dem Ergebnis, dass Vervielfältigungen im Rahmen von Internet-Tauschbörsen nicht von der Schranke der Vervielfältigung zum privaten Gebrauch nach § 42 UrhG gedeckt sind, weil diese Vervielfältigungen zu einer Beeinträchtigung der normalen Verwertung durch die Rechtsinhaber führen, dann gilt dies jedoch nicht allgemein für digitale Kopien. Das Herunterladen urheberrechtlich geschützten Contents aus Tauschbörsen überschreitet, wie soeben dargestellt, die gesetzlich zulässigen Grenzen des Privatgebrauchs. Die digitale Privatkopie an sich

---

[291]) Siehe *Schack*, Private Vervielfältigung von einer rechtswidrigen Vorlage?, in FS Erdmann, Köln 2002, 172.
[292]) Wie sie auch hier vertreten wird.

ist aber von § 42 UrhG erfasst. Für die Beurteilung, ob durch digitale Kopien die normale Verwertung beeinträchtigt wird, muss nämlich auf die von § 42 UrhG erfassten Fälle der legalen Anfertigung von Privatkopien abgestellt werden. So macht es hinsichtlich der normalen Verwertung durch die Berechtigten eines Musikstückes keinen Unterschied, ob eine Privatperson eben dieses Musikstück zur Verwendung im Pkw analog auf Kassette oder digital auf CD vervielfältigt. Solange die gesetzlichen Vorgaben eingehalten werden, mithin nur natürliche Personen zum privaten Gebrauch digitale Vervielfältigungsstücke herstellen, dabei keine kommerziellen Zwecke verfolgen und die auf diese Weise angefertigten Kopien nicht dazu verwenden, das Werk oder den Schutzgegenstand damit der Öffentlichkeit zugänglich zu machen[293], beeinträchtigt die digitale Vervielfältigung im privaten Bereich die Verwertungsrechte der Urheber und Leistungsschutzberechtigten nicht.

Die Verwertungsmöglichkeiten der Rechtsinhaber werden jedoch durch unerlaubte Kopiervorgänge im Rahmen von Internet-Tauschbörsen und durch illegales Verbreiten geschützter Inhalte im Internet beeinträchtigt. Diese Handlungen sind daher gesetzlich zu untersagen. Die Einspeicherung von Musikdateien zum Zwecke der Tauschbörsen-Nutzung verletzt das ausschließliche Vervielfältigungs-recht nach § 15 UrhG, während die Verbreitung geschützter Inhalte im Internet gegen das ausschließliche Recht der Zurverfügungstellung gemäß § 18a UrhG idF Novelle 2003 verstößt. Was den Download betrifft, so ergibt sich die Rechtswidrigkeit aus der Tatsache, dass Vervielfältigungen zum privaten Gebrauch von einer rechtwidrigen Vorlage mangels Vereinbarkeit mit dem Drei-Stufen-Test nicht von § 42 UrhG gedeckt sind. Nach der geltenden Rechtslage ist das Herunterladen aus Tauschbörsen allerdings von der Privatkopieschranke nach § 42 UrhG gedeckt, erst eine gerichtliche Entscheidung könnte, gestützt auf den Drei-Stufen-Test, den Download für rechtswidrig erklären.

---

[293]) Vgl § 42 UrhG idF Novelle 2003.

4 Zwischenergebnis

Durch die Umsetzung der Urheberrechtsrichtlinie[294] in das österreichische Recht wurde als eine der wesentlichsten Neuerungen das Zurverfügungstellungsrecht als neues Verwertungsrecht in § 18 a UrhG eingeführt. Demnach hat der Urheber das ausschließliche Recht, das Werk der Öffentlichkeit drahtgebunden oder drahtlos in einer Weise zur Verfügung zu stellen, dass es Mitgliedern der Öffentlichkeit von Orten und zu Zeiten ihrer Wahl zugänglich ist. Diese Änderung wirkt sich insbesondere auf die Qualifizierung von On-demand-Diensten aus, deren Einordnung bislang strittig war, sowie auf die urheberrechtliche Qualifizierung von Links. Letztere lassen sich untergliedern in Hyperlinks sowie in Inline-Links. Bei Hyperlinks wird im Gegensatz zu Inline-Links angenommen, dass der Betreiber der Website einer Verlinkung konkludent zustimmt und damit kein Eingriff in das Zurverfügungstellungsrecht erfolgt. Diese konkludente Zustimmung kann lediglich durch einen gut sichtbaren Hinweis auf der Homepage, dass jede Verlinkung einer ausdrücklichen Zustimmung bedarf etc, ausgeschlossen werden.

Eine weitere wesentliche Änderung betraf den in § 16 Abs 3 UrhG geregelten Erschöpfungsgrundsatz: Durch die Umsetzung der Urheberrechtsrichtlinie wurde der Grundsatz der internationalen Erschöpfung, der bereits seit der Silhouette-Entscheidung des EuGH für unzulässig gehalten wurde, in ein Gebot der gemeinschaftsweiten Erschöpfung geändert.

Das in § 15 UrhG geregelte ausschließliche Vervielfältigungsrecht des Urhebers wurde Umsetzung der Urheberrechtsrichtlinie durch die Novelle 2003[295] insofern erweitert, als die Definition dieses Verbotsrechtes nunmehr ausdrücklich auch solche Vervielfältigungen beinhaltet, die vorübergehend erfolgen[296]. Durch diese Einbeziehung auch vorübergehender Vervielfältigungen wird klargestellt, dass sämtliche Kopiervorgänge einschließlich aller technischen Zwischenschritte, die bei der elektronischen Datenverarbeitung erfolgen, eine urheberrechtlich relevante

---

[294]) Richtlinie 2001/29 des Europäischen Parlaments und des Rates vom 22. Mai 2001 zur Harmonisierung bestimmter Aspekte des Urheberrechts und der verwandten Schutzrechte in der Informationsgesellschaft, ABl L 167 vom 22.6.2001, S 10 ff. Zum Vervielfältigungsrecht siehe Art 2 der Richtlinie.

[295]) Urheberrechtsgesetz-Novelle 2003 in Kraft seit 1.7.2003. Siehe BGBl I 32/2003 vom 6.6.2003, RV 40 BlgNR 22. GP.

[296]) Entsprechendes gilt für die im Rahmen dieser Arbeit interessierenden beiden Gruppen von Leistungsschutzberechtigten, den ausübenden Künstlern und den Tonträgerherstellern. Kraft der Verweise in § 67 Abs 2 UrhG und § 76 Abs 6 UrhG steht auch ihnen das ausschließliche Vervielfältigungsrecht des Urhebers nach § 15 UrhG zu.

Vervielfältigung darstellen[297]. Mithin bedürfen nicht nur dauerhafte Speicherungen auf Datenträgern wie bspw Computerfestplatten, Disketten oder CD-Rs der Zustimmung des Rechtsinhabers, sondern auch vorübergehende Festlegungen etwa im Arbeitsspeicher des Computers (RAM) oder solche ephemeren Zwischenspeicherungen, die beim Browsing oder Caching entstehen.

Damit sich das Zustimmungserfordernis des Rechtsinhabers jedoch auf wirtschaftlich werthafte Vervielfältigungen beschränkt, sind nach Art 5 Abs 1 der Richtlinie bzw § 41a UrhG solche flüchtigen und begleitenden, verfahrensimmanenten Vervielfältigungen nicht vom Verbotsrecht erfasst, deren alleiniger Zweck es entweder ist, eine Übertragung in einem Netz zwischen Dritten und einem Vermittler oder eine rechtmäßige Nutzung zu ermöglichen und denen wirtschaftlich kein eigener Wert zu kommt[298]. Soweit diese Voraussetzungen erfüllt sind, sind Maßnahmen wie das Browsing oder Caching von dieser Ausnahme erfasst.

Neben dieser zwingend vorzusehenden Ausnahme vom Vervielfältigungsrecht ermöglicht die Urheberrechtsrichtlinie den Mitgliedstaaten auch die Beibehaltung einer Reihe weiterer Schrankenbestimmungen. So wird etwa die im Rahmen dieser Arbeit besonders interessierende Ausnahme für Privatkopien im einschlägigen Art 5 der Richtlinie aufgelistet. Aufgrund der Konzeption dieser Ausnahme für Vervielfältigungen im privaten Bereich nach Art 5 der Richtlinie[299] wurden jedoch Beschränkungen der bisher in weitem Umfang zulässigen Vervielfältigung zum eigenen Gebrauch nach § 42 UrhG erforderlich[300]. Den Richtlinienvorgaben entsprechend unterscheidet § 42 UrhG idF Novelle 2003 nunmehr zwischen den verwendeten Vervielfältigungsverfahren: Während reprographische Vervielfältigungen[301] weiterhin durch jedermann zum eigenen Gebrauch zulässig sind[302], dürfen Vervielfältigungen auf anderen Trägern als Papier, insbesondere Digitalkopien, nur durch natürliche Personen zum privaten Gebrauch hergestellt werden[303]. Demnach können sich bei der Herstellung von Digitalkopien juristische Personen ebenso wenig auf § 42 UrhG berufen wie natürliche Personen, die zu beruflichen Zwecken Kopien anfertigen. Da aber lediglich privater und nicht

---

[297]) Vgl *Wittmann,* Die EU-Urheberrechts-Richtlinie – ein Überblick, MR 2001, 144.
[298]) Vgl Erwägungsgrund 33 der Richtlinie.
[299]) Art 5 Abs 2 lit a (Reprographie) und lit b (Vervielfältigungen auf beliebigen Trägern) der Richtlinie.
[300]) Siehe ErläutRV 40 BlgNR 22. GP, S 26.
[301]) Vervielfältigungen auf Papier oder einem ähnlichen Träger.
[302]) Siehe § 42 Abs 1 UrhG idF Novelle 2003.
[303]) Siehe § 42 Abs 4 UrhG idF Novelle 2003.

persönlicher Gebrauch verlangt wird, ist die Weitergabe digitaler Privatkopien weiterhin erlaubt. Aus diesem Grund ist auch die Herstellung digitaler Kopien zum privaten Gebrauch eines anderen zulässig. Zwar ist der bezüglich der Herstellung von Vervielfältigungen durch eine natürliche Person im Auftrag einer anderen einschlägige § 42a UrhG für digitale Privatkopien nicht mehr anwendbar, da er sich nur auf Vervielfältigungen zum eigenen Gebrauch, also auf Vervielfältigungen auf Papier bezieht[304]. Die Zulässigkeit der Herstellung digitaler Kopien zum privaten Gebrauch eines anderen ergibt sich jedoch aus der Definition des privaten Gebrauchs[305] und dem mangelnden Erfordernis eines persönlichen Gebrauchs.

Entscheidend ist, dass der europäische Gesetzgeber hinsichtlich der digitalen Privatkopie den Mitgliedstaaten die Wahl gelassen hat, ob sie diese nach innerstaatlichem Recht zulassen wollen oder nicht. Entgegen den Forderungen der Content-Industrie hat also der europäische Gesetzgeber, der insbesondere hinsichtlich der digitalen Privatkopie „in bis dahin beispiellosem Maße dem massiven Druck von Lobbyisten" ausgesetzt war[306], die digitale Vervielfältigung zum privaten Gebrauch nicht abgeschafft.

Sämtliche in der Richtlinie aufgelistete Ausnahmen und Beschränkungen, so auch die Schranke zugunsten der Vervielfältigung zum privaten Gebrauch, müssen allerdings den Vorgaben des Drei-Stufen-Tests nach Art 5 Abs 5 der Richtlinie genügen[307]. Demnach dürfen die in der Richtlinie genannten Ausnahmen erstens nur in bestimmten Sonderfällen vorgesehen werden, in denen zweitens die normale Verwertung des Werks oder sonstigen Schutzgegenstands nicht beeinträchtigt wird und drittens die berechtigten Interessen des Rechtsinhabers nicht ungebührlich verletzt werden. Nur unter diesen drei Bedingungen dürfen Beschränkungen im innerstaatlichen Recht vorgesehen werden.

Die digitale Vervielfältigung zum privaten Gebrauch erfüllt diese drei Voraussetzungen und darf mithin im nationalen Recht als Ausnahme verankert werden. Einen Sonderfall stellt die Schranke zugunsten der Vervielfältigung zum

---

[304]) Und solche zu wissenschaftlichen Forschungszwecken. Während die Kopien zu Forschungszwecken keinerlei kommerziellen Zwecken dienen dürfen, gilt diese Einschränkung nicht für reprographische Vervielfältigungen. Der Betrieb von Copy Shops udgl ist daher weiterhin zulässig.
[305]) Der private Gebrauch wird gemeinsam mit dem eigenen Gebrauch in § 42 Abs 5 UrhG nF negativ umschrieben. Danach liegt privater Gebrauch nur dann nicht vor, wenn die Vervielfältigung mit dem Zweck vorgenommen wird, das Werk mit Hilfe des Vervielfältigungsstückes der Öffentlichkeit zugänglich zu machen.
[306]) So der Binnenmarkt-Kommissar Frits Bolkestein in der Presseerklärung vom 14.2.2001.
[307]) Der Drei-Stufen-Test des Art 5 Abs 5 der Richtlinie ist den Bestimmungen des Art 9 Abs 2 RBÜ, Art 13 TRIP´s Übereinkommen und Art 10 WCT sowie Art 16 WPPT nachgebildet.

privaten Gebrauch insofern dar, als durch die umfassende Definition des Privatgebrauchs in § 42 UrhG die von dieser Ausnahme erfassten Fälle ausreichend klar bezeichnet sind und insofern das Kriterium des *bestimmten* Sonderfalles erfüllt ist. Zudem ist der Anwendungsbereich dieser Ausnahme vom Vervielfältigungsrecht auf spezifische Fälle, nämlich solche des Privatgebrauchs, eingeschränkt und daher begrenzt. Private Vervielfältigungen sind ein Sonderfall aller denkbaren Vervielfältigungen und damit zu unterscheiden von sonstigen Vervielfältigungen[308].

Die berechtigten Interessen der Urheber und Leistungsschutzberechtigten an einer angemessenen Entlohnung für jede Nutzung der von ihnen geschaffenen Werke bzw Schutzgegenstände sind jedoch durch die digitale Privatkopie jedenfalls beeinträchtigt. Während im analogen Zeitalter die private Kopiertätigkeit keine nennenswerten Absatzverluste verursachte, ist das Volumen und die Intensität privater Vervielfältigungen im digitalen Umfeld erheblich höher. Es kommt zunehmend zu einer Verlagerung der Vervielfältigungsvorgänge aus dem gewerblichen in den privaten Bereich. Dies bewirkt, dass es im Rahmen der gesetzlich zulässigen Vervielfältigung zum privaten Gebrauch zu deutlich spürbaren Einkommenseinbußen der Rechtsinhaber kommt. Da es insofern zu einer Interessenbeeinträchtigung und mithin zu einem Verstoß gegen den Drei-Stufen-Test kommt, wäre folgerichtig für die digitale Privatkopie ein vollständiges Verbotsrecht vorzusehen. Sinnvoller und nach herrschender Auffassung mit dem Drei-Stufen-Test vereinbar ist es aber, das ausschließliche Recht auf einen Vergütungsanspruch zu beschränken. Der Vergütungsanspruch für Vervielfältigungen im privaten Bereich erweist sich im Gegensatz zu einem aus praktischen Gründen undurchsetzbaren Verbotsrecht als allein praktikabel, um die beeinträchtigten materiellen Interessen der Rechtsinhaber auszugleichen und diesen immerhin eine gewisse Gegenleistung für private Nutzungen zu sichern. Über den Umweg eines Vergütungsanspruches ist daher auch dieses Kriterium des Drei-Stufen-Tests erfüllt.

Schließlich wird auch die normale Verwertung des Werks oder sonstigen Schutzgegenstands durch die digitale Privatkopie nicht beeinträchtigt. So macht es hinsichtlich der normalen Verwertung durch die Berechtigten etwa eines Musikstückes keinen Unterschied, ob eine Privatperson eben dieses Musikstück zur Verwendung im Pkw analog auf Kassette oder digital auf CD vervielfältigt. Solange

---

[308]) Vgl das Urteil des LG Stuttgart vom 21.6.2001 zur Urheberrechtsabgabe auf CD-Brenner, Entscheidungsgründe, III bei Punkt 1. Abrufbar auf der Homepage der GEMA unter http://www.gema.de/urheberrecht/rechtsprechung/lg_stuttgart_21062001.shtml.

die gesetzlichen Vorgaben eingehalten werden, mithin nur natürliche Personen zum privaten Gebrauch digitale Vervielfältigungsstücke herstellen, dabei keine kommerziellen Zwecke verfolgen und die auf diese Weise angefertigten Kopien nicht dazu verwenden, das Werk oder den Schutzgegenstand damit der Öffentlichkeit zugänglich zu machen[309], beeinträchtigt die digitale Vervielfältigung im privaten Bereich die Verwertungsrechte der Urheber und Leistungsschutzberechtigten nicht.

Der Drei-Stufen-Test ist jedoch von entscheidender Bedeutung im Hinblick auf die digitalen Vervielfältigungen im Rahmen von Musiktauschbörsen. In diesem Zusammenhang muss aus urheberrechtlicher Sicht zunächst zwischen verschiedenen Handlungen der Tauschbörsennutzer unterschieden werden: Die Einspeicherung, also das Einspeisen der Musikdateien auf den PC ist vom Bereithalten, dh der Zugänglichmachung dieser Musikdateien im P2P-Netz und dem Download, also dem Herunterladen der Musiktitel aus der Internet-Tauschbörse zu unterscheiden.

In bezug auf die Einspeicherung ist sowohl die Digitalisierung, die dauerhafte Festlegung der digitalisierten (Musik-) Datei auf Datenträgern wie bspw Computerfestplatten oder CD-Rs oder auch nur die vorübergehende Speicherung im Arbeitsspeicher eines Computers (RAM) sowie die Komprimierung eines Musikstückes auf das MP3-Format als Vervielfältigung im Sinne des § 15 UrhG anzusehen und mithin die Zustimmung des Rechtsinhabers erforderlich. Die Einspeicherung der Musikdateien auf den PC ist daher rechtswidrig, da in der Regel eine solche Zustimmung nicht vorliegt und dieses Erfordernis mangels Anwendbarkeit der gesetzlichen Lizenz der Vervielfältigung zum privaten Gebrauch nach § 42 UrhG auch nicht entfällt. Die Berufung auf § 42 UrhG ist nämlich dann ausgeschlossen, wenn die Vervielfältigung zu dem Zweck vorgenommen wird, das Werk mit Hilfe des Vervielfältigungsstückes der Öffentlichkeit zugänglich zu machen[310]. Wird also ein Musikstück auf dem heimischen PC gespeichert, komprimiert und in weiterer Folge im Rahmen einer Tauschbörse abrufbar gemacht, so wird dadurch der Öffentlichkeit der Zugang zu diesem Musikstück eröffnet und liegt daher kein Privatgebrauch vor.

Werden die eingespeicherten und komprimierten Musikdateien zum öffentlichen Abruf bereitgehalten, so wird dadurch nicht nur das ausschließliche

---

[309]) Vgl § 42 UrhG idF Novelle 2003.
[310]) Siehe § 42 Abs 4 Satz 1 UrhG idF Novelle 2003.

Vervielfältigungsrecht nach § 15 UrhG verletzt, sondern auch gegen das in Umsetzung der Richtlinie neu eingeführte Zurverfügungstellungsrecht nach § 18a UrhG verstoßen[311]. Danach hat der Urheber das ausschließliche Recht, das Werk der Öffentlichkeit drahtgebunden oder drahtlos in einer Weise zur Verfügung zu stellen, dass es Mitgliedern der Öffentlichkeit von Orten und Zeiten ihrer Wahl zugänglich ist[312]. Als Anbieter von Musikdateien auftretende, sogenannte aktive Teilnehmer einer Musiktauschbörse, verhalten sich demnach rechtswidrig, da nach § 18a UrhG für das Zugänglichmachen dieser Inhalte die Zustimmung des Berechtigten erforderlich ist, die bei kostenlosen Musiktauschbörsen[313] naturgemäß nicht vorliegen wird.

Da es sich in der Praxis jedoch so verhält, dass die meisten Tauschbörsen-Nutzer die Programmeinstellungen dergestalt vornehmen, dass der Zugang zu den auf ihrem PC befindlichen Musikdateien für andere Teilnehmer gesperrt wird[314], ist im Hinblick auf die Verwendung von Tauschbörsen entscheidend, ob sich auch jene Nutzer rechtswidrig verhalten, die lediglich herunterladen. Genau in diesem Zusammenhang erlangt der Drei-Stufen-Test bzw jenes Kriterium des Drei-Stufen-Tests, dem zufolge durch eine Ausnahme oder Beschränkung die normale Verwertung des Werks oder Schutzgegenstands nicht beeinträchtigt werden darf, besondere Bedeutung.

Die Diskussion in bezug auf die Rechtmäßigkeit des Downloads aus Musiktauschbörsen konzentriert sich auf die Frage, ob von der gesetzlichen Lizenz der Vervielfältigung zum privaten Gebrauch nach § 42 UrhG auch solche Vervielfältigungen erfasst sind, die von rechtswidrigen Vorlagen erfolgen. Beim Download wird nämlich die Musikdatei auf den heimischen PC kopiert, dieser Vorgang stellt unstreitig eine Vervielfältigung iSd § 15 UrhG dar. Diese Vervielfältigung könnte von der Privatkopieschranke nach § 42 UrhG gedeckt sein, jedoch besteht das Problem, dass der Anbieter ein Musikstück zum Kopieren bereit hält, das unter Verletzung des Vervielfältigungsrechts und des Rechts der

---

[311]) Bereits vor der Richtlinienumsetzung war unumstritten, dass das Anbieten geschützter Inhalte auf Abruf im Internet urheberrechtlichen Schutz genießt. Durch die positiv rechtliche Verankerung des Zurverfügungstellungsrechts in § 18a UrhG wird lediglich klargestellt, dass das Bereithalten geschützter Inhalte zum Abruf dem Recht der öffentlichen Wiedergabe zuzuordnen ist.

[312]) Dieses interaktive Wiedergaberecht steht in bezug auf ihre Leistungen auch den ausübenden Künstlern und Tonträgerherstellern zu, vgl §§ 71a und 76 Abs 1 UrhG.

[313]) Wie etwa KaZaA, eDonkey, Audiogalaxy oder iMesh.

[314]) Eine Untersuchung der Gnutella-User im Jahr 2000 durch die Forscher Adar und Huberman vom Palo Alto Research Center (PARC) ergab, dass 90 % der Tauschbörsenteilnehmer keine Anfragen entgegen nehmen. Zu dieser Studie „Free Riding on Gnutella" vgl www.firstmonday.dk/issues/issue5_10/adar/index.html.

Zurverfügungstellung hergestellt wurde[315] und daher als rechtswidrige Kopiervorlage anzusehen ist.

Weder aus dem Wortlaut des § 42 UrhG noch aus der in diesem Zusammenhang immer wieder zitierten[316] OGH-Entscheidung „Figur auf einem Bein"[317] kann jedoch geschlossen werden, dass nur solche Kopien von der gesetzlichen Lizenz der Vervielfältigung zum privaten Gebrauch privilegiert werden, die von einer rechtmäßigen Vervielfältigungsvorlage erfolgen.

Meines Erachtens ist jedoch die gesetzlich gedeckte Vornahme einer privaten Vervielfältigung unter Zuhilfenahme einer rechtswidrigen Kopiervorlage nicht mit dem Drei-Stufen-Test in Einklang zu bringen. Der Drei-Stufen-Test gebietet ua die Erhaltung der normalen Verwertungsmöglichkeiten. Deckt jedoch die gesetzliche Lizenz der Vervielfältigung zum privaten Gebrauch nach § 42 UrhG auch die Vervielfältigung von einer rechtswidrigen Vorlage und damit den Download von Musikstücken aus Internet-Tauschbörsen, so entsteht ein Konflikt mit der normalen Verwertung durch die Rechtsinhaber. Das kostenlose Herunterladen von Raubkopien aus dem Internet konkurriert mit dem entgeltlichen Vertrieb von Tonträgern im Handel. Genau diese Situation will der Drei-Stufen-Test verhindern. Meiner Meinung nach ist daher der Download von Musikstücken bzw ganz allgemein von urheberrechtlich geschütztem Content aus Internet-Tauschbörsen nicht von der Privatkopieschranke nach § 42 UrhG gedeckt, statt dessen kommt das ausschließliche Vervielfältigungsrecht zum Tragen. Da der Drei-Stufen-Test allerdings als Gestaltungsanordnung an den Gesetzgeber anzusehen ist und sich mithin an diesen und nicht an die Rechtsunterworfenen richtet, ist der Download aus Musiktauschbörsen dennoch solange von der Privatkopieschranke nach § 42 UrhG gedeckt, bis ein österreichisches Gericht bzw nach Vorlage der EuGH in diesem Sinne erkennt.

---

[315]) Siehe dazu die oben stehenden Ausführungen zur Einspeicherung und zum Bereithalten.
[316]) Vgl *Medwenitsch/Schanda,* Download von MP3-Dateien aus dem Internet: Private Vervielfältigung und rechtmäßig erstellte Vorlage, FS Dittrich, Wien 2000, 221.
[317]) OGH 17.3.1998, 4 Ob 80/98p – Figur auf einem Bein – MR 1998, 2000 (Walter) = ÖBl 1998, 266.

5 Technische Schutzmaßnahmen

Von entscheidender Bedeutung im Zusammenhang mit der Neuregelung der Privatkopieschranke ist jedenfalls der in Art 6 der Info-Richtlinie vorgesehene Schutz technischer Maßnahmen. Wie bereits mehrmals erwähnt, schreiten die Rechtsinhaber mit Blick auf die mit den neuen Medien einhergehenden digitalen Reproduktions-, Zugriffs-, und Wiedergabemöglichkeiten zunehmend zur Selbsthilfe und versuchen ihre Werke und Schutzgegenstände durch den Einsatz technischer Vorrichtungen wie insbesondere von Kopierschutzmechanismen vor unerlaubten Verwertungshandlungen zu schützen. Die dabei von den Rechtsinhabern verwendeten Schutzmaßnahmen sind ihrer Funktion nach entweder zugangsverhindernd oder nutzungsverhindernd. Bei zugangsverhindernden Schutzmaßnahmen wie bspw den im Internet verbreiteten sog accounts (Konten) wird der Zugang zum Werk/Schutzgegenstand erst nach Angabe bestimmter Informationen (idR Benutzername und Kennwort) erteilt[318]. Zugangsverhindernd wirken auch Maßnahmen, die zu einer Verschlüsselung der Daten führen. Eine nutzungsverhindernde technische Schutzvorkehrung soll hingegen jedwede vom Rechtsinhaber nicht erwünschte Verwendung des Werkes ausschließen, wie dies etwa beim Serial Copy Management System (SCMS) der Fall ist: Ein mit dem SCMS ausgestattetes digitales Aufnahmegerät ermöglicht lediglich die Herstellung digitaler Kopien der ersten Generation, also von Kopien vom Original, Kopien der zweiten Generation, also weitere Kopien von der Kopie, sind jedoch ausgeschlossen[319]. Auch Kopierschutzsysteme wie etwa das bei DVDs verwendete Content Scrambling System (CSS) stellen nutzungsverhindernde Schutzmaßnahmen dar[320].

Einer ausführlichen Definition des Begriffs der technischen Schutzmaßnahme geht an dieser Stelle zunächst die Klärung der Frage voran, ob der Einsatz solcher technischer Schutzmaßnahmen überhaupt zulässig ist.

---

[318]) Siehe *Wand*, Technische Schutzmaßnahmen und Urheberrecht, München 2001, 10 und *von Diemar*, Die digitale Kopie zum privaten Gebrauch, Hamburg 2002, 145. Vgl zur Definition technischer Maßnahmen noch ausführlich weiter unten im Kap 5.2.1.

[319]) Siehe *Bechtold*, Vom Urheber- zum Informationsrecht. Implikationen des Digital Rights Management, München 2002, 409.

[320]) Zum CSS und anderen Nutzungskontrollen wie etwa der Secure Digital Music Initiative (SDMI) siehe ausführlich *Wand*, Technische Schutzmaßnahmen und Urheberrecht, München 2001,16 ff.

5.1 Zulässigkeit der Verwendung technischer Maßnahmen

5.1.1 Zugangsverhindernde Schutzmaßnahmen

Einerseits bringt es die Ausgestaltung des Urheberrechts als „geistiges Eigentum" mit sich, dass der Urheber im Gegensatz zum Eigentümer einer körperlichen Sache im Hinblick auf sein Werk über kein totales Beherrschungsrecht verfügt[321]. Er muss sich, vor allem im Interesse der Allgemeinheit, zahlreiche Beschränkungen seiner durch die Werkschöpfung entstehenden Rechte gefallen lassen und darf, anders als der Eigentümer, nicht jeden von den Nutzungen seines Werkes ausschließen[322]. Andererseits ist der Urheber eines Werkes aber auch nicht verpflichtet, dieses zu veröffentlichen und damit der Öffentlichkeit zur Verfügung zu stellen. Es ist dem Urheber vorbehalten zu entscheiden, ob er den Zugang zu seinem Werk ermöglichen will und gegebenenfalls in welcher Form, also etwa verschlüsselt, unter der Bedingung der vorherigen Eingabe bestimmter Daten wie Benutzername oder Passwort oder ohne diesen Schutz.

Der Einsatz technischer Maßnahmen, die zugangsverhindernder Wirkung sind, ist daher generell zulässig, da die Ermöglichung des Zugangs zu einem geschützten Werk allein von der Entscheidung des Urhebers abhängt. Dieser kann sich entschließen, das Werk überhaupt nicht zu veröffentlichen oder aber der Öffentlichkeit zugänglich zu machen, eingeschränkt oder uneingeschränkt. Der Nutzer hat darauf keinen Einfluss, seine Rechte, etwa jene im Rahmen freier Werknutzungen, entstehen erst, wenn sich der Urheber entschieden hat, den Zugang zu seinem Werk zu eröffnen.

Weder das Urheberrecht noch das Leistungsschutzrecht sehen allerdings ein ausschließliches Zugangsrecht des Urhebers oder des Inhabers eines verwandten Schutzrechtes vor. Das Urheberrecht knüpft lediglich an die Werkvermittlung und nicht an den Werkgenuss an, da die rezeptive Aufnahme eines Werkes oder Schutzgegenstandes sich als rein geistiger Vorgang der rechtlichen Regelung entzieht[323]. Erfasst werden nur die ausdrücklich normierten Verwertungshandlungen

---

[321]) So die Erläuternden Bemerkungen zum Urheberrechtsgesetz 1936; siehe *Dillenz* (Hrsg), Materialien zum österreichischen Urheberrecht, Wien 1986, 63. Siehe *Haller*, Music on demand, 2001, 97.
[321]) Ebenso die Leistungsschutzberechtigten.
[322]) Vgl § 354 ABGB für den Eigentümer einer körperlichen Sache. Dieser darf mit der Substanz und den Nutzungen der betreffenden Sache nach Willkür schalten und jeden anderen davon ausschließen.
[323]) Vgl *Dittrich*, Veröffentlichung und Erscheinen, ÖJZ 1971, 226.

wie Vervielfältigung, Verbreitung, öffentliche Wiedergabe etc, reine Benutzungshandlungen wie das Lesen eines Buches oder das Betrachten eines Videofilmes sind jedoch nicht Gegenstand des Urheberrechts[324]. Kauft etwa eine bestimmte Person ein Buch und gelangt dieses Buch in die Hände einer anderen Person, bspw eines Familienmitgliedes oder Angestellten, so kann sich der Berechtigte nicht dagegen wehren, dass diese Person Zugang zu dem Buch erlangt hat und dieses liest. Das Urheberrecht ermöglicht nur ein Vorgehen gegen etwaige Verwertungshandlungen ohne Einverständnis des Berechtigten, wenn etwa das Buch öffentlich vorgetragen wird.

Im elektronischen Bereich führt die Einbeziehung vorübergehender Vervielfältigungen in das dem Urheber vorbehaltene Vervielfältigungsrecht und die Tatsache, dass jede Nutzungshandlung mit einer vorübergehenden Vervielfältigung des Werks im Arbeitsspeicher verbunden ist, in gewisser Weise zu einem urheberrechtlichen Zugangsrecht. Wird im obigen Beispiel etwa die elektronische Version des Buches erworben (e-book) und verschafft sich in weiterer Folge der Erwerber oder eine vom Erwerber verschiedene Person Zugang zu dem Buch, um es zu lesen, so kommt es beim Laden des Buches in den Arbeitsspeicher automatisch zu einer Vervielfältigung im Sinne des § 15 UrhG[325]. Der Rechtsinhaber kann sich grundsätzlich auf der Grundlage seines ausschließlichen Vervielfältigungsrechtes gegen den Zugang zu und die Nutzung des Buches im Form des Lesens wehren und verfügt insofern, über den Umweg des Vervielfältigungsrechts, über ein ausschließliches Zugangsrecht. Im Ergebnis verfügt daher der Urheber im elektronischen Bereich über einen unmittelbaren Anspruch gegen den bloßen Benützer seines Werkes, obwohl ihm ein solcher Anspruch nach dem System des Urheberrechts, das nicht an den bloßen Werkgenuss anknüpft, grundsätzlich nicht zusteht. Gewissermaßen als Korrektiv für dieses unbillige Ergebnis[326] entfällt nach § 41a UrhG[327] das Zustimmungserfordernis für die beim Laden in den Arbeitsspeicher entstehende vorübergehende Vervielfältigung, soweit sie der rechtmäßigen Nutzung

---

[324]) Vgl *Bechtold,* Multimedia und Urheberrecht – einige grundsätzliche Anmerkungen, GRUR 1998, 26.

[325]) Zu diesem technischen Kopiervorgang kommt es freilich auch dann, wenn der Erwerber selbst das e-book in den Arbeitsspeicher lädt.

[326]) Vgl *Blocher,* Sonderprobleme der Softwareverträge (Teil I) – Die Rechtsstellung des Software-Anwenders nach österreichischem und deutschem Urheberrecht, EDVuR 1994, 8. *Blocher* spricht (allerdings im Hinblick auf Computerprogramme) auch von der urheberrechtlichen Anomalie, dass aufgrund der technischen Eigenheiten der elektronischen Datenverarbeitung schon für den Gebrauch geschützter Inhalte eine Zustimmung des Urhebers erforderlich ist.

[327]) Vgl Art 5 Abs 1 der Urheberrechtsrichtlinie. Siehe dazu oben das Kap 3.3.3.2.

dient und keine eigenständige wirtschaftliche Bedeutung hat[328]. Wird ein e-book zum Zweck des Lesens in den Arbeitsspeicher geladen, so ist die dabei entstehende, vorübergehende Vervielfältigung sowohl flüchtiger[329] als auch verfahrensimmanenter[330] Natur. Um eine rechtmäßige Nutzung handelt es sich nach Erwägungsgrund 33 der Urheberrechtsrichtlinie dann, wenn sie vom Rechtsinhaber zugelassen bzw nicht durch Gesetze beschränkt ist. Die Rechtmäßigkeit der Nutzung beurteilt sich daher nicht allein nach dem Urheberrecht, sondern hängt etwa auch von den Vorschriften des Sacheigentums oder des Hausrechts ab. Als Auslegungshilfe für die Wendung „rechtmäßige Nutzung" wird wohl auf die Abhandlungen zum Begriff des „rechtmäßigen Benutzers" nach Art 8 der Datenbankrichtlinie zurückgegriffen werden können[331]. Danach ist unter einem rechtmäßigen Benutzer derjenige zu verstehen, der aufgrund eines Vertrags zur grundsätzlichen Nutzung der Datenbank berechtigt ist[332]. Auf diese Weise Berechtigte verfügen gemäß Art 6 der Richtlinie über die vertragsfesten Mindestrechte des Rechts auf Zugang zum Inhalt und auf normale Benutzung der Datenbank. Der Erwerber oder sonstige Nutzungsberechtigte des e-books darf sich somit Zugang zum Inhalt des Buches verschaffen, die dabei erfolgende Vervielfältigung bedarf nicht der Zustimmung des Rechtsinhabers. Basiert die Berechtigung zur Nutzung der Datenbank hingegen nicht auf einem Nutzungsvertrag, sondern auf einer Schrankenprivilegierung, bspw auf der freien Werknutzung der Vervielfältigung zum privaten Gebrauch, so handelt es sich nicht um einen „rechtmäßigen Benutzer" im Sinne der Datenbankrichtlinie. Solange sich der durch die Schranke Privilegierte jedoch innerhalb der gesetzlichen Grenzen bewegt, benötigt er zur Nutzung der Datenbank ohnedies nicht die Zustimmung des

---

[328]) Anders als nach Art 5 Abs 2 lit b der Richtlinie bzw § 42 UrhG wird hier nicht darauf abgestellt, ob die Nutzung zum privaten oder eigenen Gebrauch erfolgt. Mithin sind auch solche (vorübergehenden) Vervielfältigungen erfasst, die im Rahmen der beruflichen Verwendung des geschützten Inhalts oder etwa durch eine juristische Person erfolgen. Beachte die Sondervorschriften für Computerprogramme (§ 40d Abs 2 und 3 UrhG), die ebenfalls eine zustimmungsfreie Vervielfältigung und Bearbeitung ermöglichen, soweit dies für die bestimmungsgemäße Benutzung durch zur Benutzung Berechtigten notwendig ist.

[329]) Flüchtig ist die vorübergehende Vervielfältigung jedoch nur dann, wenn der Cache gelöscht wird.

[330]) Befindet sich das e-book bspw auf CD-ROM, so fällt beim Einlegen/Öffnen derselben automatisch eine Vervielfältigung im RAM an (§41a UrhG spricht davon, dass die Vervielfältigung integraler Bestandteil eines technischen Verfahrens ist).

[331]) Statt vieler *Leistner,* Der Rechtsschutz von Datenbanken im deutschen und europäischen Recht, München 2000, 114 f, 294 ff, 310 f und *Gaster,* Der Rechtsschutz von Datenbanken, Köln 1999, 145 f.

[332]) Siehe *Leistner,* Der Rechtsschutz von Datenbanken im deutschen und europäischen Recht, München 2000, 114. Erwägungsgrund 34 der Datenbankrichtlinie spricht vom „durch Lizenzvertrag grundsätzlich berechtigter Benutzer".

Urhebers[333]. Will also eine Person, der vertraglich keine Nutzungsberechtigung eingeräumt wurde, das e-book lesen und damit zum privaten Gebrauch verwenden, so ist dies im Rahmen der gesetzlichen Voraussetzungen des § 42 UrhG ohne Zustimmung des Urhebers erlaubt. Hinsichtlich der gesetzlichen Vorgaben bedarf es, wie schon im Hinblick auf den Download aus Tauschbörsen ausführlich dargelegt[334], insbesondere einer rechtmäßigen Verschaffungshandlung seitens des Schrankenprivilegierten. In diesem Sinne ist davon auszugehen, dass die Rechtmäßigkeit der Nutzung davon abhängt, ob der Zugang zum geschützten Inhalt rechtmäßig erlangt wurde[335]. Dies ist insbesondere dann nicht der Fall, wenn zum Zweck der Benutzung des Werkes oder sonstigen Schutzgegenstandes eine Zugangskontrollvorkehrung umgangen wurde.

Im konkreten Beispiel hat das Laden des e-books in den Arbeitsspeicher auch keine eigenständige wirtschaftliche Bedeutung, weil es lediglich das Lesen des Buches ermöglichen soll[336]. Diese eigenständige wirtschaftliche Bedeutung wird aber dann erreicht, wenn das im RAM gespeicherte e-book auf die Festplatte des Computers übertragen wird[337].

Wie soeben gezeigt, ist daher der Einsatz zugangsverhindernder Schutzvorkehrungen zulässig. Davon abzugrenzen ist jedoch die Frage nach der Zulässigkeit des Einsatzes nutzungsverhindernder Schutzmaßnahmen.

5.1.2 Nutzungsverhindernde Schutzmaßnahmen

Wie bereits erwähnt, wird bei solchen Schutzmaßnahmen jedwede vom Rechtsinhaber nicht erwünschte Verwendung des Werkes ausgeschlossen. Will der

---

[333]) Siehe *Leistner,* Der Rechtsschutz von Datenbanken im deutschen und europäischen Recht, München 2000, 115.
[334]) Siehe oben im Kap. 3.3.4.3.4.
[335]) Genereller ausgedrückt hängt die Rechtmäßigkeit der Nutzung und der damit verbundenen Werkwiedergabe davon ab, ob sich der Nutzer zu dieser Wiedergabe mit Hilfe eines vom Gesetz nicht untersagten Vorgangs in die Lage versetzt hat. Vgl *Walter,* Europäisches Urheberrecht, 2001, Rz 108 Info-RL und weiter oben im Kap. 3.3.3.2.
[336]) Wird das Buch geschützt durch DRM-Systeme (etwa zugangskontrolliert) vertrieben und das Lesen des Buches nur bei vorheriger Zahlung ermöglicht, so läuft auch das Kriterium der wirtschaftlichen Bedeutung auf die Rechtmäßigkeit des Zugangs hinaus. Wurde eine Zugangskontrolle umgangen, um das Buch zu lesen, so scheitert schon die Voraussetzung der rechtmäßigen Nutzung.
[337]) Selbst in einem solchen Fall kann aber das Zustimmungserfordernis für die Vervielfältigung entfallen, wenn die Vervielfältigung zum privaten Gebrauch erfolgt und daher von § 42 UrhG (vgl Art 5 Abs 2 lit b RL) gedeckt ist.

Rechtsinhaber bspw die Vervielfältigung seines Werkes verhindern, so wird er sein Werk bzw seinen Schutzgegenstand mit Hilfe eines Kopierschutzsystems vor Vervielfältigungshandlungen schützen[338].

5.1.2.1 Urheberrechtliche Beurteilung - Das Recht auf die Privatkopie

Da hierdurch auch die von § 42 UrhG gedeckten Privatvervielfältigungen verhindert werden, läuft die Frage nach der Zulässigkeit nutzungsverhindernder Schutzmaßnahmen im Hinblick auf die Schranke der Vervielfältigung zum privaten Gebrauch darauf hinaus, ob dem Einsatz derartiger Schutzvorkehrungen nicht ein aus der Privatkopieschranke ableitbarer Anspruch der Nutzer auf die Herstellung von Privatkopien entgegensteht. Anders ausgedrückt hängt die Zulässigkeit des Einsatzes nutzungsverhindernder Schutzmaßnahmen davon ab, ob ein Recht auf die Privatkopie besteht. Sollte die gesetzliche Lizenz der Vervielfältigung zum privaten Gebrauch nach § 42 UrhG ein derartiges Recht auf die Herstellung von Privatkopien verleihen, wäre der Einsatz technischer Vorkehrungen, welche die Ausübung dieses Rechts verhindern, unzulässig. Wie an anderer Stelle[339] noch ausführlich darzulegen sein wird, existiert jedoch ein derartiges Recht auf die Privatkopie nach geltendem österreichischen Recht nicht: Wie soeben erwähnt, kann der Urheber nicht gezwungen werden, den Zugang zu seinem Werk zu gewähren[340]. Entscheidet er sich jedoch dazu, das Werk der Öffentlichkeit zur Verfügung zu stellen, so kann der Rechtsinhaber die Bedingungen, unter denen dieser Zugang möglich sein soll, festlegen. Der von der Privatkopieschranke Begünstigte kann also nicht vom Urheber oder Hersteller verlangen, dass diese die geschützten Inhalte in einer Form veröffentlichen, die der Privatkopie zugänglich sind[341]. Die gesetzlich eingeräumte Nutzungserlaubnis erklärt lediglich die Herstellung einzelner Vervielfältigungsstücke zum eigenen bzw privaten Gebrauch für *zulässig,* ein Anspruch auf die Vervielfältigung zum privaten Gebrauch lässt sich daraus nicht ableiten. Das so viel beschworene Recht auf die Privatkopie existiert demnach nicht[342], es handelt sich

---

[338]) Vgl etwa den Kopierschutz bei Audio-CDs.
[339]) Siehe unten im Kap 6.1.2.2.
[340]) Der Urheber unterliegt aufgrund der Privatautonomie jedenfalls keinem Kontrahierungszwang. Es obliegt allein seiner Entscheidung, ob er sein Werk für sich behält oder der Öffentlichkeit zugänglich macht. Siehe *Hebenstreit,* Urheberrechtliche Schrankenregelungen im digitalen Umfeld, Dissertation, Wien 2001, 169.
[341]) Siehe *Knies,* Kopierschutz für Audio-CDs – Gibt es den Anspruch auf die Privatkopie?, ZUM 2002, 795.
[342]) Siehe *von Diemar,* Kein Recht auf Privatkopien – Zur Rechtsnatur der gesetzlichen Lizenz zu Gunsten der Privatvervielfältigung, GRUR 2002, 592.

lediglich um eine rechtliche Genehmigung, nicht um einen Anspruch. Denn dem Einzelnen wird weder ein subjektives privates noch ein subjektives öffentliches Recht auf die in § 42 UrhG vorgesehene Nutzung gewährt[343]. „Copy" ist in diesem Zusammenhang also kein „right"!

Dem Rechtsinhaber steht es mithin generell frei, sein urheberrechtlich geschütztes Werk bzw seinen Schutzgegenstand mit einem technischen Schutz zu versehen und zwar auch dann, wenn dadurch die von § 42 UrhG erlaubten Vervielfältigungen zum privaten Gebrauch verhindert werden.

5.1.2.2 Gewährleistungsrechtliche Beurteilung

Unabhängig von der urheberrechtlichen Beurteilung des Einsatzes nutzungsverhindernder technischer Schutzvorkehrungen ist deren Verwendung jedoch noch unter gewährleistungsrechtlichen Gesichtspunkten zu untersuchen[344]. Dabei wird vom praktisch relevanten Fall kopiergeschützter Audio-CDs ausgegangen: Der bei den Audio-CDs verwendete Kopierschutz hat primär die Funktion, die digitale Vervielfältigung dieser CD zu verhindern. Fraglich ist daher, ob das Wegfallen der Kopiermöglichkeit einen Mangel darstellt, an den sich gewährleistungsrechtliche Folgen knüpfen. Neben dem Ausschluss der Verviel-fältigungsmöglichkeit führt der Kopierschutz auch dazu, dass sich die Audio-CDs in CD-ROM-Laufwerken und teilweise sogar auf Standard-CD-Playern nicht abspielen lassen. Die nachstehende gewährleistungsrechtliche Beurteilung des Einsatzes nutzungsverhindernder technischer Schutzvorkehrungen wird daher zunächst der Frage nachgehen, ob die eingeschränkte Verwendbarkeit kopiergeschützter Audio-CDs zu gewährleistungsrechtlichen Ansprüchen führen kann. Im Anschluss daran wird die mangelnde Kopierfähigkeit kopiergeschützter Audio-CDs unter gewährleistungsrechtlichen Aspekten untersucht.

---

[343]) Siehe dazu weiter unten, Kap 6.1.2.2 und *Hebenstreit,* Urheberrechtliche Schrankenregelungen im digitalen Umfeld, Dissertation, Wien 2001, 172.

[344]) Siehe für das deutsche Recht *Goldmann/Liepe*, Vertrieb von kopiergeschützten Audio-CDs in Deutschland, ZUM 2002, 371 ff und *von Diemar*, Die digitale Kopie zum privaten Gebrauch, Hamburg 2002, 151 ff.

5.1.2.2.1 Mangelnde Abspielbarkeit

Gemäß § 922 ABGB hat der Übergeber einer Ware oder Leistung für das Fehlen vertraglich vereinbarter oder gewöhnlich vorausgesetzter Eigenschaften der überlassenen Sache einzustehen. Fehlt es an einer vertraglichen Vereinbarung über die Eigenschaften einer Audio-CD, so ist im Hinblick auf deren Abspielbarkeit zweifellos davon auszugehen, dass die Wiedergabemöglichkeit der CD in einem Standard-CD-Player berechtigterweise von den Käufern erwartet werden darf. Die gewöhnliche Verwendung[345] einer Audio-CD liegt ja gerade in der auditiven Rezeption[346] mittels CD-Player. Eine Audio-CD, die sich aufgrund des Kopierschutzes auf einem Standard-CD- Player nicht abspielen lässt, weicht daher in ihren Eigenschaften von den berechtigten Käufererwartungen ab, da es an der gewöhnlich vorausgesetzten Brauchbarkeit fehlt. Dasselbe muss gelten, wenn die Audio-CD in CD-ROM-Laufwerken nicht abspielbar ist[347]: Der Käufer der CD darf vernünftigerweise darauf vertrauen, dass diese auch zum Abspielen über den Computer geeignet ist. Diese berechtigte Käufererwartung basiert nicht zuletzt darauf, dass Audio-CDs zunehmend über Computer statt über gesonderte CD-Player abgespielt werden und somit die Wiedergabe einer Audio-CD in einem CD-ROM-Laufwerk eines Computers als übliche Verwendung anzusehen ist[348]. Wird durch den Kopierschutz ein derartiger ordentlicher Gebrauch der Audio-CD verhindert, weist die CD somit einen wesentlichen Mangel auf, der zur Geltendmachung gewährleistungsrechtlicher Ansprüche berechtigt.

§ 932 ABGB sieht diesbezüglich die Verbesserung, den Austausch, die Preisminderung und die Aufhebung des Vertrags vor. Verlangt der Käufer auf dieser Grundlage die Entfernung des Kopierschutzes bzw den Austausch mit einer CD ohne Kopierschutz, so wird der Übergeber diesem Verlangen zumeist nicht nachkommen können. Die Entfernung des Kopierschutzes wird ihm selbst weder möglich noch

---

[345]) Bzw der „ordentliche Gebrauch", vgl *Koziol/Welser*, Grundriss des bürgerlichen Rechts, Bd 1, 10 Auflage, 255.
[346]) Vgl *von Diemar*, Die digitale Kopie zum privaten Gebrauch, Hamburg 2002, 153.
[347]) Der Einsatz von Kopierschutzsystemen führt stets dazu, dass CD-ROM-Laufwerke die auf der betreffenden CD gespeicherten Musikdaten nicht lesen können. Für die technischen Einzelheiten hierzu siehe den Bericht des Vereins für Konsumenteninformation „Kopierschutz Audio-CDs. Verflixte Schikanen", abrufbar unter http://www.konsument.at/seiten/p2560.htm und den ORF-Bericht „Die Un-CDs", abrufbar unter http://fm4.orf.at/burstup/115861/.
[348]) Siehe *Goldmann/Liepe*, Vertrieb von kopiergeschützten Audio-CDs in Deutschland, ZUM 2002, 372.

erlaubt sein und der Hersteller wird die Entfernung der Vorkehrung mit Sicherheit verweigern. Ein Recht auf die Entfernung des Kopierschutzes besteht nach Gewährleistungsrecht jedenfalls nicht[349]. Der Austausch wiederum wird daran scheitern, dass Audio-CDs in der Regel weltweit einheitlich vertrieben werden, also entweder mit oder ohne Kopierschutz. Ist die betreffende CD mit einem Kopierschutz ausgestattet, so wird es die gleiche CD ohne Kopierschutz gar nicht geben. In der Praxis bleibt dem Käufer daher nur die Rückabwicklung des CD-Kaufes[350], was insofern unbefriedigend ist, als der Käufer dadurch zwar das Geld zurück erhält, der auditive Genuss der Musik-CD jedoch verwehrt bleibt[351].

Durch allgemeine, auf den CD-Hüllen angebrachte Warnhinweise wie etwa „Achtung: Kopiergeschützte CD!"[352] können die gewährleistungsrechtlichen Ansprüche nicht ausgeschlossen werden. Warnhinweise beeinflussen zwar als „der Sache beigefügte Angaben" iSd § 922 Abs 2 ABGB die vertraglich vereinbarten Eigenschaften[353], der Kopierschutz wird dadurch zum Bestandteil der vertraglichen Vereinbarung, dies ändert aber nichts daran, dass der Käufer auf die Abspielbarkeit der Audio-CD auf einem CD-Player und ebenso in einem CD-ROM-Laufwerk vertrauen und bei Nichterfüllen seiner berechtigten Erwartungen vom Vertrag zurücktreten darf. Enthält der Hinweis jedoch detaillierte Angaben zur geräteabhängigen Abspielbarkeit wie bspw „Kopiergeschützte CD – Nicht am PC abspielbar!", so wird dadurch der „ordentliche Gebrauch" der Audio-CD, für dessen Verhinderung im Rahmen des Gewährleistungsrechts einzustehen ist, auf das Abspielen in einem CD-Player eingeschränkt[354]. Durch einen entsprechenden Hinweis auf den CD-Hüllen[355] kann demnach die gewährleistungsrechtliche Haftung

---

[349]) Siehe auch den Bericht des Vereins für Konsumenteninformation „Kopierschutz Audio-CDs. Verflixte Schikanen", abrufbar unter http://www.konsument.at/seiten/p2560.htm.

[350]) Die Preisminderung scheidet aus, weil die kopiergeschützte Audio-CD mangels Abspielbarkeit für den Erwerber nicht brauchbar ist und somit für ihn keinen entsprechenden Wert hat, auf den gemindert werden könnte. Vgl *Koziol/Welser*, Grundriss des bürgerlichen Rechts, Bd 1, 10 Auflage, 256.

[351]) Im Hinblick auf kopiergeschützte Audio-CDs, die lediglich das Abspielen in einem CD-ROM-Laufwerk verhindern, gilt dies freilich nur für die Wiedergabe über PC.

[352]) Oder „das Produkt entspricht nicht dem Red-Book-Standard für Audio-CDs". Dieser Industriestandard legt die Beschaffenheit von Audio-CDs technisch fest. Siehe dazu *Czirnich*, „Rechtslage bei kopiergeschützten Audio-CDs", abrufbar unter http://www.tecchannel.de/multimedia/262/index.html.

[353]) Vgl *Goldmann/Liepe*, Vertrieb von kopiergeschützten Audio-CDs in Deutschland, ZUM 2002, 372.

[354]) Vgl *Goldmann/Liepe*, Vertrieb von kopiergeschützten Audio-CDs in Deutschland, ZUM 2002, 372.

[355]) Hinweise auf der CD selbst verfügen nicht über eine derartige Wirkung, da sie erst nach der Kaufentscheidung erkennbar sind und somit nicht zum Bestandteil der vertraglichen Vereinbarung werden können. Siehe auch *Czirnich*, „Rechtslage bei kopiergeschützten Audio-CDs", abrufbar unter http://www.tecchannel.de/multimedia/262/index.html und *Goldmann/Liepe*, Vertrieb von kopiergeschützten Audio-CDs in Deutschland, ZUM 2002, 372.

für die mangelnde Abspielbarkeit einer Audio-CD über einen Computer ausgeschlossen werden.

5.1.2.2.2 Mangelnde Kopierfähigkeit

Schließlich ist aus gewährleistungsrechtlicher Sicht im Hinblick auf den Gebrauch von Kopierschutzsystemen zu untersuchen, ob die übliche Verwendung von Audio-CDs neben dem Abspielen in CD-Playern und CD-ROM-Laufwerken auch in ihrer Vervielfältigung zu sehen ist. Sollte dies der Fall sein, dann entspräche es den berechtigten Käufererwartungen, die erworbenen Audio-CDs auch kopieren zu können. Sobald die Audio-CD aufgrund eines Kopierschutzsystems von dieser erwarteten Beschaffenheit abweicht, läge ein Mangel iSd Gewährleistungsrecht vor.

Die Beantwortung diese Frage hängt demnach davon ab, ob die Käufer von Audio-CDs berechtigterweise von deren Kopierfähigkeit ausgehen, ob also die Vervielfältigungsmöglichkeit nach allgemeiner Verkehrsauffassung eine gewöhnlich vorausgesetzte Eigenschaft von Audio-CDs ist. Hierfür spricht, dass bis vor einiger Zeit mangels Verwendung von Kopierschutzvorkehrungen bei jeder CD die Vervielfältigungsmöglichkeit gegeben war und auf diese daher berechtigterweise vertraut werden durfte. Mittlerweile werden Kopierschutzsysteme allerdings verbreitet eingesetzt, so werden etwa einem Test des *Vereins für Konsumenteninformation* zufolge bereits die Hälfte der beliebtesten CDs kopiergeschützt vertrieben[356]. Dies bedeutet aber nicht zwingend, dass sich die allgemeine Verkehrsauffassung über die Kopierfähigkeit von Audio-CDs bereits dahingehend gewandelt hat, dass aufgrund der eingesetzten Kopierschutzsysteme generell die Vervielfältigungsmöglichkeit bei Audio-CDs wegfällt und letztere somit keine gewöhnlich vorausgesetzte Eigenschaft mehr ist. Eindeutig lässt sich dies zum gegenwärtigen Zeitpunkt nicht klären, fest steht jedoch, dass die Kopierfähigkeit von Audio-CDs dann nicht mehr den berechtigten Käufererwartungen entspricht, sobald sich am Markt flächendeckend Kopierschutzsysteme durchgesetzt haben.

---

[356]) In der September 2003 Ausgabe des Verbrauchermagazins „Konsument" wurden 20 der beliebtesten CDs getestet. Der Artikel „Kopierschutz Audio-CDs. Verflixte Schikanen", ist abrufbar unter http://www.konsument.at/seiten/p2560.htm. Hilfreich ist diesbezüglich das c't-CD-Register, eine Datenbank, die über den Kopierschutz und dadurch bedingte Abspielprobleme einzelner Chart-Alben Auskunft gibt, siehe http://www.heise.de/ct/cd-register/default.shtml.

Diesen Unsicherheiten kann der Übergeber jedoch durch Verwendung von Warnhinweisen entgegen wirken[357]: Soweit auf den CD-Hüllen klare und eindeutige Warnhinweise in Bezug auf den Kopierschutz angebracht sind, gehört die mangelnde Kopiermöglichkeit zu den vertraglich vereinbarten Eigenschaften der Audio-CD, die gewährleistungsrechtliche Rückabwicklung des Vertrags, also die wechselseitige Rückgabe der CD und des Kaufpreises, scheidet in einem solchen Fall aus.

Im Ergebnis steht das Gewährleistungsrecht der Verwendung von Kopierschutzsystemen bei Audio-CDs nicht entgegen, soweit dadurch nicht das Abspielen der Audio-CD auf einem Standard-CD-Player verhindert wird und sich auf der CD-Hülle[358] entsprechende Hinweise auf den Kopierschutz und die mangelnde Abspielbarkeit in CD-ROM-Laufwerken finden. Durch diese Warnhinweise oder auch persönliche Aufklärung durch den Übergeber werden die fehlende Vervielfältigungsmöglichkeit und die mangelnde Abspielbarkeit der Audio-CD im Computer-Laufwerk zu vertraglich vereinbarten Eigenschaften der CD, weshalb es an einem Mangel iSd Gewährleistungsrechts fehlt.

Zusammenfassend ist daher festzustellen, dass der Einsatz technischer Schutzvorkehrungen aus gewährleistungsrechtlicher Sicht zulässig ist, soweit die erforderliche Aufklärung bzw Kennzeichnung erfolgt[359], die dem Käufer die Bestimmung des genauen Leistungsumfangs der erworbenen Sache ermöglicht.

Im Hinblick auf kopiergeschützte Audio-CDs ist hierzu noch anzumerken, dass es bedauerlicherweise derzeit keinen Standard gibt, der den genauen Leistungsumfang einer Audio-CD festlegt[360].

---

[357]) Siehe *von Diemar*, Die digitale Kopie zum privaten Gebrauch, Hamburg 2002, 153.

[358]) Die Hinweise auf den Kopierschutz können natürlich auch persönlich erfolgen, etwa im Rahmen eines Beratungsgespräches vor Vertragsabschluss.

[359]) Vgl *von Diemar*, Die digitale Kopie zum privaten Gebrauch, Hamburg 2002, 154.

[360]) Der Red-Book-Standard kann hierfür nicht herangezogen werden, denn kopiergeschützte CDs erfüllen dessen Vorgaben nicht. Da nur solche Audio-CDs, die die Bestimmungen des Red-Book-Standards erfüllen, auch Audio-CD genannt werden und damit das Siegel „Compact Disc Digital Audio" (CD-Logo) tragen dürfen, handelt es sich bei kopiergeschützten Audio-CDs gar nicht um Audio-CDs im eigentlichen Sinne. Siehe ausführlich unter http://www.taz.de/pt/2003/03/12.nf/isText.idx,0.ausg,is_200207. Vor diesem Hintergrund wurde in Deutschland insbesondere im Hinblick auf die bestehenden Unsicherheiten über den Leistungsumfang von Bild- und Tonträgern ein Kennzeichnungsgebot statuiert, um den Verbraucher über Umfang und Wirkungsweise von technischen Schutzmaßnahmen in Kenntnis zu setzen. Diese Kennzeichnungspflicht des § 95d Abs 1 des deutschen Gesetzes zur Regelung des Urheberrechts, BGBl I 2003/46, besteht gemäß § 137j für alle ab dem 1. Dezember 2003 neu in Verkehr gebrachten Werke und andere Schutzgegenstände. Vgl zur Begründung dieses Kennzeichnungsgebots den Gesetzesentwurf vom 6.11.2002, BT-Drucks 15/38, S 28, abrufbar unter www.urheberrecht.org/topic/Info-RiLi/ent/1500038.pdf.

5.2 Schutz technischer Maßnahmen

Entscheidet sich nun der Urheber oder sonstige Berechtigte, sein Werk nur unter bestimmten Bedingungen zugänglich zu machen, also bspw abhängig von einer Zugangsberechtigung oder etwa kopiergeschützt, so wird er zu diesem Zweck technische Vorkehrungen einsetzen, welche eine Werknutzung nur unter den von ihm bestimmten Bedingungen ermöglichen. Um solche technische Systeme auch tatsächlich und effektiv einsetzen zu können, bedarf es jedoch eines flankierenden Schutzes dieser Maßnahmen, der ihre Umgehung verhindern soll. Dieser Schutz gegen die Umgehung technischer Maßnahmen ist in Artikel 6 der Info-RL vorgesehen.

Im Zusammenhang mit der freien Werknutzung der Vervielfältigung zum privaten Gebrauch ist Art 6 der RL deshalb besonders interessant, weil der Einsatz technischer Schutzmaßnahmen verbunden mit einem generellen Umgehungsverbot solcher Maßnahmen einen direkten Einfluss auf die Privatkopieschranke hat: Ist die Umgehung dieser Vorrichtungen ausnahmslos verboten, so wird dadurch nicht nur die unrechtmäßige Ausübung der den Rechtsinhabern vorbehaltenen Rechte verhindert, sondern auch die von urheberrechtlichen Schranken gedeckte und damit rechtmäßige Werknutzung verunmöglicht. Den von den Ausnahmen Begünstigten ist innerhalb der gesetzlich vorgesehenen Grenzen die Werknutzung erlaubt, der Einsatz technischer Schutzmaßnahmen verhindert aber die faktische Ausübung dieser gesetzlich eingeräumten Privilegien.

Bevor nun auf dieses Spannungsverhältnis[361] eingegangen wird, sollen zunächst die Bestimmungen des Art 6 der Richtlinie über den Schutz technischer Maßnahmen analysiert und im Anschluss daran die Umsetzung derselben in das österreichische UrhG dargelegt werden.

---

[361]) Siehe Kap 6.

5.2.1 Art 6 der Urheberrechtsrichtlinie

Art 6 Abs 1 der Richtlinie verpflichtet die Mitgliedstaaten, einen angemessenen Rechtsschutz gegen die Umgehung wirksamer technischer Maßnahmen vorzusehen. Nach Artikel 6 Abs 3 der Richtlinie sind unter technischen Maßnahmen alle Technologien, Vorrichtungen und Bestandteile zu verstehen, die im normalen Betrieb[362] dazu bestimmt sind, vom Rechtsinhaber[363] nicht erlaubte Nutzungshandlungen in bezug auf Werke oder sonstige Schutzgegenstände zu verhindern oder einzuschränken. Genannt werden insbesondere Zugangskontrollvorkehrungen, Schutzmechanismen zur Umwandlung von Werken oder sonstigen Schutzgegenständen wie Verschlüsselung oder Verzerrung sowie Mechanismen zur Kontrolle der Vervielfältigung.

Die ausdrückliche Anführung von Zugangskontrollvorkehrungen darf nicht zu der Annahme verleiten, die Urheberrechtsrichtlinie habe ein ausschließliches urheber- und leistungsschutzrechtliches Zugangsrecht geschaffen[364]. Denn nach dem Wortlaut des Art 6 Abs 3 der Richtlinie beschränkt sich der Schutzbereich des Art 6 auf Mechanismen, welche die Nutzung geschützter Werke und sonstiger Schutzgegenstände kontrollieren. Zugangskontrollvorkehrungen sind mithin nur insoweit erfasst, als sie der Nutzungskontrolle geschützter Inhalte dienen[365]. Vorkehrungen, die ausschließlich den Zugang zu geschützten Werken und sonstigen Schutzgegenständen kontrollieren, werden nicht von den Schutzvorschriften der Urheberrechtsrichtlinie erfasst[366]. Derartige technische Maßnahmen sind

---

[362]) Aus der Formulierung „im normalen Betrieb" muss geschlossen werden, dass auch solche Technologien vom Schutzbereich umfasst sind, die neben dem normalen Betrieb noch andere Funktionen ausüben. Es besteht in diesem Zusammenhang die Gefahr, dass der Rechtsschutz ausufert und auch solche Geräte erfasst werden, die den durch die Richtlinie beabsichtigen Schutz der Urheber und Leistungsschutzberechtigten nicht betreffen.

[363]) Darunter ist der Inhaber des Urheberrechts, eines verwandten Schutzrechts oder des Sui-generis-Rechts an Datenbanken zu verstehen.

[364]) So aber *Linnenborn*, Europäisches Urheberrecht in der Informationsgesellschaft, K&R 2001, 398.

[365]) Vgl etwa den Microsoft Media Player: Ein digitaler Inhalt wird in das Microsoft-Format (WMA/WMV) verpackt und verschlüsselt. Für den Nutzer ist die erworbene Datei erst dann nutzbar (abspielbar), wenn er einen lizenzierten Schlüssel erworben hat, welcher die Datei entschlüsselt und zur Wiedergabe am Media Player freigibt. Neben dem Media Player gibt es noch andere spezifische Software-, aber auch Hardwarekomponenten (z.B. Dongles), welche die Wiedergabe/Nutzung erst nach Entschlüsselung bzw Identifizierung freigeben. Zur Funktionsweise des Microsoft Media Players siehe *Waß*, Digital Rights Management – Die Zukunft des Urheberrechts?, abrufbar unter http://www.rechtsprobleme.at/doks/wass-drm.pdf.

[366]) Aus diesem Grund hat der Rat im Gemeinsamen Standpunkt den Ausdruck „der Zugang zu" gestrichen, da Fragen betreffend den Zugang zu geschützten Inhalten außerhalb des Bereichs des Urheberrechts lägen. Vgl die Begründung des Rates zum Gemeinsamen Standpunkt vom 28.9.2000, ABl C Nr 344/1 vom 1.12.2000, Begründung Nr 45.

Gegenstand der Zugangskontrollrichtlinie[367]. Nutzungskontrollen und Zugangskontrollen sind daher im Hinblick auf die Anwendung der jeweiligen Richtlinie, der Urheberrechtsrichtlinie oder der Zugangskontrollrichtlinie, voneinander abzugrenzen, was mitunter zu erheblichen Schwierigkeiten führen wird[368]. Soweit eine Zugangskontrollmaßnahme sowohl der Nutzungs- als auch der Zugangskontrolle dient, besteht Anspruchskonkurrenz zwischen dem durch die Zugangskontrollrichtlinie gewährten Rechtsschutz und jenem der Urheberrechtsrichtlinie[369].

Soweit Informationen für die Rechtewahrnehmung[370] der Zugangs- oder Nutzungskontrolle dienen, können auch sie Bestandteil technischer Schutzmaßnahmen iSd des Art 6 der Richtlinie sein[371]. Erfolgt im Rahmen einer Umgehungshandlung zugleich eine Entfernung oder Änderung elektronischer Informationen für die Rechtewahrnehmung, ist mit *von Diemar*[372] daher von einer Anspruchskonkurrenz zwischen den Rechtsbehelfen aus Art 6[373] Abs 1 und Art 7[374] Abs 1 der Urheberrechtsrichtlinie auszugehen[375].

Die durch Art 6 der Urheberrechtsrichtlinie geschützten Maßnahmen müssen zudem „wirksam" sein, dh, dass Schutzvoraussetzung eine effiziente Kontrolle der Werknutzung oder der Nutzung eines sonstigen Schutzgegenstandes durch den

---

[367]) Richtlinie 98/84/EG über den rechtlichen Schutz von zugangskontrollierten Diensten und Zugangskontrolldiensten, ABl Nr L 320/54 vom 2.November 1998. Die Zugangskontrollrichtlinie schützt aber auch Inhalte, die keinen urheberrechtlichen Schutz genießen. Siehe dazu weiter unten das Kap 5.2.4.

[368]) Siehe dazu *Spindler*, Europäisches Urheberrecht in der Informationsgesellschaft, GRUR 2002, 116 ff. und *Wand*, Technische Schutzmaßnahmen und Urheberrecht, München 2001, 108.

[369]) Auf das Verhältnis beider Richtlinie zueinander wird weiter unten ausführlich eingegangen, siehe das Kap 5.2.4.

[370]) Unter Informationen für die Rechtewahrnehmung sind nach der Legaldefinition des Art 7 der Urheberrechtsrichtlinie die von den Rechtsinhabern stammenden Informationen zu verstehen, die urheberrechtlich geschützte Werke und Schutzgegenstände sowohl des Leistungsschutzrechts als auch des Sui-generis-Rechts des Datenbankherstellers sowie den jeweiligen Rechtsinhaber identifizieren, oder Informationen über Nutzungsbedingungen sowie Zahlen oder Codes, durch die derartige Informationen ausgedrückt werden.

[371]) Vgl *Wand*, Technische Schutzmaßnahmen und Urheberrecht, München 2001, 8 f.

[372]) Siehe *von Diemar*, Die digitale Kopie zum privaten Gebrauch, Hamburg 2002, 147.

[373]) „Pflichten in Bezug auf technische Maßnahmen".

[374]) „Pflichten in Bezug auf Informationen für die Rechtewahrnehmung".

[375]) *Von Diemar* stellt zudem zutreffenderweise klar, dass Informationen für die Rechtewahrnehmung, anders als technische Schutzmaßnahmen, mangels eigenständiger zugangs- oder nutzungshindernder Wirkung, die Möglichkeit zur Herstellung von Privatkopien nicht berühren. Ein Spannungsverhältnis, wie es zwischen der Privatkopie und technischen Schutzmaßnahmen besteht, kann im Hinblick auf Informationen für die Rechtewahrnehmung daher gar nicht entstehen, da Art 7 Abs 1 lit a der RL lediglich die Entfernung oder Änderung elektronischer Informationen für die Rechtewahrnehmung sanktioniert. Die Vervielfältigung einer derart manipulierten Kopiervorlage zum privaten Gebrauch ist hingegen weiterhin zulässig, da das in Art 7 Abs 1 lit b vorgesehene Verwertungsverbot zwar die Verbreitung, Sendung, öffentliche Wiedergabe und öffentliche Zugänglichmachung manipulierter Werke umfasst, nicht jedoch Vervielfältigungshandlungen wie insbesondere die Vervielfältigung zum privaten Gebrauch. Vgl *von Diemar*, Die digitale Kopie zum privaten Gebrauch, Hamburg 2002, 147 f.

Rechtsinhaber ist. Auf die verwendete Technik kommt es dabei nicht an, sofern das Schutzziel tatsächlich erreicht wird[376].

Die Aufnahme des Wirksamkeitskriteriums in die Definition der technischen Maßnahme ist problematisch, läuft dieses Element doch darauf hinaus, dass im Falle des erfolgreichen Umgehens eines Schutzsystems dieses mangels technischer Wirksamkeit nicht geschützt ist. Es ergibt sich die widersprüchliche Situation, dass ein umgehungssicherer Mechanismus als wirksame Maßnahme Schutz gegen Umgehung genießt[377], gegen eine erfolgreiche Umgehungshandlung[378] jedoch kein Schutz besteht, da sich die Schutzmaßnahme als nicht wirksam herausgestellt hat. Dies erweist sich insbesondere im Hinblick auf Hacker als widersprüchlich, wurde doch bisher noch jede technische Vorkehrung in irgendeiner Form durch Spezialisten geknackt.

Richtigerweise muss daher bei der Beurteilung, ob es sich bei einem Schutzsystem um eine wirksame Maßnahme iSd Artikel 6 der RL handelt, einerseits auf den Durchschnittsnutzer abgestellt und andererseits zwischen einer ex-ante und ex-post-Betrachtung unterschieden werden: Wurde eine technische Maßnahme ex-post erfolgreich umgangen, so gilt sie dennoch als ex-ante wirksam und damit schützenswert, sofern ein mit durchschnittlichen technischen Kenntnissen ausgestatteter Nutzer die Vorkehrung nicht knacken kann[379]. Nur wenn jeder Durchschnittsnutzer die Maßnahme leicht umgehen kann, ist diese nicht wirksam. Die Beweislast für die Wirksamkeit der gewählten Schutzmaßnahme trägt der Rechtsinhaber[380].

Bedient sich nun ein Rechtsinhaber solcher wirksamer technischer Schutzmaßnahmen, um bestimmte Nutzungshandlungen zu verhindern, so sind diese Maßnahmen gemäß Art 6 der RL umfassend gegen Umgehung geschützt.

Im Hinblick auf den Umgehungsakt selbst kann sich der Rechtsinhaber gemäß Art 6 Abs 1 der RL gegen jede schuldhaft handelnde Person wehren, der die

---

[376]) Eine Grenze wird aber gemäß Erwägungsgrund 48 insofern gezogen, als die Anwendung technischer Schutzvorrichtungen den normalen Betrieb elektronischer Geräte und deren technische Entwicklung jedenfalls nicht behindern dürfen. Zu beachten ist zudem, dass sich aus dem Rechtsschutz keine Verpflichtung für die Gerätehersteller oder Dienstleistungsanbieter ergibt, ihre Vorrichtungen, Produkte, Komponenten oder Dienstleistungen so zu entwerfen, dass sie den technischen Maßnahmen entsprechen. Vgl Erwägungsgrund 48 und *Reinbothe,* EG-Richtlinie zum Urheberrecht in der Informationsgesellschaft, GRUR Int. 2001, 733.

[377]) Was insofern überflüssig ist, als eine Vorkehrung, die nicht geknackt werden kann, keines Schutzes bedarf.

[378]) Das eigentlich inkriminierte Ziel.

[379]) Siehe *Hoeren,* EU-Richtlinie zum Urheberrecht, MMR 2000, 520.

[380]) Siehe KOM (97) 628 endg., Anm 2 zu Artikel 6.

Umgehung bewusst ist oder den Umständen nach bekannt sein muss, dass sie dieses Ziel verfolgt. Erfasst ist damit sowohl die vorsätzliche als auch die fahrlässige Umgehung technischer Schutzmaßnahmen.

Art 6 Abs 2 der RL erweitert den Schutzbereich erheblich und bezieht bereits bestimmte Vorbereitungshandlungen in den Umgehungsschutz mit ein[381]. Rechtsschutz wird gegen jedwede Verbreitung von Geräten oder das Anbieten von Leistungen, welche die Umgehung bezwecken, gewährt[382]. Erfasst sind dabei insbesondere die Herstellung, der Import, die Verbreitung, der Verkauf, die Vermietung, die Werbung für und der Besitz[383] von Produkten sowie die Erbringung von Dienstleistungen, die Gegenstand einer Verkaufsförderung, Werbung oder Vermarktung mit dem Ziel der Umgehung sind[384], oder die *hauptsächlich* hergestellt bzw erbracht werden, um eine Umgehung zu ermöglichen oder zu erleichtern[385]. Die Abgrenzung zwischen weiterhin zulässigen Geräten, Software oder Dienstleistungen, die nur mittelbar der Umgehungsermöglichung oder -erleichterung dienen und solchen, die hauptsächlich eine Umgehung ermöglichen oder erleichtern sollen, wird in der Praxis zu erheblichen Schwierigkeiten führen[386].

Weiters richtet sich der Umgehungsschutz auch gegen solche Vorrichtungen und Dienstleistungen, welche, von der Umgehung wirksamer technischer

---

[381]) Dieser Schutz vorbereitender Handlungen geht über die internationalen Vorgaben des Art 11 WCT und Art 18 WPPT hinaus, die nur Schutz gegen Akte der Umgehung selbst gewähren. Hintergrund dieses „Vorfeldschutzes" ist die Erkenntnis, dass die eigentliche Gefahr für die Rechte des geistigen Eigentums nicht von einzelnen Umgehungshandlungen durch Privatpersonen ausgeht, sondern von kommerziellen Handelsunternehmen, die entsprechende Hilfsmittel vertreiben oder Dienstleistungen anbieten. Siehe die Erläuterung der Kommission zu Artikel 6, KOM (97), 628 endg., S 43.

[382]) Da es bei den durch Art 6 Abs 2 der RL verbotenen Vorfeldhandlungen zu keinem direkten Eingriff in die Integrität des geschützten Werks oder Schutzgegenstands kommt, wird in diesem Bereich eine Verantwortlichkeit für nur mittelbare Urheberrechtsverletzungen normiert. Da ganz allgemein Herstellung, Vertrieb und dbzgl Werbemaßnahmen untersagt sind, ohne dass der tatsächliche Eintritt einer Urheberrechtsverletzung unter Zuhilfenahme der durch Dritten hergestellten bzw beworbenen Umgehungswerkzeuge Haftungsvoraussetzung wäre, handelt es sich um ein abstraktes Gefährdungsdelikt. Siehe *Wand,* Technische Schutzmaßnahmen und Urheberrecht, München 2001, 104. Eine uferlose Ausdehnung der Haftung des nur mittelbaren Urheberrechtsverletzers (er beteiligt sich zwar durch die Bereitstellung der Instrumentarien zur Umgehung technischer Maßnahmen an einer Urheberrechtsverletzung, diese verursacht er jedoch nicht unmittelbar selbst) wird dadurch vermieden, dass nach Erwägungsgrund 48 der rechtliche Schutz vor der Umgehung das Verhältnismäßigkeitsprinzip berücksichtigen muss. Dieser Grundsatz hat seinen Niederschlag etwa in der Einschränkung gefunden, dass der Rechtsschutz vor Umgehung nur bei wirksamen technischen Maßnahmen und nur bzgl solcher Umgehungsvorrichtungen geltend gemacht werden kann, die hauptsächlich für Umgehungszwecke hergestellt worden sind oder deren wirtschaftlicher Zweck in der Umgehung technischer Schutzmaßnahmen besteht (zu diesen beiden Einschränkungen siehe sogleich). Siehe *Haedicke,* Die Umgehung technischer Schutzmaßnahmen durch Dritte als mittelbare Urheberrechtsverletzung, in FS Dietz, München 2001, 351, 353, 357, 359.

[383]) Inkriminiert wird nur der Besitz zu kommerziellen Zwecken, gemäß Erwägungsgrund 49 können die Mitgliedstaaten aber auch den privaten Besitz von Umgehungsvorrichtungen verbieten.

[384]) Art 6 Abs 2 lit a RL.

[385]) Art 6 Abs 2 lit c RL.

[386]) Vgl *Spindler,* Europäisches Urheberrecht in der Informationsgesellschaft, GRUR 2002, 116.

Maßnahmen abgesehen, nur einen begrenzten wirtschaftlichen Zweck oder Nutzen haben[387].

Letztere Bestimmung betrifft die sog „dual-use"-Problematik multifunktionaler Geräte und zieht die Grenze des Rechtsschutzes außerordentlich weit: Mehrzweck-Geräte, die vielschichtige Anwendungsbereiche haben und gleichsam „nebenbei" auch zur Umgehung technischer Vorrichtungen verwendet werden können, sollen nur dann nicht den Sanktionen nach Art 6 der RL unterliegen, wenn das betreffende Umgehungstool im Verhältnis zum hauptsächlich bezweckten Anwendungsgebiet eine wirtschaftlich untergeordnete Rolle hat. Verfolgt das Produkt die wirtschaftliche Zielsetzung betreffend primär einen anderen Verwendungszweck als den der Umgehung, ist die objektive Eignung des Gerätes zur Umgehung nur eine wirtschaftlich unbedeutende Nebenwirkung, so bleibt das Gerät erlaubt. Erwägungsgrund 48 stellt diesbezüglich klar, dass solche Vorrichtungen und Handlungen nicht untersagt werden sollen, deren wirtschaftlicher Zweck oder Nutzen nicht in der Umgehung technischer Schutzvorkehrungen besteht. Auch diese Bestimmung wird in der Praxis jedenfalls zu erheblichen Abgrenzungs-schwierigkeiten führen, da nicht immer genau bestimmt werden kann, was konkret der wirtschaftliche Hauptzweck einer Mehrzweck-Vorrichtungen ist und daher die Gefahr besteht, dass auch solche Technologien vom Schutzbereich des Art 6 der Richtlinie erfasst werden, die mit dem Schutz urheberrechtlicher Inhalte in keinem bzw geringem Zusammenhang stehen[388].

Auf den ersten Blick scheinen sich in jedem Fall die bisher in der Praxis bestehenden Abgrenzungsschwierigkeiten zwischen erlaubten und unerlaubten Zwecken einer Umgehungsvorrichtung zu erübrigen, da eine Umgehung technischer Schutzmaßnahmen ohne Erlaubnis des Rechtsinhabers stets illegal ist[389]. In diesem

---

[387]) Art 6 Abs 2 lit b RL.

[388]) Erste Entscheidungen in den USA auf der Grundlage einer vergleichbaren Bestimmung des Digital Millennium Copyright Act (DMCA) in diesem Zusammenhang nähren den Boden der Kritik an zu weit gefassten Schutzvorschriften für technische Maßnahmen. Siehe etwa die viel diskutierte „DeCSS-Entscheidung". Siehe *Metzger*, Stellungnahme der ifrOSS zur EU-Urheberrechtsrichtlinie über Urheberrecht in der Informationsgesellschaft, www.ifross.de/ifross_html/art21.pdf.

[389]) Während die Kommission im geänderten Richtlinienvorschlag noch davon ausgegangen war, dass eine Umgehung von Schutzvorkehrungen nicht nur im Falle der Zustimmung des Rechtsinhabers, sondern auch bei Vorliegen einer *gesetzlichen Erlaubnis* erlaubt sei (siehe KOM (99) 250 endg., Erwägungsgrund 30), ist das Tatbestandsmerkmal der gesetzlichen Erlaubnis ab dem gemeinsamem Standpunkt nicht mehr im Richtlinientext zu finden. Eine Umgehung ist daher nur bei vorliegender Zustimmung des Rechtsinhabers zulässig. Siehe dazu unten im Kap 6.2.

Zusammenhang sind etwa die sog Anti-Dongle-Werkzeuge zu erwähnen[390]. Dongles sind Kopierschutzstecker, die auf Hardwarebasis die unerlaubte Softwarenutzung verhindern. Der Vertrieb von Programmen, die den Dongle-Schutz aufheben[391], wird von den Herstellern dadurch gerechtfertigt, dass diese nur zur Beseitigung von Systemstörungen oder zur Erstellung notwendiger Sicherungskopien und damit zur Wahrnehmung freier Werknutzungen dienen. Nach dem bisher Gesagten müssten derartige Programme rechtswidrig sein, da eine Umgehung technischer Schutzmaßnahmen ohne Erlaubnis des Rechtsinhabers ausnahmslos vom Schutzbereich des Art 6 der RL erfasst ist. Wie noch zu zeigen ist[392], trifft dies jedoch gerade auf Computerprogramme nicht zu. In Verbindung mit Computerprogrammen verwendete technische Schutzmaßnahmen dürfen gemäß Erwägungsgrund 50 der Urheberrechtsrichtlinie im Wege der Selbsthilfe umgangen werden, soweit dies zur Wahrnehmung der in den Art 5 und 6 der Computerprogrammrichtlinie vorgesehenen Schranken dient. Da zu diesem Zweck auch Umgehungsvorrichtungen entwickelt und vertrieben werden dürfen, muss auch in Zukunft weiterhin zwischen erlaubten und unerlaubten Zwecken einer Umgehungsvorrichtung unterschieden werden[393].

Art 6 Abs 1 und 2 der RL verpflichten die Mitgliedstaaten, angemessenen Rechtsschutz gegen die erwähnten (vorbereitenden) Umgehungshandlungen und diesbezüglichen Dienstleistungen vorzusehen. Den Rechtsinhabern soll damit ein Vorgehen nicht nur gegen die unmittelbare Verletzung einer der in den Art 2 bis 4 der Richtlinie umschriebenen Ausschließlichkeitsrechte, sondern auch gegen mittelbare Verletzungs- und Vorbereitungshandlungen ermöglicht werden. Es handelt sich mithin bei Art 6 der Richtlinie nicht um eine Vorschrift des materiellen Urheberrechts, sondern um eine flankierende Bestimmung zur Rechtsdurchsetzung[394]. Der Schutz technischer Maßnahmen dient als Hilfsanspruch zur Durchsetzung der Ausschließlichkeitsrechte[395].

---

[390]) So auch *Hoeren,* Entwurf einer EU-Richtlinie zum Urheberrecht in der Informationsgesellschaft, MMR 2000, 520 und *Fallenböck/Haberler,* Technische Schutzmaßnahmen und Urheberrecht in der Informationsgesellschaft, ecolex 2002, 262 ff.
[391]) „Anti-Dongle-Werkzeuge".
[392]) Siehe unten im Kap 6.2.1.
[393]) Siehe dazu ausführlich unten im Kap 6.2.1.
[394]) Siehe *Wand,* Technische Schutzmaßnahmen und Urheberrecht, München 2001, 67 f, 36, 102.
[395]) Vgl ErläutRV 40 BlgNR 22. GP, 45.

Was konkret unter „angemessener Rechtsschutz" zu verstehen ist, wird in der Richtlinie zwar nicht ausdrücklich definiert[396], durch den mit „Sanktionen und Rechtsbehelfe" übertitelten Art 8 der Richtlinie wird dieser Begriff jedoch insofern konkretisiert, als darin ein Mindeststandard für angemessenen Rechtsschutz festgelegt wird. Dort heißt es, dass die Mitgliedstaaten bei Verletzungen der in der Richtlinie festgelegten Rechte und Pflichten[397] angemessene Sanktionen und Rechtsbehelfe vorsehen und alle notwendigen Maßnahmen treffen, um deren Anwendung sicherzustellen. Die betreffenden Sanktionen müssen wirksam, verhältnismäßig und abschreckend sein[398]. Die Mitgliedstaaten haben zudem die erforderlichen Maßnahmen zu treffen, um sicherzustellen, dass die durch eine im betreffenden Mitgliedstaat begangene Rechtsverletzung in ihren Interessen beeinträchtigten Rechtsinhaber, Klage auf Schadenersatz erheben und/oder eine gerichtliche Anordnung sowie gegebenenfalls die Beschlagnahme von rechtswidrigem Material sowie von Vorrichtungen, Erzeugnissen oder Bestandteilen im Sinne des Artikel 6 Abs 2 der RL beantragen können[399]. Überdies haben die Mitgliedstaaten sicherzustellen, dass die Rechtsinhaber gerichtliche Anordnungen gegen Vermittler beantragen können, deren Dienste von einem Dritten zur Verletzung eines Urheberrechts oder verwandter Schutzrechte genutzt werden[400].

5.2.2 Umsetzung im Urheberrechtsgesetz

Die Urheberrechtsnovelle 2003 hat die Richtlinienvorgaben im Hinblick auf technische Schutzmaßnahmen weitgehend wörtlich übernommen und in § 90c UrhG geregelt. Danach kann der Inhaber eines auf das Urheberrechtsgesetz gegründeten Ausschließungsrechts, der sich wirksamer technischer Maßnahmen bedient, um eine Verletzung dieses Rechts zu verhindern oder einzuschränken, auf Unterlassung und

---

[396]) Die nähere Bestimmung obliegt dem von der Kommission bereits vorgeschlagenen und am 24.2.2003 dem Rat zugeleiteten EU-Richtlinienentwurf über die Maßnahmen und Verfahren zum Schutz der Rechte an geistigem Eigentum (KOM (2003) 46 endg. – COD 2003/0024), der das Sanktionssystem im Immaterialgüterrecht EU-weit vereinheitlichen soll. Siehe dazu den Überblick von *Hoeren*, High-noon im europäischen Immaterialgüterrecht. Überlegungen zum Vorschlag für eine EU-Richtlinie über die Maßnahmen und Verfahren zum Schutz der Rechte an geistigem Eigentum, MMR 2003, 299 ff.
[397]) Art 6 der Richtlinie ist mit „Pflichten in bezug auf technische Maßnahmen" übertitelt und zählt daher zu diesen durch die Richtlinie festgelegten Pflichten.
[398]) Siehe Art 8 Abs 1 der RL.
[399]) Siehe Art 8 Abs 2 der RL.
[400]) Siehe Art 8 Abs 3 der RL.

Beseitigung des dem Gesetz widerstreitenden Zustandes klagen, wenn 1. diese Maßnahmen durch eine Person umgangen werden, der bekannt ist oder den Umständen nach bekannt sein muss, dass sie[401] dieses Ziel verfolgt, 2. Umgehungsmittel hergestellt, eingeführt, verbreitet, verkauft, vermietet und zu kommerziellen Zwecken besessen werden, 3. für den Verkauf oder die Vermietung von Umgehungsmitteln geworben wird oder wenn 4. Umgehungsdienstleistungen erbracht werden[402].

Art 6 Abs 3 der Richtlinie entsprechend sind nach § 90c Abs 2 UrhG unter wirksamen technischen Maßnahmen alle Technologien, Vorrichtungen und Bestandteile zu verstehen, die im normalen Betrieb dazu bestimmt sind, die in § 90c Abs 1 UrhG bezeichneten Rechtsverletzungen zu verhindern oder einzuschränken, und welche die Erreichung dieses Schutzziels sicherstellen[403]. Diese Voraussetzungen sind nur erfüllt, soweit die Nutzung eines Werkes oder sonstigen Schutzgegenstandes durch eine Zugangskontrolle, einen Schutzmechanismus wie Verschlüsselung, Verzerrung oder sonstige Umwandlung des Werks oder sonstigen

---

[401]) Damit ist die Schutzmaßnahme gemeint.

[402]) Während die haftungsrechtliche Verantwortlichkeit im Falle der Umgehungshandlung selbst (Z 1) auf der Verwirklichung einer unmittelbaren Urheberrechtsverletzung basiert, gründet sich das Verbot vorbereitender Handlungen auf das Verbot der Begehung mittelbar wirkender Urheberrechtsverletzungen. In ständiger Rechtsprechung (vgl etwa OGH 12.3.1991, 4 Ob 90/90 – Morawa; OGH 28.5.1991, 4 Ob 19/91 – Tele Uno III; OGH 18.5.1993, 4 Ob 42/93; OGH 19.9.1994, 4 Ob 97/94 – Telefonstudien; OGH 12.9.2001, 4 Ob 176/01p – fpo.at) hat der OGH aus § 1301 ABGB den (auch für das Immaterialgüterrecht geltenden) Rechtsgrundsatz entwickelt, dass neben dem unmittelbaren Täter („Störer") auch Mittäter, Anstifter und Gehilfen haften, die die Rechtsverletzung (hier die Urheberrechtsverletzung) eines anderen durch ihr Verhalten (hier die Herstellung, den Vertrieb uä von Umgehungsvorrichtungen) gefördert oder überhaupt erst ermöglicht haben. Haftungsvoraussetzung ist jedoch, dass der Gehilfe (mittelbarer Störer) den Täter (unmittelbarer Störer) *bewusst fördert*. Siehe *Hackl*, Die zivilrechtliche Haftung der Internet-Provider unter besonderer Berücksichtigung der neuen Rechtslage, Dissertation, Graz 2002, 106 f. Das in § 90c UrhG normierte Verbot von Vorbereitungshandlungen ist jedoch nicht als gesetzliche Verankerung des vom OGH entwickelten Grundsatzes der mittelbaren Beteiligung an der Störung zu verstehen, vielmehr handelt es sich um eine eigenständige Verbotsnorm, die als abstraktes Gefährdungsdelikt ausgestaltet ist. Der Umgehungsschutz wird in das Vorfeld verlagert und rechtlich eigenständig durch das Verbot vorbereitender Handlungen abgesichert. Die für die Haftung des mittelbaren Störers bestehende Voraussetzung der bewussten Förderung gilt daher nicht für die vorbereitenden Umgehungshandlungen iSd § 90c Abs 1. Eine Ausuferung der Haftung für Handlungen im Vorfeld wird dadurch vermieden, dass der Rechtsschutz vor Umgehung nur bei wirksamen technischen Maßnahmen und nur bzgl solcher Umgehungsvorrichtungen geltend gemacht werden kann, die hauptsächlich für Umgehungszwecke hergestellt worden sind oder deren wirtschaftlicher Zweck in der Umgehung technischer Schutzmaßnahmen besteht. Siehe auch oben Fn 382.

[403]) Das Wirksamkeitskriterium in Verbindung mit dem Erfordernis der Schutzzielerreichung technischer Schutzmaßnahmen wird als Argument für die Zulässigkeit analoger Kopien kopiergeschützter Medien herangezogen. So soll das Schutzziel eines CD-Kopierschutzes oder einer DVD-Verschlüsselung in der Unterbindung digitaler Kopierverfahren liegen, für die Verhinderung analoger Kopien sind derartige Schutzmaßnahmen jedoch nicht konzipiert und daher auch nicht geeignet bzw „wirksam". Nach dieser Ansicht ist es somit zulässig, kopiergeschützte Audio-CDs oder DVD-Filme analog über die Stereoanlage/den DVD-Player auf Musik- bzw Video-Kassette zu kopieren. Vgl zu dieser Meinung den *Stern*-Artikel „Kopieren – was ist noch erlaubt?" (bzw den Unterpunkt „Gibt es Schlupflöcher im Gesetz?"), abrufbar unter http://www.stern.de/computer-technik/technik/index.html?id=513505&eid=513240&nv=sml sowie http://www.internetrecht-rostock.de/analoge-privatkopie.htm. Zur Gegenansicht vgl http://www.internetrecht-rostock.de/urheberrecht-faq.htm#8.

Schutzgegenstands oder durch einen Mechanismus zur Kontrolle der Vervielfältigung kontrolliert wird.

§ 90c Abs 3 UrhG[404] definiert Umgehungsmittel bzw Umgehungsdienstleistungen als Vorrichtungen, Erzeugnisse oder Bestandteile beziehungsweise Dienstleistungen, die 1. Gegenstand einer Verkaufsförderung, Werbung oder Vermarktung mit dem Ziel der Umgehung wirksamer technischer Maßnahmen sind, die 2., abgesehen von der Umgehung wirksamer technischer Maßnahmen, nur einen begrenzten wirtschaftlichen Zweck oder Nutzen haben oder die 3. hauptsächlich entworfen, hergestellt, angepasst oder erbracht werden, um die Umgehung wirksamer technischer Maßnahmen zu ermöglichen oder zu erleichtern.

Für die Verletzung der Schutzbestimmung des § 90c UrhG werden in § 90c Abs 1 und 4[405] sowie § 91 Abs 1 UrhG grundsätzlich[406] dieselben zivil- und strafrechtlichen Sanktionen vorgesehen, wie für Urheberrechtsverletzungen[407]. Demnach wird das Umgehungsverbot technischer Schutzmaßnahmen durch die zivilrechtlichen Ansprüche auf Unterlassung (§ 90c Abs 1 iVm § 81 UrhG), Beseitigung (§ 90c Abs 1 iVm § 82 Abs 2 bis 6 UrhG), Urteilsveröffentlichung (§ 85 UrhG), Schadenersatz und Herausgabe des Gewinnes (§ 87 Abs 1 und 2 UrhG) sowie Rechnungslegung (§ 87a Abs 1) abgesichert[408]. § 91 Abs 1 UrhG ermöglicht dem Privatankläger ein strafrechtliches Vorgehen gegen den Verletzer des Umgehungsverbotes nach § 90c UrhG[409].

Entgegen der Ansicht von *Buchinger/Zivny*[410], ist eine Strafbarkeit auch dann gegeben, wenn die Umgehung der Schutzvorkehrung ausschließlich im Rahmen privaten Handelns des Täters erfolgt. *Buchinger/Zivny* stützen ihre Ansicht offenbar auf § 91 Abs 1 Satz 2 UrhG, demzufolge (ua) solche Eingriffe nicht strafbar sind, bei denen es sich nur um eine unbefugte Vervielfältigung zum eigenen Gebrauch oder

---

[404]) Vgl Art 6 Abs 2 der RL.
[405]) Gemäß § 90c Abs 4 UrhG gelten bei Verletzung des in § 90c Abs 1 UrhG normierten Umgehungsverbotes die §§ 81, 82 Abs 2 bis 6, §§ 85 und 87 Abs 1 und 2, § 87a Abs 1, § 88 Abs 2, §§ 89 und 90 UrhG entsprechend.
[406]) So kommt etwa der zivilrechtliche Anspruch auf angemessenes Entgelt nach § 86 UrhG nicht in Frage, da es bei diesem um die Vergütung der Nutzung eines Werks geht, zu der es bei der Umgehung einer technischen Schutzmaßnahme selbst nicht kommt.
[407]) Vgl ErläutRV 40 BlgNR 22. GP, 44.
[408]) Ebenso sind die Vorschriften über die Haftung des Unternehmensinhabers (§ 88 Abs 2 UrhG) und die Haftung mehrerer Verpflichteter (§ 89 UrhG) sowie die Bestimmung des § 90 UrhG über die Verjährung der Ansprüche anwendbar.
[409]) Demnach ist derjenige, der vorsätzlich (dolus eventualis genügt) das Umgehungsverbot technischer Maßnahmen nach § 90c UrhG verletzt, mit Freiheitsstrafe bis zu sechs Monaten oder mit Geldstrafe bis zu 360 Tagessätzen zu bestrafen.
[410]) Siehe *Buchinger/Zivny*, „Kampf den Raubkopien", Rechtspanorama, *Die Presse* vom 7.4.2003.

unentgeltlich zum eigenen Gebrauch eines anderen handelt. Unbefugt ist eine Vervielfältigung zum eigenen Gebrauch etwa dann, wenn die Grenzen des § 42 UrhG überschritten werden, z.B. wenn eine ganze Zeitschrift abgelichtet, ein Computerprogramm zum eigenen Gebrauch vervielfältigt[411], oder etwa eine Digitalkopie zu beruflichen Zwecken hergestellt wird. Die Straflosigkeit bezieht sich nach dem Wortlaut des § 91 Abs 1 Satz 2 UrhG aber nur auf die unbefugte *Vervielfältigung.* Um auch zur Straffreiheit der der unbefugten Vervielfältigung vorangehenden Umgehungshandlung zu gelangen, könnte nun argumentiert werden, dass die Umgehung der Schutzvorkehrung nur die Vorbereitungshandlung für die straflos gestellte unbefugte Vervielfältigung und daher ebenfalls straffrei sei. Wird demnach eine technische Schutzvorrichtung zum Zweck unbefugter privater Vervielfältigung umgangen und erschöpft sich das Umgehen der technischen Vorkehrung in der Vorbereitung der Vervielfältigung, so wäre nach dieser Ansicht die Umgehungshandlung straflos. Eine derartige Auslegung des § 91 UrhG verkennt jedoch, dass der nach § 90c UrhG unzulässigen Umgehung einer technischen Schutzvorrichtung ein eigener Unrechtsgehalt innewohnt. Die Umgehung einer Schutzmaßnahme kann nicht nur als Vorbereitungshandlung gewertet werden, es handelt sich hierbei vielmehr um eine selbständig strafbare Handlung.

Dieses Ergebnis wird auch dadurch gestützt, dass Urheberrechtsschutz und Umgehungsschutz strikt voneinander zu trennen sind[412]. Wie bereits dargelegt[413], ist im Anwendungsbereich der Urheberrechtsrichtlinie die Umgehung einer Schutzmaßnahme ohne Erlaubnis des Rechtsinhabers ausnahmslos verboten. Eine gesetzliche Erlaubnis, wie etwa die der gesetzlichen Lizenz der Vervielfältigung zum privaten Gebrauch, rechtfertigt demnach nicht die Umgehung technischer Schutzmaßnahmen[414]. Dies beeinflusst jedoch in keiner Weise die Rechtmäßigkeit der Herstellung einer Privatkopie: Soweit sich der Nutzer an die Grenzen des § 42 UrhG hält, ist die an die Umgehungshandlung anknüpfende Vervielfältigung zum privaten Gebrauch rechtmäßig. Werden die gesetzlich vorgegebenen Grenzen überschritten, so führt § 91 Abs 1 Satz 2 UrhG zu einer Straffreiheit der unbefugten

---

[411]) Entgegen den Intentionen des historischen Gesetzgebers ist *Walter* der Ansicht, dass die Ausnahme des § 91 Abs 1 Satz 2 UrhG nicht auf Software anwendbar ist, weil es in diesem Bereich eine erlaubte Vervielfältigung zum eigenen Gebrauch überhaupt nicht gäbe. Siehe *Walter*, Europäisches Urheberrecht, 2001, Art 7 Rz 29 Software-RL.

[412]) Siehe dazu *von Diemar*, Die digitale Kopie zum privaten Gebrauch, Hamburg 2002, 189 f; *Bechtold*, Vom Urheber- zum Informationsrecht. Implikationen des Digital Rights Management, München 2002, 436 sowie *Hebenstreit,* Urheberrechtliche Schrankenregelungen im digitalen Umfeld, Dissertation, Wien 2001, 163.

[413]) Siehe oben Fn 389.

[414]) Eine Umgehung ist nur bei vorliegender Zustimmung des Rechtsinhabers zulässig. Siehe Fn 389 und 525.

Vervielfältigung. Im Ergebnis führt also die Umgehung einer Schutzmaßnahme durch den von der Privatkopieschranke Begünstigten aufgrund des Umgehungsschutzes des § 90c UrhG jedenfalls zu einer Rechtsverletzung, unabhängig davon, ob dadurch auch ein Urheberrecht verletzt wird oder nicht[415] und ob bejahendenfalls dieser Eingriff in das Urheberrecht aufgrund des § 91 Abs 1 Satz 2 UrhG straflos ist.

Selbst das private Umgehen einer Schutzvorkehrung ist mithin strafbar[416].

Neben der Verhängung einer Freiheits- oder Geldstrafe kann der Privatankläger als strafrechtliche Sanktion zudem die Unbrauchbarmachung jener Eingriffsmittel begehren, die nach der Definition des § 90c Abs 3 UrhG die Umgehung einer technischen Schutzmaßnahme bezwecken[417]. Zur Sicherung dieser Maßnahme kann die Beschlagnahme der Eingriffsmittel beantragt werden[418].

Die Aktivlegitimation ist auf die Inhaber eines auf das Urheberrechtsgesetz gegründeten Ausschließlichkeitsrechts beschränkt, da der Schutz technischer Maßnahmen als flankierende Bestimmung zur Durchsetzung dieser Rechte verhelfen soll[419].

Besondere Beachtung verdient im Zusammenhang mit der Rechtsdurchsetzung die Umsetzung des Art 8 Abs 3 der Richtlinie, demzufolge die Mitgliedstaaten sicherzustellen haben, dass die Rechtsinhaber gerichtliche Anordnungen gegen Vermittler[420] beantragen können, deren Dienste von einem Dritten zur Verletzung eines Urheberrechts oder verwandter Schutzrechte genutzt werden.

Art 8 Abs 3 der RL ist als Anordnung einer Providerhaftung zu verstehen, die in Erwägungsgrund 59 damit begründet wird, dass im digitalen Technikumfeld die

---

[415]) Vgl *Hebenstreit*, Urheberrechtliche Schrankenregelungen im digitalen Umfeld, Dissertation, Wien 2001, 163.

[416]) In Deutschland hingegen sieht § 108b Abs 1 des Gesetzes zur Regelung des Urheberrechts in der Informationsgesellschaft vor, dass eine Strafbarkeit nicht gegeben ist, wenn die Tat ausschließlich zum eigenen privaten Gebrauch des Täters oder mit dem Täter persönlich verbundener Personen erfolgt oder sich auf einen derartigen Gebrauch bezieht. Das Gesetz ist abrufbar unter http://www.urheberrecht.org/topic/Info-RiLi/ent/11650.pdf.

[417]) Vgl § 92 UrhG. ZB Entschlüsselungssoftware oder ähnliche Umgehungswerkzeuge. Der Vernichtungsanspruch des § 92 UrhG hat gegenüber dem zivilrechtlichen Beseitigungsanspruch des § 82 UrhG den Vorteil, dass sich letzterer nur gegen den Eigentümer der Eingriffgegenstände und –mittel richtet, während nach § 92 UrhG die Eingriffsgegenstände und –mittel vernichtet und unbrauchbar gemacht werden dürfen, ohne Rücksicht darauf nehmen zu müssen, wem sie gehören.

[418]) Vgl § 93 UrhG.

[419]) Vgl ErläutRV 40 BlgNR 22. GP, 45.

[420]) Darunter sind Provider zu verstehen.

Dienste von Providern immer stärker von Dritten für Rechtsverstöße genutzt werden und diese Provider am besten in der Lage sind, diese Verstöße zu unterbinden[421]. Die Rechtsinhaber sollen daher gegen die Provider gerichtliche Anordnungen durchsetzen können, auf deren Grundlage die Provider zur Unterlassung der Übermittlung und Beseitigung rechtswidriger Informationen gezwungen werden können. Die E-Commerce-Richtlinie[422], die weitreichende Haftungsbefreiungen für die Tätigkeiten von Providern normiert, steht dem nicht entgegen, da die Haftungsprivilegierungen der E-Commerce-Richtlinie behördliche (gerichtliche) Anordnungen zur Sperre des Zugangs oder zur Entfernung von Inhalten sowie Unterlassungsansprüche unberührt lässt[423]. Während also die E-Commerce-Richtlinie keine Regelungen in bezug auf die Haftung auf Unterlassung enthält, wird in Art 8 Abs 3 der Urheberrechts-RL ein derartiger Anspruch zwingend vorgeschrieben. Wie bereits erwähnt, handelt es sich daher bei Art 8 Abs 3 der Richtlinie um eine Anordnung einer Providerhaftung.

Die Providerhaftung nach Art 8 Abs 3 der RL gilt unabhängig davon, ob der Vermittler selbst eine – unmittelbare oder mittelbare - Urheberrechtsverletzung begangen hat. Daher kann eine gerichtliche Anordnung auch gegen Provider begehrt werden, deren Tätigkeiten von den Haftungsbefreiungen der E-Commerce-Richtlinie erfasst sind und insbesondere auch gegen Access Provider, die sich auf die freie Nutzung nach Art 5 Abs 1 der Richtlinie berufen. Die Haftung auf Unterlassung besteht mithin ungeachtet der Freistellung vorübergehender Vervielfältigungen durch Dienste der Informationsgesellschaft[424]. Da hier eine Haftung für unmittelbare Rechtsverletzungen ausscheidet, kann die Haftung auf Unterlassung nach Art 8 Abs 3 der Richtlinie nur im Weg der Gehilfenhaftung geregelt werden[425]. Die Bedingungen und Modalitäten dieser Haftung nach Art 8 Abs 3 der Richtlinie wird den Mitgliedstaaten überlassen[426].

Durch den Begriff der „gerichtlichen Anordnung" im Sinne des Art 8 Abs 3 der Richtlinie werden der Unterlassungsanspruch und der Beseitigungsanspruch des

---

[421]) Siehe Erwägungsgrund 59 und *Flechsig*, Grundlagen des Europäischen Urheberrechts, ZUM 2002, 18.

[422]) Richtlinie 2000/31/EG des Europäischen Parlaments und des Rates vom 8. Juni 2000 über bestimmte Aspekte der Dienste der Informationsgesellschaft, insbesondere des elektronischen Geschäftsverkehrs, im Binnenmarkt, ABl Nr. L 178 vom 17.7.2000 S 0001 bis 0016. Die E-Commerce-Richtlinie wurde in Österreich durch das E-Commerce-Gesetz (ECG), BGBl I 152/2001, umgesetzt.

[423]) Vgl Art 12 Abs 3, Art 13 Abs 2, Art 14 Abs 3 der E-Commerce-Richtlinie bzw § 19 ECG. Siehe dazu *Hackl*, Die zivilrechtliche Haftung der Internet-Provider unter besonderer Berücksichtigung der neuen Rechtslage, Dissertation, Graz 2002, 88 f.

[424]) Siehe *Walter*, Europäisches Urheberrecht, 2001, Rz 114 Info-RL.

[425]) Siehe *Walter*, Europäisches Urheberrecht, 2001, Rz 113 f Info-RL.

[426]) Vgl Erwägungsgrund 59 letzter Satz der RL.

österreichischen Urheberrechtsgesetzes berührt[427]. Im Rahmen der Novelle 2003 wurde daher in den entsprechenden Bestimmungen[428] eine Haftung der Provider, deren Dienste von Dritten zu Urheberrechtsverletzungen in Anspruch genommen werden, auf Unterlassung und Beseitigung normiert[429]. Nach Ansicht des österreichischen Gesetzgebers ist dabei der Begriff des „Vermittlers" bzw Providers nicht nach der österreichischen Terminologie zu bestimmen, sondern nach dem Verständnis der Urheberrechtsrichtlinie: Da Art 8 Abs 3 eine Ergänzung des Art 5 Abs 1 der Richtlinie darstellt, sind unter „Vermittlern" solche im Sinne des Art 5 Abs 1 zu verstehen, also Provider, welche die Übertragung von Werken oder sonstigen Schutzgegenständen in einem Netz zwischen Dritten ermöglichen[430]. Darunter fallen in jedem Fall Access Provider, ob jedoch die §§ 81 Abs 1a und 82 Abs 1 letzter Satz UrhG auch als Anspruchsgrundlagen für die Haftung des Host Providers auf Unterlassung und Beseitigung dienen können, erscheint zunächst fraglich, da Art 5 Abs 1 der Richtlinie jedenfalls nicht auf das Hosting anwendbar ist[431]. Aus der Einschränkung des § 81 Abs 1a letzter Satz UrhG[432], der zufolge Vermittler, bei denen die Voraussetzungen für einen Ausschluss der Verantwortlichkeit nach den §§ 13 bis 17 E-Commerce-Gesetz vorliegen, erst nach Abmahnung auf Unterlassung geklagt werden können, ergibt sich jedoch eindeutig, dass auf der Grundlage der §§ 81 Abs 1a und 82 Abs 1 letzter Satz UrhG auch gegen Host Provider vorgegangen werden kann. Die Haftungsbefreiungsvoraussetzungen des Host Providers sind in § 16 ECG geregelt, der in § 81 Abs 1a UrhG enthaltene Verweis auf diesen Paragraphen ist nur dann sinnvoll, wenn sich der Unterlassungsanspruch auch auf Host Provider erstreckt. Es ist daher davon auszugehen, dass sowohl Access als auch Host Provider gemäß den §§ 81 und 82 UrhG auf Unterlassung und Beseitigung geklagt werden können.

Dogmatisch handelt es sich bei der Haftung der Provider auf Unterlassung oder Beseitigung um eine Haftung für fremdes (rechtswidriges) Verhalten und setzt daher eine (Urheber-) Rechtsverletzung des unmittelbaren Täters („Störers") voraus. Nach der bisherigen Rechtslage wurde die Passivlegitimation des Host Providers mit der zivilrechtlichen Haftung des mittelbaren Störers begründet. Diese Haftung für

---

[427]) Vgl ErläutRV 40 BlgNR 22. GP, 42.
[428]) §§ 81 und 82 UrhG.
[429]) Siehe die §§ 81 Abs 1a und 82 Abs 1 letzter Satz UrhG.
[430]) Vgl ErläutRV 40 BlgNR 22. GP, 42.
[431]) Siehe dazu weiter oben im Kap. 3.3.3.2 bzw Fn 164.
[432]) Diese Einschränkung gilt auch für den Beseitigungsanspruch nach § 82 Abs 1 UrhG, da für diesen die Bestimmung des § 81 Abs 1a UrhG sinngemäß gilt. Siehe § 82 Abs 1 letzter Satz UrhG.

Rechtsverletzungen Dritter wurde vom OGH anhand verschiedener Rechtsgebiete entwickelt und jeweils aus § 1301 ABGB abgeleitet[433]. Im Sinne dieser Rechtsprechung haftet der Host Provider für die Rechtsverletzung des unmittelbaren Täters („Störer") als Gehilfe mit, sofern er den Störer *bewusst fördert*. Aus den Ausführungen des OGH in der Entscheidung „fpo.at"[434] ergibt sich, dass dieses Bewusstsein nicht gegeben ist, *„wenn jemand die Störungshandlung, deren Förderung im vorgeworden wird, nicht einmal in tatsächlicher Hinsicht gekannt hat und eine Prüfungspflicht auf allfällige Verstöße nicht in Frage kommt"*. Da nach § 18 ECG eine derartige Prüfungspflicht für Provider ausgeschlossen ist, kommt eine Verantwortlichkeit für Rechtsverletzungen Dritter nur bei Kenntnis derselben in Betracht[435]. Demnach ist dann von einer bewussten Förderung fremder Rechtsverletzungen auszugehen, wenn der Provider die Rechtsverletzung trotz Kenntnis nicht unterbindet[436].

Während also nach der bisherigen Rechtslage ein Unterlassungsanspruch gegen den Provider Kenntnis der Rechtsverletzung und mangelndes Tätigwerden, somit schuldhaftes Verhalten des Providers voraussetzte, ist der in § 81 Abs 1a UrhG geregelte Unterlassungsanspruch verschuldensunabhängig. Für die Erlassung eines Unterlassungsbefehls gegen einen Provider ist mithin kein schuldhaftes Verhalten mehr erforderlich. Dies ist insofern systemkonform, als nach ständiger Rechtsprechung[437] auch der Unterlassungsanspruch gegen den unmittelbaren Täter verschuldensunabhängig ist[438].

Als Ausgleich für diese strenge Haftung sieht § 81 Abs 1a letzter Satz UrhG jedoch, wie bereits erwähnt, die Einschränkung vor, dass Vermittler, bei denen die Voraussetzungen für einen Ausschluss der Verantwortlichkeit nach den §§ 13 bis 17 E-Commerce-Gesetz vorliegen, erst nach Abmahnung auf Unterlassung geklagt werden können. In bezug auf Access Provider bedeutet dies, dass sie, sofern sie die

---

[433]) Vgl etwa OGH 12.3.1991, 4 Ob 90/90 – Morawa; OGH 28.5.1991, 4 Ob 19/91 – Tele Uno III; OGH 18.5.1993, 4 Ob 42/93; OGH 19.9.1994, 4 Ob 97/94 – Telefonstudien; OGH 19.12.2000, 4 Ob 225/00t und 4 Ob 274/00y – jobmonitor.com; OGH 12.9.2001, 4 Ob 176/01p – fpo.at und OGH 22.2.2001, 6 Ob 307/00s – Ingrid R´s Homepage. Siehe auch oben Fn 402. Zum Ganzen auch *Parschalk,* Provider-Haftung für Urheberrechtsverletzungen Dritter, ecolex 1999, 834 ff und *Gamerith,* Wettbewerbsrechtliche Unterlassungsansprüche gegen „Gehilfen", wbl 1991, 305 ff.
[434]) Siehe OGH 12.9.2001, 4 Ob 176/01p – fpo.at.
[435]) Vgl *Hackl,* Die zivilrechtliche Haftung der Internet-Provider unter besonderer Berücksichtigung der neuen Rechtslage, Dissertation, Graz 2002, 109 f.
[436]) Siehe dazu auch *Schanda,* Verantwortung und Haftung im Internet nach dem neunen E-Commerce-Gesetz, ecolex 2001, 920.
[437]) Vgl OGH 13.1.1981 – Bacher Krippe, ÖBl 1981, 137; OGH 16.9.1968 – Bildtapete, MR 1987, 11; OLG Wien 6.7.1989, MR 1989, 137.
[438]) So auch der Anspruch auf Beseitigung nach § 82 UrhG.

Übermittlung der Informationen nicht veranlassen, den Empfänger der übermittelten Informationen nicht auswählen und die übermittelten Informationen weder auswählen noch verändern[439], erst nach Abmahnung auf Unterlassung und Beseitigung geklagt werden können. Hinsichtlich der Host Provider folgt aus der Einschränkung des § 81 Abs 1a letzter Satz UrhG, dass für den Fall, dass der Host Provider keine tatsächliche Kenntnis von einer rechtswidrigen Tätigkeit oder Information hat oder er unverzüglich tätig wird, sobald er diese Kenntnis erhalten hat, die Unterlassungs- oder Beseitigungsklage erst nach Abmahnung zulässig ist. Das Erfordernis, dass bei Greifen der Haftungsbefreiungsvoraussetzungen des ECG der Provider zunächst über rechtswidrige Informationen oder Tätigkeiten informiert werden muss, ehe die Klage auf Unterlassung oder Beseitigung zulässig ist, ist sachgerecht[440] und führt zu einer Minimierung des Kostenrisikos für den Provider[441].

Da die Kenntnis der Identität des unmittelbaren Rechtsverletzers[442] notwendige Voraussetzung für die Klage auf Unterlassung und Beseitigung ist, sind die Provider nach § 87b Abs 3 UrhG zur Auskunft über Name und Anschrift des Dritten verpflichtet[443]. Dieser Auskunftsanspruch hat eine ergänzende Funktion, da die Information über die Identität des Verletzers im Ergebnis auch der Verhinderung künftiger Rechtsverletzungen und der Beseitigung des durch eine Rechtsverletzung geschaffenen Zustandes dient[444].

Im Rahmen der Novelle 2003 wurde auch der rechtliche Schutz von Kennzeichnungen eingeführt, der die Richtlinienbestimmung des Art 7 über Pflichten in bezug auf Informationen für die Rechtewahrnehmung umsetzt. Unter Kennzeichnungen sind Angaben zu verstehen, die mit geschützten Werken oder Schutzgegenständen technisch (in elektronischer Form) verbunden sind und diese, den Urheber oder jeden anderen Rechtsinhaber oder/und die entsprechenden

---

[439]) Vgl § 13 ECG.

[440]) Die Erläuternden Bemerkungen zum Justizausschussbericht (JAB 51 BlgNR 22. GP, S 2) führen dazu aus, dass es die Besonderheiten des Unterlassungsanspruchs nach § 81 Abs 1a UrhG gerechtfertigt erscheinen lassen, dessen Entstehung an eine vorangehende Abmahnung durch den zur Klage Berechtigten zu knüpfen.

[441]) Sofern die Abmahnung nach § 81 Abs 1a UrhG nicht erforderlich ist, führt § 45 ZPO zu einer Reduzierung des für den Provider mit einer Unterlassungsklage verbundenen Kostenrisikos. Nach § 45 ZPO hat der Kläger die Prozesskosten zu tragen, sofern der Beklagte zur Klagsführung keine Veranlassung gegeben und er den Anspruch sofort anerkannt hat.

[442]) Das ist in diesem Zusammenhang der unmittelbare Urheberrechtsverletzer, der sich der Dienste des Providers zur Rechtsverletzung bedient.

[443]) Siehe *Flechsig*, Grundlagen des Europäischen Urheberrechts, ZUM 2002, 18.

[444]) Vgl ErläutRV 40 BlgNR 22. GP, 44.

Nutzungsbedingungen und – Modalitäten identifizieren[445]. Der diesbezüglich einschlägige § 90d UrhG enthält insofern ebenfalls ein Umgehungsverbot, als solche Kennzeichnungen weder bewusst entfernt oder geändert noch Werke oder sonstige Schutzgegenstände verbreitet werden dürfen, bei denen derartige Kennzeichnungen unbefugt entfernt oder geändert worden sind.

Bereits vor der Umsetzung der Urheberrechts-RL durch die Novelle 2003 waren allerdings nach der österreichischen Rechtsordnung schon bestimmte technische Schutzmaßnahmen vor Umgehung geschützt. So bestehen etwa ausdrückliche Umgehungsschutzbestimmungen für Computerprogramme sowie für zugangskontrollierte Dienste und Zugangskontrolldienste. Zudem kann auch § 1 UWG als Schutzbestimmung gegen das Anbieten und den Vertrieb von Umgehungsvorrichtungen herangezogen werden.

5.2.3 Umgehungsschutzbestimmungen für Computerprogramme

In Umsetzung des Art 7 Abs 1 lit c der Computerprogramm-RL[446] wurde im Rahmen der Urheberrechtsgesetz-Novelle 1993[447] in § 91 Abs 1a UrhG ein Straftatbestand eingefügt, demzufolge zu bestrafen ist, wer Mittel in Verkehr bringt oder zu Erwerbszwecken besitzt, die ausschließlich dazu bestimmt sind, die unerlaubte Beseitigung oder Umgehung technischer Mechanismen zum Schutz von Computerprogrammen zu erleichtern. Der Umgehungsschutz technischer Maßnahmen zum Schutz von Computerprogrammen wurde daher ausschließlich strafrechtlich durch § 91 Abs 1 a UrhG umgesetzt.

Obwohl nach Art 1 Abs 2 lit a der Urheberrechts-RL die bestehenden gemeinschaftsrechtlichen Bestimmungen über den rechtlichen Schutz von Computerprogrammen unberührt bleiben, wurden dennoch im Rahmen der Umsetzung der Urheberrechts-RL durch die Novelle 2003 die Sanktionen für die Umgehung technischer Mechanismen zum Schutz von Computerprogrammen an die Regelung des § 90c UrhG angepasst, der den Umgehungsschutz technischer

---

[445]) Vgl § 90d UrhG und *Wand*, Technische Schutzmaßnahmen und Urheberrecht, München 2001, 8.
[446]) Richtlinie 91/250/EWG des Rates vom 14. Mai 1991 über den Rechtsschutz von Computerprogrammen, ABl Nr L 122/42, vom 17.5.1991; in der geänderten Fassung durch die Richtlinie 93/98 EWG des Rates vom 30. Oktober 1993 zur Harmonisierung der Schutzdauer des Urheberrechts und bestimmter verwandter Schutzrechte, ABl Nr L 290/3 vom 24. November 1993.
[447]) Urheberrechtsgesetz-Novelle 1993, BGBl I 1993/93, 596 BlgNR 18. GP.

Maßnahmen iSd Art 6 Urheberrechts-RL normiert. Somit kann, wer Mittel in Verkehr bringt oder zu Erwerbszwecken besitzt, die allein dazu bestimmt sind, die unerlaubte Beseitigung oder Umgehung[448] technischer Mechanismen zum Schutz von Computerprogrammen zu erleichtern, nunmehr nicht nur strafrechtlich[449], sondern auch zivilrechtlich verfolgt werden: Nach dem neu eingeführten § 90b UrhG kann sich der Inhaber eines auf das UrhG gegründeten Ausschließungsrechts an einem Computerprogramm gegen das Inverkehrbringen oder den Erwerbszwecken dienenden Besitz von Umgehungsmitteln mit Hilfe der Klage auf Unterlassung und Beseitigung wehren.

5.2.4 Umgehungsschutzbestimmungen für Zugangskontrollen

Auch das in Umsetzung der Zugangskontrollrichtlinie[450] erlassene Zugangskontrollgesetz[451] dient dem Umgehungsschutz technischer Maßnahmen. Erklärtes Ziel der Zugangskontroll-RL bzw des ZuKG ist es, die Vergütung der Anbieter von Rundfunkdiensten und Diensten der Informationsgesellschaft sicherzustellen. Unter einem im Rahmen dieser Arbeit besonders interessierenden „Dienst der Informationsgesellschaft" ist ein in der Regel gegen Entgelt elektronisch im Fernabsatz und auf individuellen Abruf eines Empfängers erbrachter Dienst zu verstehen[452]. Den Schutz des Zugangskontrollgesetzes genießt ein derartiger Dienst, soweit er einer Zugangskontrolle unterliegt und gegen Entgelt erbracht wird[453]. Zugangskontrolle bedeutet in diesem Zusammenhang, dass der erlaubte Zugang zum jeweiligen Dienst, dh der Empfang in verständlicher Form von einer vorherigen

---

[448]) Auf den Meinungsstreit, ob es sich um eine *erlaubte* Umgehung neben dem unstreitigen Fall der durch den Rechtsinhaber erlaubten Umgehung auch dann handelt, wenn eine gesetzliche Erlaubnis vorliegt, ob also bspw die Umgehung einer in Verbindung mit einem Computerprogramm verwendeten technischen Schutzmaßnahme zum Zweck der Wahrnehmung einer freien Werknutzung zulässig ist, wird weiter unten eingegangen, vgl das Kap 6.2.1.

[449]) Vgl § 91 Abs 1 Satz 1 UrhG. Der ursprüngliche Straftatbestand des § 91 Abs 1a UrhG wurde durch die Novelle 2003 aufgehoben und durch den Verweis des § 91 Abs 1 Satz 1 auf § 90b UrhG ersetzt. Siehe zu § 90b UrhG sogleich.

[450]) Richtlinie 98/84/EG über den rechtlichen Schutz von zugangskontrollierten Diensten und Zugangskontrolldiensten, ABl Nr. L 320/54 vom 28. November 1998.

[451]) Bundesgesetz über den Schutz zugangskontrollierter Dienste (Zugangskontrollgesetz – ZuKG), BGBl I 2000/60.

[452]) Vgl § 2 Z 5 ZuKG bzw Art 2 lit a Zugangskontroll-RL. Darunter fallen insbesondere Audio- und Video-on-demand sowie eine breite Palette von Online-Diensten.

[453]) Auch die Zugangskontrolldienste selbst stehen unter Schutz, vgl Art 2 lit a Zugangskontroll-RL bzw § 2 Z 2 ZuKG.

individuellen Genehmigung des Anbieters abhängig gemacht wird[454]. Ein Diensteanbieter iSd ZuKG kann sich unter Zuhilfenahme der in diesem Gesetz vorgesehenen zivil- und strafrechtlichen Instrumente gegen gewerbsmäßig handelnde[455] Hersteller und Händler von illegalen Umgehungsvorrichtungen zur Wehr setzen[456]. Dadurch soll verhindert werden, dass außenstehende Dritte (sog Piraten) durch Zurverfügungstellung technischer Einrichtungen wie etwa Decoder, Smartcards oder Software zum Knacken von Passwörtern die Umgehung von Zugangskontrollen für geschützte Dienste ermöglichen und auf diese Weise dem Diensteanbieter das für den Empfang des Dienstes zu entrichtende Entgelt entgeht. In diesem Sinne verbietet § 4 ZuKG sämtliche Formen des Inverkehrbringens illegaler Umgehungsvorrichtungen sowie Dienstleistungen, Werbemaßnahmen und andere Verkaufsförderungen im Zusammenhang mit diesen. Der Anwendungsbereich ist auf solche Umgehungsvorrichtungen beschränkt, die zur Umgehung technischer Zugangskontrollmaßnahmen bestimmt oder entsprechend angepasst sind[457].

Diesbezüglich besteht eine Überschneidung zu den Bestimmungen des Art 6 der Urheberrechtsrichtlinie bzw des § 90c UrhG über den rechtlichen Schutz technischer Schutzmaßnahmen vor Umgehung. Die Zugangskontroll-RL zieht den Schutz jedoch weniger weit als die Urheberrechts-RL, da Schutzgegenstand zugangskontrollierte Dienste der Informationsgesellschaft als solche sind, nicht aber das dabei übermittelte, geschützte Material. Betreibt der Rechtsinhaber den betreffenden Dienst etwa nicht selbst, so stehen die vorgesehenen Rechtsbehelfe nicht ihm, sondern nur dem Diensteanbieter zur Verfügung. In diesem Fall kann sich der Rechtsinhaber auf den Umgehungsschutz nach der Urheberrechtsrichtlinie stützen. Zudem sanktioniert die Zugangskontroll-RL nur die Herstellung, den Verkauf, die Wartung etc von der Umgehung dienender Geräte oder Computerprogramme (sog illegale Vorrichtungen), nicht aber die Umgehungshandlung selbst. Überdies sind entsprechende Handlungen nur bei Verfolgung gewerblicher Zwecke verboten,

---

[454]) Vgl § 2 Z 6 ZuKG bzw Art 2 lit b Zugangskontroll-RL. Technisch wird die Zugangskontrolle durch eine Verschlüsselung der Übertragungssignale, elektronische Sperren oder den Einsatz von Paßworttechnologien sichergestellt. Siehe *Brenn*, Richtlinie über Informations- und Kommunikationsdienste mit Zugangskontrolle und Überlegungen zur innerstaatlichen Umsetzung, ÖJZ 1999, 82 f.

[455]) Entsprechend den Richtlinienvorgaben (vgl Art 4 der Zugangskontroll-RL) bezieht sich die Verbotsnorm des § 4 ZuKG nur auf gewerbliche Tätigkeiten, also auf alle selbständigen und regelmäßigen Tätigkeiten in der Absicht, damit einen wirtschaftlichen Vorteil zu erzielen (vgl § 1 Abs 2 GewO 1994). Das Zugangskontrollgesetz richtet sich daher nicht gegen den privaten Besitz und die private Verwendung illegaler Umgehungsvorrichtungen. Siehe *Brenn*, Zugangskontrollgesetz, Wien 2001, 31 f, 1.

[456]) Siehe *Brenn*, Zugangskontrollgesetz, Wien 2001, 1.

[457]) Vgl § 2 Z 8 ZuKG bzw Art 2 lit e Zugangskontroll-RL.

während der Umgehungsschutz nach der Urheberrechts-RL auch Tätigkeiten im Privatbereich erfasst[458].

5.2.5 Umgehungsschutz durch § 1 UWG

Für den rechtlichen Schutz technischer Maßnahmen vor Umgehung ist ergänzend auch die Generalklausel des § 1 UWG von Bedeutung. So hat etwa der OGH in der Entscheidung „MBS-Familie"[459] das Anbieten eines Programms zur Beseitigung des Kopierschutzes an der vom Kläger entwickelten und unter der Bezeichnung „MBS" vertriebenen Software als sittenwidrig iSd § 1 UWG gewertet, da der Beklagte durch das Feilhalten des Programms Beihilfe zu einer glatten Leistungsübernahme im Sinne einer schmarotzerischen Ausbeutung fremder Leistung leiste. Die – missbräuchliche – kommerzielle Ausnutzung des feilgehaltenen Programms muss als geradezu typischer Verwendungszweck angesehen werden. Dieser Vorwurf, dass der Beklagte ein Produkt angeboten habe, das typischer- und vorhersehbarerweise für wettbewerbswidrige (oder urheberrechtswidrige) Verhaltensweisen verwendet würde, stellt nach *Schumacher*[460] den „harten" Kern der Entscheidung dar. Grundlage der Verantwortlichkeit nach § 1 UWG ist daher nicht der Grundsatz der mittelbaren Störerhaftung (arg „Beihilfe"), sondern vielmehr eine Art Gefährdungshaftung, die an die Ermöglichung künftiger Wettbewerbsverstöße iSd § 1 UWG anknüpft[461]. Da nahezu zwingend davon auszugehen war, dass die Käufer des zur Beseitigung des Kopierschutzes der MBS-Software entwickelten Programms dieses nicht nur für zulässige Kopien im privaten Bereich[462], sondern missbräuchlich verwenden würden[463], konnte der Beklagte auf Unterlassung in Anspruch genommen werden.

---

[458]) Siehe *v Lewinsky/Walter*, in *Walter*, Europäisches Urheberrecht, 2001, Info-RL Rn 163 ff.
[459]) OGH 25.10.1988, 4 Ob 94/88 – MBS-Familie, WBl 1989, 56 ff (Schuhmacher), ÖBl 1989, 139 ff (Röttinger).
[460]) Schuhmacher, WBl 1989, 58 (MBS-Familie Glosse).
[461]) So auch *Gamerith*, Wettbewerbsrechtliche Unterlassungsansprüche gegen „Gehilfen", WBl 1991, 305 ff.
[462]) Zum betreffenden Zeitpunkt existierten in Österreich bezüglich der Privatkopieschranke noch keine Sondervorschriften für Computerprogramme, die Vervielfältigung eines Computerprogramms zum eigenen Gebrauch war von § 42 UrhG gedeckt. Seit der Novelle 1993 gilt § 42 UrhG nicht mehr für Computerprogramme, vgl § 40h UrhG.
[463]) Siehe *Gamerith*, Wettbewerbsrechtliche Unterlassungsansprüche gegen „Gehilfen", WBl 1991, 305 ff.

In diesem Zusammenhang ist die deutsche Rechtsprechung zur Beseitigung/Umgehung von Dongles zu erwähnen, die ebenfalls auf § 1 dUWG zurückgreift. Dongles sind Kopierschutzstecker, die auf Hardwarebasis die unerlaubte Softwarenutzung verhindern, indem sie in ständiger Frage-Antwort-Kommunikation mit dem dazugehörigen Computerprogramm stehen[464]. Ohne Dongle kann die Software und insbesondere unberechtigt hergestellte Kopien nicht genutzt werden. Der Vertrieb von Programmen, die den Dongle-Schutz aufheben[465], wird von den deutschen Gerichten in ständiger Rechtsprechung[466] als wettbewerbswidrig gemäß § 1 dUWG angesehen, wobei auf die Fallgruppen unbillige Behinderung, unmittelbare Leistungsübernahme und Schmarotzen an fremder Leistung zurückgegriffen wird[467]. Die wettbewerbswidrige Behinderung liege darin, dass der Absatz des teuren, Dongle-geschützten Original-Programms durch den Vertrieb des vergleichsweise preiswerten Umgehungsprogramms beeinträchtigt werde. Darin sei gleichzeitig ein wettbewerbswidriges Ausnutzen der Leistung eines Mitbewerbers zu sehen, da das Umgehungsprogramm nur bei denjenigen abgesetzt werden könne, welche die Dongel-geschützte Original-Software erworben hätten[468]. Die – mit keiner eigenen Leistung verbundene - Herstellung von Kopien der mit erheblichem Arbeits- und Kostenaufwand hergestellten Software durch einen Mitbewerber sei als eine unmittelbare Leistungsübernahme zu werten. Dass der gewerblich handelnde Anbieter des Umgehungsprogramms anderen nur die Mittel zur Nutzung der von ihnen selbst hergestellten Programmkopien überlasse, ändert nichts an diesem Ergebnis[469].

Während der Vertrieb von Programmen, die den Dongle-Schutz aufheben, somit jedenfalls wettbewerbswidrig ist, bereitet die urheberrechtliche Beurteilung dieser Programme Schwierigkeiten. Aus der Sicht des Urheberrechts ist das Problem im Zusammenhang mit Anti-Dongle-Werkzeugen darin zu sehen, dass ihr Vertrieb

---

[464]) Siehe *Raubenheimer*, Die jüngste Rechtsprechung zur Umgehung/Beseitigung eines Dongles, NJW-CoR 1996, 174.

[465]) Sog „Anti-Dongle-Werkzeuge".

[466]) Vgl OLG Stuttgart „Feilhalten von Hardlock-Entfernern", CR 1989, 685 ff (*Lehmann*); OLG Düsseldorf „Hardware-Zusatz", GRUR 1990, 535 f; OLG München , CR 1995, 663; BGH „Umgehungsprogramm", GRUR 1996, 78 f.

[467]) Siehe dazu *Wand*, Technische Schutzmaßnahmen und Urheberrecht, München 2001, 161.

[468]) Vgl OLG Stuttgart „Feilhalten von Hardlock-Entfernern", CR 1989, 685 ff (*Lehmann*); LG München I, CR 1995, 669; OLG München, CR 1995, 663, Siehe dazu *Raubenheimer*, Beseitigung/Umgehung eines technischen Programmschutzes nach UrhG und UWG, CR 1996, 77 f und *Wand*, Technische Schutzmaßnahmen und Urheberrecht, München 2001, 159 f.

[469]) Vgl OLG Düsseldorf „Hardware-Zusatz", GRUR 1990, 535 f. Siehe *Wand*, Technische Schutzmaßnahmen und Urheberrecht, München 2001, 159 f.

von den Herstellern damit gerechtfertigt wird, dass diese Programme nur zur Beseitigung von Systemstörungen oder zur Erstellung notwendiger Sicherungskopien und damit zur Wahrnehmung freier Werknutzungen dienen. Da in Verbindung mit Computerprogrammen verwendete technische Schutzmaßnahmen, im Gegensatz zu technischen Schutzmaßnahmen iSd Art 6 der Urheberrechtsrichtlinie, dann umgangen werden dürfen, wenn dies zur Wahrnehmung von Schranken dient, und zu diesem Zweck auch Umgehungsvorrichtungen entwickelt und vertrieben werden dürfen[470], kann nicht von einer generellen, urheberrechtlichen Unzulässigkeit von Dongles ausgegangen werden.

Schließlich bietet § 1 UWG auch Schutz vor Umgehung von Zugangskontrollmaßnahmen. So entschied etwa das OLG Wien[471], dass der Vertrieb von Decodern, die zur Entschlüsselung fremder, verschlüsselt gesendeter Pay-TV-Programme dienen, als sittenwidrige Ausbeutung fremder Leistung wettbewerbswidrig nach § 1 UWG sei.

An dieser Stelle ist auch die Entscheidung „Multifilter" des OLG München[472] anzuführen, aus der die Wettbewerbswidrigkeit des Vertriebs eines „Multifilter" genannten Umgehungsmittels folgt, der den unverschlüsselten Empfang des Pay-TV-Programms durch Umgehung des Decoders der Pay-TV-Veranstalterin ohne Bezahlung eines Entgeltes ermöglicht. Die Wettbewerbswidrigkeit nach § 1 dUWG ergebe sich sowohl aus der daraus resultierenden unzulässigen Behinderung als auch aus dem Schmarotzen an fremder Leistung. Erwähnenswert erscheint ebenso die Entscheidung „Piratenkarte" des OLG Frankfurt[473], der zufolge der Vertrieb sog „Piratenkarten", die den unverschlüsselten Empfang von Pay-TV-Programmen ohne Verwendung der offiziellen Karte zur Decodierung ermöglichen, eine wettbewerbswidrige Behinderung der rechtmäßigen Anbieter der Verschlüsselungssysteme gemäß § 1 dUWG darstelle[474].

---

[470]) Siehe dazu ausführlich weiter unten im Kap 6.2.1.
[471]) OLG Wien, 20.12.1990, 1 R 199/90, ecolex 1996, 612 f.
[472]) OLG München „Multifilter", CR 1993, 31 (Leitsatz m. Anm d. Red.).
[473]) OLG Frankfurt/Main „Piratenkarte", NJW 1996, 264 f.
[474]) Vgl zu den beiden dt Entscheidungen *Raubenheimer*, Beseitigung/Umgehung eines technischen Programmschutzes nach UrhG und UWG, CR 1996, 78 f und *Wand*, Technische Schutzmaßnahmen und Urheberrecht, München 2001, 160 f.

Neben den ausdrücklich geregelten Umgehungsschutzbestimmungen des UrhG und des ZugangskontrollG bietet sich daher zum Schutz technischer Maßnahmen vor Umgehung auch das Wettbewerbsrecht, insbesondere § 1 UWG an. Allerdings ist bei Heranziehung des § 1 UWG zu beachten, dass dessen Anwendbarkeit gewerbsmäßiges Handeln und ein Wettbewerbsverhältnis zwischen den Parteien voraussetzt.

6 Das Verhältnis von Schutzmaßnahmen und Schranken

Angesichts dieses rigorosen Umgehungsschutzes technischer Maßnahmen drängt sich nun die Frage auf, in welchem Verhältnis dieser Rechtsschutz zu den Schrankenbestimmungen steht. Denn wenn, wie soeben ausgeführt, technische Schutzvorkehrungen ausnahmslos gegen Umgehung geschützt sind, so wird dadurch nicht nur die unrechtmäßige Ausübung der den Rechtsinhabern vorbehaltenen Rechte verhindert, sondern auch die von urheberrechtlichen Schranken gedeckte und damit rechtmäßige Werknutzung verunmöglicht. Den von den Ausnahmen Begünstigten ist innerhalb der gesetzlich vorgesehenen Grenzen die Werknutzung erlaubt, der Einsatz technischer Schutzmaßnahmen verhindert aber die Ausübung dieser gesetzlich eingeräumten Privilegien.

Um die Abwägung zwischen Eigentums- und Allgemeininteressen, wie sie im Urheberrecht zum Ausdruck kommt, auch für den digitalen und insbesondere den technisch geschützten Bereich aufrechtzuerhalten, besteht daher ein Bedürfnis, den technischen Schutz zu beschränken. Diese Beschränkung soll verhindern, dass durch den Einsatz technischer Schutzmaßnahmen die urheberrechtlichen Schrankenbestimmungen, insbesondere die freie Werknutzung der Vervielfältigung zum privaten Gebrauch, leer laufen und es damit zu einer gewissen „Verabsolutierung" des Urheberrechts kommt[475].

Dem Gesetzgeber stehen dabei mehrere Optionen zur Verfügung, um das Spannungsverhältnis zwischen technischen Schutzmaßnahmen und den urheberrechtlichen Schrankenregelungen zu lösen.

---

[475]) Der Begriff „Verabsolutierung" des Urheberrechts soll die mit dem Einsatz technischer Schutzmaßnahmen in Verbindung mit dem rechtlichen Schutz dieser Maßnahmen vor Umgehung einhergehende Gefahr verdeutlichen, dass sich die Rechtsinhaber unter Zuhilfenahme dieser Schutzmaßnahmen ihr eigenes Urheberrecht schaffen, indem durch den Einsatz von Schutzvorkehrungen und deren Schutz vor Umgehung ein Schutzniveau erreicht wird, das dem eines absoluten Rechts entspricht und sie in die Lage versetzt, selbst eine durch Schranken erlaubte Nutzung zu verhindern. Siehe dazu *Mayer*, Die Privatkopie nach Umsetzung des Regierungsentwurfes zur Regelung des Urheberrechts in der Informationsgesellschaft, CR 2003, 278; *Hoeren*, Entwurf einer EU-Richtlinie zum Urheberrecht in der Informationsgesellschaft, MMR 2000, 520; *Bechtold*, Vom Urheber- zum Informationsrecht. Implikationen des Digital Rights Management, München 2002, 369 f.

6.1 Regelungsoptionen

An dieser Stelle werden zunächst grundsätzliche Regulierungsmöglichkeiten aufgezeigt[476] und im Anschluss daran der europäische Weg des Art 6 Abs 4 der Urheberrechtsrichtlinie dargelegt.

6.1.1 Technischer Lösungsansatz

Eine Möglichkeit, die Auswirkungen technischer Schutzmaßnahmen auf urheberrechtliche Schrankenbestimmungen zu beschränken, bestünde darin, den Einsatz solcher Schutzvorkehrungen zu verbieten, die urheberrechtliche Schrankenregelungen unterlaufen. Dies würde den Gesetzgeber faktisch zwingen, in technischer Hinsicht eigene Standards für die Ausgestaltung der einzelnen Schutzvorkehrungen zu setzen.

In den USA wurde dieser Ansatz im Rahmen des „Audio Home Recording Act" verfolgt, der den Einsatz von Serial Copy Management Systemen (SCMS) in digitalen Aufnahmegeräten zwingend vorsieht und damit zumindest die Herstellung digitaler Kopien der ersten Generation, also von Kopien vom Original, ermöglicht[477].

Der entscheidende Nachteil einer solchen direkten Einflussnahme auf die technische Ausgestaltung von Schutzmaßnahmen ist darin zu sehen, dass die Gerätehersteller zur Verwendung gesetzlich vorgegebener Schutzmaßnahmen verpflichtet werden, die notwendiger Weise technologiespezifisch umschrieben sind und daher – gibt es doch derzeit noch kein vollkommen ausgereiftes Schutzsystem - schnell veralten. Der Gesetzgeber stünde vor der kaum lösbaren Aufgabe, die von ihm vorgegebenen Schutzstandards ständig an die technische Entwicklung und das Marktgeschehen anpassen zum müssen[478]. In der Tat läuft eine derartige Regelung, welche die gesetzliche Pflicht zur Verwendung technischer Schutzmaßnahmen beinhaltet, auf ein Verbot des Einsatzes technischer Neuerungen hinaus[479] und ist

---

[476]) Zu den grundsätzlichen Reaktionsmöglichkeiten des Rechts siehe die ausführliche Darstellung bei *Bechtold*, Vom Urheber- zum Informationsrecht. Implikationen des Digital Rights Management, München 2002, 407 – 416.

[477]) Siehe *Bechtold*, Vom Urheber- zum Informationsrecht. Implikationen des Digital Rights Management, München 2002, 409.

[478]) Siehe *Reinbothe*, Die Umsetzung der EU-Urheberrechtsrichtlinie in deutsches Recht, ZUM 2002, 50.

[479]) Vgl die Stellungnahme der *Deutsche Vereinigung für gewerblichen Rechtsschutz und Urheberrecht* zum Grünbuch der Kommission der Europäischen Gemeinschaften über Urheberrecht und die technologische

daher abzulehnen. Technische Schutzstandards können den beteiligten Kreisen vom Gesetzgeber nicht „aufoktroyiert"[480] werden, die Entwicklung solcher Standards muss vielmehr marktgesteuert erfolgen.

6.1.2 Gerichtlich durchsetzbare Gegenansprüche

Der Gesetzgeber könnte sich auch dafür entscheiden, den Einsatz technischer Schutzmaßnahmen und deren Schutz vor Umgehung überhaupt nicht zu beschränken und den schrankenberechtigten Nutzer auf den Rechtsweg zu verweisen: Wird durch eine technische Schutzmaßnahme die Ausübung einer urheberrechtlichen Schrankenbestimmung verhindert, so könnte der von der betreffenden Ausnahme Privilegierte seinen rechtlichen Anspruch auf Ausnutzung dieser Schranke gerichtlich einklagen[481].

Dieser Lösungsansatz wird damit begründet, dass ein unbeschränkter rechtlicher Umgehungsschutz im Interesse der Wirksamkeit dieses rechtlichen Schutzes technischer Maßnahmen vor Umgehung, also aus Gründen des effektiven Rechtsschutzes, geboten erscheint. Vor diesem Hintergrund sei es zulässig, den Nutzer im Hinblick auf die in den Schranken statuierten Befugnisse auf den Rechtsweg zu verweisen[482].

Mit Bechtold[483] darf jedoch daran gezweifelt werden, dass ein unbeschränkter rechtlicher Umgehungsschutz „aus Gründen des effektiven Rechtsschutzes" tatsächlich geboten erscheint. Wie bereits weiter oben angedeutet[484], ermöglichen technische Schutzmaßnahmen den Rechtsinhabern, sich ihr eigenes Urheberrecht zu schaffen und dessen Reichweite selbst zu bestimmen. Das dadurch erreichte Schutzniveau kann dazu dienen, selbst eine durch Schranken erlaubte Nutzung zu verhindern[485]. Insofern erscheint es daher problematisch, auf der einen Seite den

Herausforderung, GRUR 1989, 183 f (auch die Kommission schlug damals vor, technische Kopierschutzmaßnahmen für DAT-Geräte gesetzlich vorzuschreiben) und Wand, Technische Schutzmaßnahmen und Urheberrecht, München 2001, 95 f, 98.

[480]) Vgl Reinbothe, Die Umsetzung der EU-Urheberrechtsrichtlinie in deutsches Recht, ZUM 2002, 50.

[481]) Siehe Bechtold, Vom Urheber- zum Informationsrecht. Implikationen des Digital Rights Management, München 2002, 410.

[482]) So etwa Wand, Technische Schutzmaßnahmen und Urheberrecht, München 2001, 126, 148.

[483]) Siehe Bechtold, Vom Urheber- zum Informationsrecht. Implikationen des Digital Rights Management, München 2002, 410.

[484]) Siehe oben Fn 475.

[485]) Vgl Mayer, Die Privatkopie nach Umsetzung des Regierungsentwurfes zur Regelung des Urheberrechts in der Informationsgesellschaft, CR 2003, 278; Hoeren, Entwurf einer EU-Richtlinie zum Urheberrecht in der

Rechtsinhabern den weitreichenden Einsatz technischer Schutzmaßnahmen zu gestatten und diese umfassend gegen Umgehung zu schützen und auf der anderen Seite die Nutzer zur Durchsetzung ihrer sich aus den urheberrechtlichen Schranken ergebenden Befugnisse auf den Rechtsweg zu verweisen[486]. Dies zumal die gerichtliche Durchsetzung der betreffenden Schrankenbestimmung für den Nutzer aufgrund des Kostenrisikos und der Langwierigkeit des Gerichtsverfahrens kaum praktikabel ist. Gerade im Bereich der Privatkopie ergibt sich das Bedürfnis zur Ausnutzung der Schranke äußerst kurzfristig, für einen einzelnen Nutzer wird es sich in der Regel daher nicht lohnen, sein (etwaiges)[487] Recht zur Privatkopie gerichtlich einzuklagen, um dann einige Monate, vielleicht auch Jahre später, von der Schranke Gebrauch machen zu können.

Zudem setzt ein gerichtlich durchsetzbarer Anspruch des Nutzers auf Ausübung der Schrankenbestimmung zwingend voraus, dass ein derartiger rechtlicher Anspruch überhaupt existiert. Ein solcher Anspruch kann sich nach *Wand* aus einem Nutzungsvertrag, gesetzlichen Gewährleistungsregeln und den urheberrechtlichen Schrankenregelungen selbst ergeben[488]. So knüpfen beispielsweise die vertragsfesten Schranken in Art 5 und 6 der Computerprogrammrichtlinie[489] stets an einen Nutzungsvertrag an. Wird durch eine technische Schutzmaßnahme die Ausnutzung einer urheberrechtlichen Schrankenbestimmung verhindert, so stellt dies einen Verstoß gegen die Bedingungen des Nutzungsvertrages dar und berechtigt den Nutzer zur gerichtlichen Durchsetzung seiner vertraglichen Befugnisse[490].

Ob allerdings auch der im Rahmen dieser Arbeit interessierenden Privatkopieschranke nach § 42 UrhG ein gerichtlich einklagbarer Anspruch entspricht, wird nachfolgend näher untersucht.

Informationsgesellschaft, MMR 2000, 520; *Bechtold*, Vom Urheber- zum Informationsrecht. Implikationen des Digital Rights Management, München 2002, 369 f, 410.

[486]) Vgl *Bechtold*, Vom Urheber- zum Informationsrecht. Implikationen des Digital Rights Management, München 2002, 410.

[487]) Zur Frage, ob die gesetzliche Lizenz der Vervielfältigung zum privaten Gebrauch nach § 42 UrhG als „Nutzerrecht" aufgefasst werden kann, siehe sogleich (Kap 6.1.2.2).

[488]) Siehe *Wand*, Technische Schutzmaßnahmen und Urheberrecht, München 2001, 126, 148.

[489]) Siehe dazu oben das Kap 3.3.1.

[490]) Siehe *Wand*, Technische Schutzmaßnahmen und Urheberrecht, München 2001, 126, 130 und diesen zusammenfassend *Bechtold*, Vom Urheber- zum Informationsrecht. Implikationen des Digital Rights Management, München 2002, 410.

6.1.2.1   Gewährleistungsrecht

Da die gesetzliche Lizenz der Vervielfältigung zum privaten Gebrauch nach § 42 UrhG gerade nicht an einen Nutzungsvertrag anknüpft, ist zunächst zu prüfen, ob das durch eine technische Schutzmaßnahme bedingte Wegfallen der von § 42 UrhG eingeräumten Kopiermöglichkeit nicht einen Mangel darstellt, aus dem sich gewährleistungsrechtliche Ansprüche ergeben.

Ausgehend vom praktisch relevanten Fall kopiergeschützter Audio-CDs[491] kann diesbezüglich auf die Ergebnisse des Kapitels 5.1.2.2 verwiesen werden. Diesen Ausführungen zufolge berechtigt die mangelnde Vervielfältigungsmöglichkeit einer kopiergeschützten Audio-CD nur dann zur Geltendmachung gewährleitungsrechtlicher Ansprüche, wenn die Kopierfähigkeit nach der allgemeinen Verkehrsauffassung zu den gewöhnlich vorausgesetzten Eigenschaften von Audio-CDs zählt. Geht man davon aus, dass sich zum gegenwärtigen Zeitpunkt Kopierschutzsysteme am Markt noch nicht flächendeckend durchgesetzt haben und die Vervielfältigungsmöglichkeit von Audio-CDs somit den berechtigten Käufererwartungen entspricht, so stehen dem Käufer einer kopiergeschützten CD gewährleistungsrechtliche Ansprüche zu.

Die Entfernung des Kopierschutzes im Sinne einer Verbesserung gemäß § 932 ABGB wird jedoch daran scheitern, dass der Übergeber der CD diesem Verlangen selbst nicht nachkommen wird können und der CD-Hersteller die Entfernung der Schutzvorkehrung mit Sicherheit verweigern wird. Ein Recht auf die Entfernung des Kopierschutzes besteht nach Gewährleistungsrecht jedenfalls nicht[492]. Der Austausch wiederum wird daran scheitern, dass Audio-CDs in der Regel weltweit einheitlich vertrieben werden, die gleiche CD wird es ohne Kopierschutz gar nicht geben. In der Praxis bleibt dem Käufer daher nur die Preisminderung und die Rückabwicklung des CD-Kaufes. Diese beiden Ansprüche vermögen dem Käufer einer kopiergeschützten Audio-CD, die sich aufgrund des Kopierschutzes nicht für den Privatgebrauch vervielfältigen lasst, jedoch nicht weiterzuverhelfen: Der Kaufpreis wird zwar gemindert bzw gegen Rückgabe der Audio-CD rückerstattet, die intendierte Herstellung einer Privatkopie von der CD bleibt ihm jedoch weiterhin

---

[491]) Oben wurde bereits darauf hingewiesen, dass kopiergeschützte Audio-CDs die Bestimmungen des Red-Book-Standards nicht erfüllen, somit das Logo „Compact Disc Digital Audio" nicht tragen dürften und keine Audio-CDs im eigentlichen Sinne sind. Vgl oben Fn 360.

[492]) Siehe auch den Bericht des Vereins für Konsumenteninformation „Kopierschutz Audio-CDs. Verflixte Schikanen", abrufbar unter http://www.konsument.at/seiten/p2560.htm.

verwehrt. Demnach verleihen die gesetzlichen Gewährleistungsregeln der §§ 922 ff ABGB nach der hier vertretenen Ansicht dem Käufer einer kopiergeschützten Audio-CD zwar gewährleistungsrechtliche Ansprüche, diese vermögen jedoch an dem durch den Kopierschutz bedingten Ausschluss der Möglichkeit, von der CD eine Privatkopie zu erstellen, nichts zu ändern.

Die gesetzlichen Gewährleistungsregeln sind im Hinblick auf den hier diskutierten, gerichtlich durchsetzbaren Anspruch auf die Ausübung der Privatkopieschranke auch insofern wenig hilfreich, als der Übergeber einer kopiergeschützten Audio-CD den soeben besprochenen gewährleistungsrechtlichen Ansprüchen durch entsprechende Aufklärung bzw Verwendung von Warnhinweisen entgegen wirken kann[493]. Die fehlende Vervielfältigungsmöglichkeit gehört dann zu den vertraglich vereinbarten Eigenschaften der Audio-CD, weshalb es an einem Mangel iSd Gewährleistungsrechts fehlt. Da in einem solchen Fall das Gewährleistungsrecht als Grundlage für einen gerichtlich durchsetzbaren Anspruch auf die Ausübung der Privatkopieschranke mithin jedenfalls ausscheidet, ist damit nicht ein mal die Preisminderung oder die Rückabwicklung des Vertrags möglich. Wie bereits erwähnt, vermögen jedoch selbst diese beiden Ansprüche an der durch den Kopierschutz bedingten Verhinderung der Ausnutzung der Privatkopieschranke nichts zu ändern.

Im Ergebnis liefern daher die gesetzlichen Gewährleistungsregeln keine Grundlage für einen gerichtlich durchsetzbaren Anspruch auf die Wahrnehmung der Privatkopieschranke.

6.1.2.2 Urheberrecht - Das Recht auf die Privatkopie

Nachdem somit auch das Gewährleistungsrecht keinen gerichtlich durchsetzbaren Anspruch auf die Ausnutzung der Privatkopieschranke verleiht, stellt sich in weiterer Folge die Frage, ob sich nicht aus der Schrankenregelung des § 42 UrhG selbst ein derartiger Anspruch ergibt. Fraglich ist daher, ob die Privatkopieschranke als ein „Recht" des Nutzers aufgefasst werden kann. Sollte dies der Fall sein, so könnte der Nutzer bei der durch eine technische Schutzmaßnahme

---

[493]) Vgl *von Diemar*, Die digitale Kopie zum privaten Gebrauch, Hamburg 2002, 153 und oben das Kap 5.1.2.2.1.

bedingten Verhinderung der Ausnutzung seines „Rechts" auf die Privatkopie dessen Ausübung gerichtlich einklagen.

Nach geltendem österreichischen Recht gibt es jedoch keinen durchsetzbaren Anspruch auf die Privatkopie[494]. Wie bereits weiter oben erwähnt[495], kann der Urheber nicht gezwungen werden, den Zugang zu seinem Werk zu gewähren[496]. Entscheidet er sich jedoch dazu, das Werk der Öffentlichkeit zur Verfügung zu stellen, so kann der Urheber die Bedingungen, unter denen dieser Zugang möglich sein soll, festlegen. Der Begünstigte einer Ausnahme, insbesondere jener der Vervielfältigung zum privaten Gebrauch, kann also nicht vom Urheber oder Hersteller verlangen, dass diese die geschützten Inhalte in einer Form veröffentlichen, die der Privatkopie zugänglich sind[497]. Die gesetzlich eingeräumte Nutzungserlaubnis erklärt lediglich die Herstellung einzelner Vervielfältigungsstücke zum eigenen bzw privaten Gebrauch für *zulässig,* ein Anspruch auf die Vervielfältigung zum privaten Gebrauch lässt sich daraus nicht ableiten. Das so viel beschworene Recht auf die Privatkopie existiert demnach nicht[498], es handelt sich lediglich um eine rechtliche Genehmigung, nicht um einen Anspruch. Denn dem einzelnen Begünstigten der Privatkopieschranke wird weder ein subjektives privates noch ein subjektives öffentliches Recht auf die in § 42 UrhG vorgesehene Nutzung gewährt[499].

Ein subjektives privates Recht des Nutzers gegen den Urheber auf Ermöglichung bestimmter Nutzungen[500] scheidet, wie weiter oben ausgeführt[501], aufgrund der Privatautonomie aus: Es obliegt allein dem Urheber zu entscheiden, ob und gegebenenfalls in welcher Form er sein Werk zugänglich machen will. Auf diese Entscheidung und die gewährte Form des Zugangs durch den Urheber hat der potenzielle Nutzer eines Werkes keinen Einfluss.

Der Einzelne kann sich auch nicht auf ein subjektives öffentliches Recht stützen, um eine freie Werknutzung bzw gesetzliche Lizenz durchzusetzen, da ihm

---

[494]) Siehe dazu schon oben im Kap 5.1.2.1.

[495]) Siehe weiter oben im Kap 5.1.1.

[496]) Der Urheber unterliegt aufgrund der Privatautonomie jedenfalls keinem Kontrahierungszwang. Es obliegt allein seiner Entscheidung, ob er sein Werk für sich behält oder der Öffentlichkeit zugänglich macht. Siehe *Hebenstreit,* Urheberrechtliche Schrankenregelungen im digitalen Umfeld, Dissertation, Wien 2001, 169.

[497]) Siehe *Knies,* Kopierschutz für Audio-CDs – Gibt es den Anspruch auf die Privatkopie?, ZUM 2002, 795.

[498]) Siehe von *Diemar,* Kein Recht auf Privatkopien – Zur Rechtsnatur der gesetzlichen Lizenz zu Gunsten der Privatvervielfältigung, GRUR 2002, 592.

[499]) Siehe *Hebenstreit,* Urheberrechtliche Schrankenregelungen im digitalen Umfeld, Dissertation, Wien 2001, 172.

[500]) Siehe *Hebenstreit,* Urheberrechtliche Schrankenregelungen im digitalen Umfeld, Dissertation, Wien 2001, 172.

[501]) Siehe das Kap 5.1.2.1, insb Fn 340.

ein solches Recht nicht eingeräumt wurde. Der Gesetzgeber hat das Spannungsverhältnis zwischen den kollidierenden Grundrechten, also den Interessen der Allgemeinheit am Zugang zu den Kulturgütern[502] und jenen der Urheber am Schutz ihrer Werke[503] in § 14 iVm §§ 41 ff UrhG durch die Festlegung bestimmter Beschränkungen des Urheberrechts, insbesondere durch die Einräumung freier Werknutzungen, aufgelöst. Der von einer Ausnahme Begünstigte kann aber nicht vom Gesetzgeber verlangen, dass dieser die Ausübung der Schranken gewährleistet[504]. Die Durchsetzung dieser Ausnahmen wird nicht durch Einräumung eines subjektiven öffentlichen Rechtes garantiert.

Einen durchsetzbaren Anspruch auf die Herstellung analoger oder digitaler Kopien im Rahmen freier Werknutzungen gibt es daher im österreichischen Recht nicht. „Copy" ist hinsichtlich der Privatkopie somit kein „right"!

Soweit das Spannungsverhältnis zwischen technischen Schutzmaßnahmen und urheberrechtlichen Schrankenbestimmungen demnach in der Weise gelöst wird, dass technische Maßnahmen gegen Umgehung geschützt werden und diesem umfassenden Schutz lediglich gerichtlich durchsetzbare Gegenansprüche der Nutzer gegenübergestellt werden, sind die von der Privatkopieschranke nach § 42 UrhG Begünstigten faktisch rechtlos gestellt, da der gesetzlichen Lizenz der Vervielfältigung zum privaten Gebrauch nach der geltenden Rechtslage kein durchsetzbarer Anspruch entspricht.

Hinsichtlich der Diskussion über Schranken als Nutzerrechte ist allerdings zu beachten, dass aus der soeben getroffenen Feststellung, dass die Privatkopieschranke nicht als „Nutzerrecht" aufgefasst werden kann, im Hinblick auf das zur Diskussion stehende Verhältnis von Schutzmaßnahmen und Schrankenbestimmungen nicht geschlossen werden kann, dass urheberrechtliche Schranken, insbesondere die Privatkopie, im Rahmen technischer Schutzmaßnahmen generell nicht zu berücksichtigen sind. Letztlich geht es bei dem Verhältnis zwischen Schutzmaßnahmen und Schrankenbestimmungen um die

---

[502]) Verkörpert etwa durch die Kunstfreiheit, die Wissenschaftsfreiheit, die Informationsfreiheit, dem Recht auf Bildung und dem Recht jedermanns, am kulturellen Leben teilzunehmen. Siehe *Hebenstreit,* Urheberrechtliche Schrankenregelungen im digitalen Umfeld, Dissertation, Wien 2001, 46 f.

[503]) Das vor allem durch das unter Gesetzesvorbehalt stehende Grundrecht auf Unverletzlichkeit des Eigentums nach Art 5 StGG gesichert wird.

[504]) Siehe *Hebenstreit,* Urheberrechtliche Schrankenregelungen im digitalen Umfeld, Dissertation, Wien 2001, 172 f.

Aufrechterhaltung des Interessensausgleichs zwischen Urhebern und Nutzern[505], wie er im Urheberrecht zum Ausdruck kommt[506]. Die Frage, ob die urheberrechtlichen Schranken als Nutzerrechte ausgestaltet sind, ist davon getrennt zu behandeln. Kommt man zu dem Ergebnis, dass die Privatkopieschranke dem einzelnen Nutzer kein durchsetzbares Recht verleiht, so entlässt dies den Gesetzgeber jedenfalls nicht aus seiner Pflicht, auch im Bereich technischer Schutzmaßnahmen für einen gerechten Ausgleich zwischen den Interessen der Urheber und der Nutzer Sorge zu tragen.

6.1.3 Selbsthilferecht

Eine weitere Möglichkeit, das Spannungsverhältnis zwischen technischen Schutzmaßnahmen und urheberrechtlichen Schrankenbestimmungen zu lösen, bestünde darin, den Schutz technischer Maßnahmen vor Umgehung bei schrankenprivilegierten Nutzungen zu durchbrechen. Im Hinblick auf die Vervielfältigung zum privaten Gebrauch würde dies bedeuten, dass der rechtliche Umgehungsschutz dann nicht greift, wenn durch die technische Maßnahme die Wahrnehmung der Privatkopieschranke verhindert wird. Da in diesem Fall der Umgehungsschutz versagt, wäre der schrankenberechtigte Nutzer legitimiert, seine Befugnisse im Wege der Selbsthilfe[507] durch Umgehung der Schutzmaßnahme durchzusetzen (sog „right to hack").

Bei diesem Lösungsansatz darf jedoch nicht übersehen werden, dass sich der rechtliche Umgehungsschutz nicht nur auf die unmittelbare Umgehungshandlung

---

[505]) So stellt etwa die in § 42 UrhG normierte Privatkopieschranke einen gerechten Ausgleich zwischen den Interessen der Urheber bzw Leistungsschutzberechtigten an der Anerkennung eines unbeschränkten Herrschaftsrechts am Werk und den Interessen der Allgemeinheit am ungehinderten Zugang jedes einzelnen zu den Kulturgütern dar. Vgl OGH 26.1.1993 – Null-Nummer II - ÖBl 1993, 136 = MR 1993, 65 = WBl 1993, 233. und oben im Kap 3.1.

[506]) Siehe *Bechtold*, Vom Urheber- zum Informationsrecht. Implikationen des Digital Rights Management, München 2002, 382 f, insb Fn 1967.

[507]) Unter Selbsthilfe ist die Durchsetzung oder Sicherung eines Anspruchs mittels privater Gewalt zu verstehen. Vgl *Palandt/Heinrichs*, Bürgerliches Gesetzbuch, 1999, § 229 BGB Rn 1, zitiert nach *Wand*, Technische Schutzmaßnahmen und Urheberrecht, München 2001, 125 Fn 567. So hat etwa nach § 344 ABGB der Besitzer das Recht, seinen Besitz im Wege der Selbsthilfe zu verteidigen, falls behördliche Hilfe zu spät käme. Sofern der Besitzer „in continenti" handelt, ist er auch zu einer angemessenen „offensiven Selbsthilfe" berechtigt. Vgl *Koziol/Welser*, Grundriss des bürgerlichen Rechts, Bd 1, 11 Auflage, 241. Der Begriff „Selbsthilfe" ist im Rahmen dieser Arbeit jedoch nicht im Sinne der Durchsetzung eines Anspruchs (zur Frage, ob den urheberrechtlichen Schranken durchsetzbare Ansprüche korrespondieren, siehe oben im Kap 6.1.2.2), sondern soll die hier diskutierte Beschränkung des Umgehungsschutzes im Fall der Wahrnehmung einer Schranke ausdrücken.

selbst bezieht, die durch Legitimierung eines Selbsthilferechts gestattet würde, sondern auch den Vertrieb von Umgehungsmitteln[508] umfasst. Ein einzelner Nutzer wird jedoch kaum über die technischen Kenntnisse verfügen, die für die Umgehung einer „wirksamen" technischen Schutzmaßnahme erforderlich sind und daher in der Regel auf die Existenz von Umgehungsvorrichtungen oder –dienstleistungen angewiesen sein[509]. Mithin müsste bei der Lösung des Spannungsverhältnisses zwischen technischen Schutzmaßnahmen und den Schrankenbestimmungen über die Legitimierung eines Selbsthilferechts auch der Vertrieb von Umgehungsvorrichtungen gestattet werden, um auch technisch weniger versierte Nutzer in die Lage zu versetzen, von diesem Selbsthilferecht Gebrauch zu machen.

Aus der Gestattung des Vertriebs von Umgehungsmitteln ergäbe sich dann wiederum das als „dual-use"-Problematik[510] bekannte Problem, dass mit solchen Umgehungsvorrichtungen auch dann technische Schutzmaßnahmen umgangen werden können, wenn die intendierte Nutzung nicht durch Schranken des Urheberrechts gedeckt ist. Es ist technisch nicht möglich, eine Umgehungsvorrichtung zu entwickeln, die zwischen legalen und illegalen Zwecken der durch die Umgehung ermöglichten Nutzung zu unterscheiden vermag[511].

Die Schwierigkeit der hier diskutierten Problematik liegt darin, dass der Gesetzgeber in technischer Hinsicht einen Weg finden muss, der es auf der einen Seite den Nutzern ermöglicht, die von den Schranken des Urheberrechts gedeckten Nutzungen wahrnehmen zu können und auf der anderen Seite jene Nutzungen verhindert, die zweifellos der Zustimmung des Rechtsinhabers bedürfen[512].

Das Problematische an der Legitimierung eines Selbsthilferechts ist mithin weniger dieses sog „right to hack" selbst, sondern vielmehr die mit diesem Lösungsansatz zwingenderweise verbundene Gestattung des Vertriebs von Umgehungsvorrichtung und –dienstleistungen, die in der kaum lösbaren „dual use"-Problematik mündet.

---

[508]) Und andere sog „vorbereitende Handlungen" wie etwa das Angebot von Umgehungsdienstleistungen. Vgl Art 6 Abs 2 der Urheberrechtsrichtlinie.

[509]) Vgl *Bechtold*, Vom Urheber- zum Informationsrecht. Implikationen des Digital Rights Management, München 2002, 411.

[510]) Vgl zur „dual use"-Problematik schon weiter oben im Kap 5.2.1.

[511]) Vgl statt vieler *Linnenborn*, Europäisches Urheberrecht in der Informationsgesellschaft, K&R 2001, 399; Metzger/Kreutzer, Richtlinie zum Urheberrecht in der „Informationsgesellschaft", MMR 2002, 140; *Dreier*, Urheberrecht an der Schwelle des 3. Jahrtausends, CR 2000, 47.

[512]) Ähnlich *Bechtold*, Vom Urheber- zum Informationsrecht. Implikationen des Digital Rights Management, München 2002, 412.

6.1.4 Bereitstellung von Umgehungsmitteln durch die Rechtsinhaber

Schließlich kann das Verhältnis zwischen technischem Schutz und urheberrechtlichen Schranken durch eine Art Kompromisslösung geregelt werden: Während auf der einen Seite technische Schutzmaßnahmen umfassend gegen Umgehung geschützt und zugleich der Vertrieb von Umgehungsvorrichtungen und sonstige Vorbereitungshandlungen generell verboten werden, erhalten die Schrankenprivilegierten das Recht, für den Fall der durch eine technische Schutzmaßnahme bedingten Verhinderung der Ausnutzung einer Schranke, von den Rechtsinhabern die Zurverfügungstellung der für die Umgehung der Schutzmaßnahme zum Zweck der Schrankenwahrnehmung erforderlichen Mitteln zu verlangen[513]. Diejenigen, die sich zum Schutz ihrer urheberrechtlich geschützten Werke und Schutzgegenstände technischer Schutzvorkehrungen bedienen und dadurch die Ausübung freier Werknutzungen verhindern, werden dadurch verpflichtet, durch Bereitstellung der entsprechenden Mittel die von den Schranken gedeckten Nutzungen zu ermöglichen[514]. Wie sich noch zeigen wird, hat man sich auf europäischer Ebene für diesen Ansatz entschieden[515].

In der Praxis könnte dieser Lösungsansatz dergestalt verwirklicht werden, dass jene Rechtsinhaber, die technische Schutzmaßnahmen verwenden, die für die Umgehung ihrer Schutzvorkehrung zum Zweck der Schrankenausübung notwendigen Mittel einer speziellen Instanz zur Verfügung stellen, die wiederum für die Weiterleitung dieser Mittel[516] an die von einer Schranke begünstigten Nutzer sorgt. Diese Instanz kann entweder von den Rechtsinhabern selbst, oder von einer unabhängigen dritten Stelle[517] betrieben werden. Die Aufgaben einer solchen neutralen Instanz könnte zum Beispiel ein bestimmter Verband übernehmen, etwa ein Bibliotheksverband oder ein allgemeiner Verband für Schrankenprivilegierte[518].

---

[513]) Siehe zu diesem Lösungsansatz ausführlich *Bechtold*, Vom Urheber- zum Informationsrecht. Implikationen des Digital Rights Management, München 2002, 412 ff.
[514]) Ähnlich *Dreier*, Urheberrecht an der Schwelle des 3. Jahrtausends, CR 2000, 47.
[515]) Siehe dazu weiter unten im Kap 6.2.
[516]) Als "Mittel" kommen insbesondere Umgehungsprogramme, Schlüsselinformationen zum Überwinden von Schutzvorkehrungen und ähnliches in Betracht.
[517]) Sog „trusted third party". Trusted third parties, also unabhängige vertrauenswürdige dritte Instanzen, fungieren bspw im Bereich elektronischer Signaturen als Zertifizierungsstellen.
[518]) Vgl die Begründung zum deutschen Gesetzesentwurf zur Regelung des Urheberrechts in der Informationsgesellschaft vom 6.11.2002, BT-Drucks 15/38, S 27, abrufbar unter www.urheberrecht.org/topic/Info-RiLi/ent/1500038.pdf.

Für diese Regelungsoption spricht, dass dadurch im Interesse der Rechtsinhaber sichergestellt ist, dass Umgehungsvorrichtungen ausschließlich von der betreffenden Instanz und nur für legale Zwecke, jedoch nicht frei am Markt erhältlich sind. Die Gefahr der illegalen Verwendung von Umgehungsvorrichtungen ließe sich dadurch stark reduzieren[519].

Der Nachteil dieses von *Bechtold* „Key Escrow"-System[520] genannten Ansatzes ist jedoch darin zu sehen, dass es einer Vielzahl von Nutzern mitunter zu umständlich sein wird, sich zunächst an eine bestimmte Instanz zu wenden, die erst nach einer für die Überprüfung der Schrankenberechtigung notwendigen Zeitspanne erhaltene Umgehungssoftware oder sonstige Schlüsselinformation zum Überwinden der Schutzvorkehrung sodann auf die betreffende Schutzmaßnahme anzuwenden, um letztlich erst bei erfolgreicher Verwendung des überlassenen Umgehungsmittels in der Lage zu sein, die schrankenberechtigte Nutzung wahrzunehmen. Wie bereits weiter oben erwähnt, ergibt sich nämlich das Bedürfnis zur Ausnutzung der einzelnen Schranken, insbesondere jener der Vervielfältigung zum privaten Gebrauch, in der Regel äußerst kurzfristig. Mit einem langwierigen und aufwendigen Verfahren ist dem Schrankenbegünstigten daher nur bedingt gedient.

Des Weiteren weist *Bechtold*[521] zurecht darauf hin, dass die Lösung des Spannungsverhältnisses zwischen technischen Schutzmaßnahmen und urheberrechtlichen Schranken über die Verpflichtung der Rechtsinhaber zur Bereitstellung von Umgehungsmitteln zu einer bedenklichen „Zentralisierung der Schrankenbestimmungen" führt, da jede schrankenberechtigte Nutzung eines technisch geschützten Werks oder Schutzgegenstands zwingend die Kontaktierung einer bestimmten Instanz voraussetzt. Sollten diese Instanzen nicht von einer neutralen Stelle, sondern von den Rechtsinhabern selbst betrieben werden, befänden sich damit gerade jene in der Lage, die für den Erhalt von

---

[519]) Ähnlich *Dreier*, Urheberrecht an der Schwelle des 3. Jahrtausends, CR 2000, 47 und *Bechtold*, Vom Urheber- zum Informationsrecht. Implikationen des Digital Rights Management, München 2002, 412.

[520]) Die „Key Escrow"-Problematik steht in Zusammenhang mit der Kryptographie-Kontroverse. Vor dem Hintergrund, dass es angesichts der heute technisch ausgereiften Verschlüsselungssysteme selbst staatlichen Rechtsverfolgungsorganen in Fällen berechtigten Interesses nicht möglich ist, verschlüsselte Kommunikationen zu dechiffrieren, geht es dabei um die Frage, ob und wieweit der Staat vom Nutzer eines Verschlüsselungsverfahrens zum Zweck der Entschlüsselung der betreffenden Kommunikation die Bereitstellung des verwendeten Schlüssels verlangen kann. Die in diesem Zusammenhang diskutierte Lösung, die verwendeten Schlüssel bei einer vertrauenswürdigen dritten Instanz („trusted third party") zu hinterlegen, von welcher der Staat den Schlüssel gegebenenfalls erhalten kann, ähnelt dem hier besprochenen Ansatz. Siehe dazu *Bechtold*, Vom Urheber- zum Informationsrecht. Implikationen des Digital Rights Management, München 2002, 413.

[521]) Vgl *Bechtold*, Vom Urheber- zum Informationsrecht. Implikationen des Digital Rights Management, München 2002, 414.

Umgehungsmitteln notwendige Schrankenberechtigung zu kontrollieren, die in der Regel an der Verhinderung des Gebrauchs von Schrankenbestimmungen interessiert sind[522]. Aus diesem Grund ist es vorzuziehen, dass nicht die Rechtsinhaber selbst, sondern unabhängige Instanzen, sog „trusted third parties", die Verteilung der Umgehungsmittel und damit die Überprüfung der Schrankenberechtigung übernehmen[523].

Die für die Überprüfung der Schrankenberechtigung erforderliche Übermittlung von Informationen über den Nutzer und die intendierte Nutzung[524] ist überdies unter datenschutzrechtlichen Aspekten problematisch - ein Umstand, der ebenfalls viele Nutzer daran hindern wird, die Bereitstellung der Umgehungsmittel zu verlangen. In der Praxis wird daher die Mehrzahl der Nutzer auf die Wahrnehmung der betreffenden Schranke verzichten.

Zusammenfassend ist festzustellen, dass keine der soeben besprochenen Regelungsoptionen das zwischen technischem Schutz und urheberrechtlichen Schranken bestehende Spannungsverhältnis für alle Beteiligten befriedigend zu lösen vermag. Dieser Befund wird dadurch bestätigt, dass um die Bestimmung des Art 6 Abs 4 der Urheberrechtsrichtlinie, der sich diesem Spannungsverhältnis widmet, bis zuletzt gerungen wurde und die Endfassung des Art 6 Abs 4 der RL eine außerordentlich komplexe Regelung darstellt. Im Rahmen der nachstehenden Analyse dieses Artikels wird nun ausführlich der europäische Ansatz zur Regelung des hier diskutierten Spannungsverhältnisses dargestellt.

6.2 Der europäische Weg: Die Regelung durch Art 6 Abs 4 der Urheberrechtsrichtlinie

Zunächst ist in diesem Zusammenhang nochmals festzuhalten, dass aus der Definition technischer Maßnahmen in Art 6 Abs 3 der Richtlinie folgt, dass jede

---

[522]) Freilich kann sich der Nutzer gegen die unberechtigte Herausgabeverweigerung des betreffenden Umgehungsmittels auf dem Rechtsweg zur Wehr setzen, die gerichtliche Durchsetzung ist jedoch aufgrund des damit verbundenen Aufwandes und der Langwierigkeit des Verfahrens wenig praktikabel. Vgl dazu schon oben im Kap 6.1.2 und *Bechtold*, Vom Urheber- zum Informationsrecht. Implikationen des Digital Rights Management, München 2002, 414.

[523]) Vgl *Bechtold*, Vom Urheber- zum Informationsrecht. Implikationen des Digital Rights Management, München 2002, 413 f.

[524]) Vgl *Bechtold*, Vom Urheber- zum Informationsrecht. Implikationen des Digital Rights Management, München 2002, 414.

Umgehung einer Schutzvorkehrung ohne Genehmigung des Rechtsinhabers rechtswidrig ist. Eine gesetzliche Erlaubnis, wie etwa die gemäß § 42 UrhG zulässige Herstellung von Privatkopien, rechtfertigt demnach nicht die Umgehung technischer Schutzmaßnahmen[525]. Kommt es dennoch zur Umgehung einer Schutzmaßnahme durch den von einer Schranke Begünstigten, so stellt diese Umgehung aufgrund des Umgehungsschutzes des Art 6 Abs 1 der Richtlinie bzw des § 90c UrhG eine Rechtsverletzung dar, soweit sich der Nutzer jedoch an die gesetzlichen Grenzen der betreffenden Schranke hält, liegt kein Eingriff in ein Urheberrecht oder verwandtes Schutzrecht vor[526]. Für den Einzelnen macht es jedoch wenig Unterschied, ob sein Verhalten aufgrund der Verletzung eines Urheber- oder eines sonstigen Rechts rechtswidrig ist. Die Trennung zwischen Umgehungsschutz und Urheberrechtsschutz[527] hat demnach keinen Einfluss auf das hier diskutierte Spannungsverhältnis zwischen technischem Schutz und urheberrechtlichen Schranken.

Das zwischen dem Schutz technischer Maßnahmen nach Art 6 und den Ausnahmen und Beschränkungen nach Art 5 der Richtlinie bestehende Kollisionsproblem ist in Art 6 Abs 4 der Urheberrechtsrichtlinie in der Weise gelöst worden, dass die Rechtsinhaber auf freiwilliger Basis den privilegierten Personen die Möglichkeit verschaffen sollen, die betreffende Ausnahme oder Beschränkung auszunutzen. Die Richtlinie geht daher zunächst von einer freiwilligen Lösung des Spannungsverhältnisses aus und hält in diesem Sinne die Mitgliedstaaten insbesondere dazu an, den Abschluss von Verträgen zwischen Rechtsinhaber- und Nutzervereinigungen zu fördern[528]. Derartige Verträge hätten im einzelnen festzulegen, wie den Begünstigten einer bestimmten Schranke die Nutzung derselben ermöglicht werden soll.

---

[525]) Die Kommission war noch im geänderten Richtlinienvorschlag davon ausgegangen, dass eine Umgehung von Schutzvorkehrungen im Falle der Zustimmung des Rechtsinhabers oder bei Vorliegen einer *gesetzlichen Erlaubnis* erlaubt sei. Siehe KOM (99) 250 endg., Erwägungsgrund 30. Ab dem gemeinsamen Standpunkt ist dieses Tatbestandselement der gesetzlichen Erlaubnis jedoch nicht mehr im Richtlinientext zu finden. Eine Umgehung ist daher nur bei vorliegender Zustimmung des Rechtsinhabers zulässig. Dies im Gegensatz zum WCT (Art 11) und zum WPPT (Art 18), da diese Verträge im Zusammenhang mit dem Schutz technischer Maßnahmen sehr wohl auf das Vorliegen einer gesetzlichen Erlaubnis abstellen. In deren Anwendungsbereich stellt sich somit die Kollisionsproblematik nicht, da solche Maßnahmen, welche die Ausübung von Schranken verhindern, nicht vom Umgehungsschutz erfasst sind.
[526]) Siehe *Hebenstreit*, Urheberrechtliche Schrankenregelungen im digitalen Umfeld, Dissertation, Wien 2001, 163.
[527]) Vgl dazu schon oben im Kap 5.2.2 und *von Diemar*, Die digitale Kopie zum privaten Gebrauch, Hamburg 2002, 189 f; *Bechtold*, Vom Urheber- zum Informationsrecht. Implikationen des Digital Rights Management, München 2002, 436.
[528]) Vgl Erwägungsgrund 51 Satz 2 der Richtlinie.

Erst wenn diese Selbstregulierung nach Verstreichen einer angemessenen Frist[529] in der Praxis scheitert, müssen bzw können die Mitgliedstaaten Maßnahmen ergreifen, um die Ausübung bestimmter[530] gesetzlicher Schranken sicherzustellen. Der Schutz der legitimen Interessen der von den Ausnahmen Begünstigen[531] soll nach Erwägungsgrund 51[532] dadurch sichergestellt werden, dass die Rechtsinhaber schon angewandte technische Maßnahmen ändern oder andere geeignete Mittel zur Verfügung stellen[533], um die Inanspruchnahme dieser Ausnahmen auch tatsächlich zu ermöglichen. Unter diesen „Mitteln" sind insbesondere technische Hilfsmittel[534] zur Umgehung zu verstehen, wie etwa Umgehungssoftware, aber auch sonstige Informationen zum Überwinden von Schutzvorkehrungen. Der europäische Gesetzgeber hat sich zur Lösung des Kollisionsproblems damit grundsätzlich für jene Regelungsoption entschieden, welche die Rechtsinhaber zur Bereitstellung von Umgehungsmitteln verpflichtet, also für den „Key Escrow"-Ansatz[535].

Aus Erwägungsgrund 52 der Richtlinie, der nicht auf die Zurverfügungstellung geeigneter Mittel durch die Rechtsinhaber Bezug nimmt, sondern den Mitgliedstaaten generell ermöglicht, Maßnahmen zur Sicherung der Ausübung der Privatkopie zu ergreifen, wurde geschlossen[536], dass die Mitgliedstaaten auch den Umgehungsschutz selbst beschränken und den Privilegierten so eine Art Selbsthilferecht gewähren können. Erwägungsgrund 51 legt jedoch allgemein fest, dass die staatlichen Maßnahmen zur Ermöglichung der Ausnutzung einer urheberrechtlichen Schrankenbestimmung entweder in der Änderung einer schon angewandten Schutzvorkehrung oder in der Bereitstellung von Umgehungsmitteln bestehen. Ein Selbsthilferecht hat hier keinen Platz. Weiter unten wird noch ausführlich dargelegt, warum ein „right to hack" im Anwendungsbereich der Urheberrechtsrichtlinie jedenfalls ausscheidet[537].

---

[529]) Ein konkreter zeitlicher Rahmen wird nicht vorgegeben.
[530]) Nicht alle in Art 5 der RL geregelten Schranken werden in Art 6 Abs 4 der RL erwähnt. Für die nicht angeführten Schranken (Art 5 Abs 2 lit e, Abs 3 lit c, d sowie lit f – o) gilt uneingeschränkt der Vorrang technischer Schutzmaßnahmen.
[531]) Siehe den Gemeinsamen Standpunkt EG 48/2000 des Rates, ABl. EG Nr. C 344 v. 1.12.2000,19.
[532]) Vgl Erwägungsgrund 51 Satz 3 der RL.
[533]) Vgl Erwägungsgrund 51 Satz 3 der Richtlinie, die davon spricht, dass die Rechtsinhaber den Begünstigten geeignete Mittel „an die Hand" geben sollen.
[534]) Siehe *Linnenborn*, Europäisches Urheberrecht in der Informationsgesellschaft, K&R 2001, 399.
[535]) Vgl dazu allgemein im Kap 6.1.4 und *Bechtold*, Vom Urheber- zum Informationsrecht. Implikationen des Digital Rights Management, München 2002, 412 ff.
[536]) So etwa *Bayreuther*, Beschränkungen des Urheberrechts nach der neuen EU-Urheberrechtsrichtlinie, ZUM 2001, 838.
[537]) Siehe dazu das Kap 6.2.1.

Da die Inanspruchnahme einer Schranke neben der Bereitstellung von Umgehungsmitteln allerdings auch dadurch sichergestellt werden kann, dass die Rechtsinhaber zur Änderung einer bereits angewandten technischen Maßnahme gezwungen werden[538], verfolgt die Richtlinie zur Regelung des Spannungsverhältnisses zwischen technischem Schutz und urheberrechtlichen Schranken ebenso einen technischen Lösungsansatz: Setzen die Rechtsinhaber von sich aus keine Initiative, um dem Begünstigten einer urheberrechtlichen Schranke die Ausnutzung dieser Schrankenbestimmung zu ermöglichen, können die Mitgliedstaaten die Rechtsinhaber auch zur Anpassung bereits eingesetzter Schutzvorkehrungen an gesetzlich vorgegebene Standards zwingen, und dadurch in technischer Hinsicht die Wahrnehmung bestimmter Schrankenbestimmungen gewährleisten[539].

Letztlich werden die staatlichen Maßnahmen zumeist darin bestehen, den Schrankenprivilegierten eine Beschwerdemöglichkeit bei einer Regierungsbehörde einzuräumen, die für die Durchsetzung der betreffende Schranke zu Sorgen hat[540]. Das staatliche Eingreifen kann aber auch darin bestehen, dass den Schrankenbegünstigten in bezug auf die zur Nutzung der betreffenden Ausnahme benötigten Umgehungsmittel ein Herausgabeanspruch gegen den Rechtsinhaber verliehen wird[541].

Hinsichtlich des für den Fall des Ausbleibens freiwilliger Maßnahmen vorgesehenen staatlichen Eingreifens differenziert die Richtlinie nach der Art der Schranke:

Im Hinblick auf Reprographie (Art 5 Abs 2 a), Vervielfältigungen zu Gunsten von öffentlich zugänglichen Bibliotheken oder Einrichtungen (Abs 2 c), ephemere Aufzeichnungen (Abs 2 d) und Aufzeichnungen in Krankenhäusern und Haftanstalten

---

[538]) Vgl Erwägungsgrund 51 der Richtlinie.

[539]) Wie bereits erwähnt, würde dies die nationalen Gesetzgeber vor die schwierige Aufgabe stellen, in technischer Hinsicht eigene Standards für die Ausgestaltung der einzelnen Schutzmaßnahmen zu setzen. Siehe zu den Einwänden gegen den technischen Lösungsansatz und zu dieser Regelungsoption allgemein das Kap 6.1.1.

[540]) Hierfür haben sich die meisten Mitgliedstaaten entschieden. Vgl dazu den Bericht "Implementing the European Union Copyright Directive" der *foundation for information policy research*, der die Umsetzung der Urheberrechtsrichtlinie in den einzelnen EU-Mitgliedstaaten analysiert und gegenüberstellt. Dieser Bericht ist abrufbar unter http://www.fipr.org/copyright/guide/.

[541]) Hierfür hat sich der deutsche Gesetzgeber entschieden, vgl § 95b Abs 2 des Gesetzes zur Regelung des Urheberrechts in der Informationsgesellschaft, abrufbar unter http://www.urheberrecht.org/topic/Info-RiLi/ent/11650.pdf.

(Abs 2 e), sowie hinsichtlich der Nutzung zu Unterrichts- oder Forschungszwecken (Abs 3 lit a), zugunsten behinderter Personen (Abs 3 lit b) und zu Zwecken der öffentlichen Sicherheit (Abs 3 lit e) *müssen* die Mitgliedstaaten nach Art 6 Abs 4 Unterabs 1 der RL vorbehaltlich freiwilliger Maßnahmen zwischen Rechtsinhabern und betroffenen Parteien dafür Sorge tragen, dass die Rechtsinhaber den Nutzern Mittel zur Nutzung der betreffenden Ausnahme zur Verfügung stellen. Diesen Ausnahmen wird somit Vorrang vor den technischen Schutzsystemen eingeräumt[542].

Dieser Vorrang vor dem Umgehungsschutz nach Art 6 Abs 1 der RL gilt jedoch nur unter der Bedingung, dass der Begünstigte rechtmäßig Zugang zu dem geschützten Werk oder Schutzgegenstand hat. Rechtmäßiger Zugang kann nur dann vorliegen, wenn der Urheber oder Leistungsschutzberechtigte den Zugang überhaupt eröffnet hat[543]. Verhindert der Berechtigte durch den Einsatz technischer Maßnahmen den Zugang zu seinem Werk bzw Schutzgegenstand, so sind diese Maßnahmen uneingeschränkt vor Umgehung geschützt.

Hinsichtlich der privaten Vervielfältigung auf beliebigen Trägern (Art 5 Abs 2 b der RL), also einschließlich der Digitalkopie, *können* die Mitgliedstaaten nach Art 6 Abs 4 Unterabs 2 der Richtlinie im Fall des Ausbleibens freiwilliger Maßnahmen der Rechtsinhaber[544] derartige Maßnahmen zur Gewährleistung der Ausübung dieser Schranke ergreifen, sind jedoch nicht dazu verpflichtet. Der nationale Gesetzgeber hat somit die Option, die Rechtsinhaber zur Ermöglichung der Ausübung privater Vervielfältigungen zu zwingen[545]. Dies gilt aber nur unter der Voraussetzung, dass der betreffende Begünstigte rechtmäßig Zugang zu dem geschützten Werk oder Schutzgegenstand hat[546] und dass die Rechtsinhaber einen gerechten Ausgleich erhalten, wobei berücksichtigt wird, ob technische Maßnahmen angewendet wurden

---

[542]) Interessanter Weise wird die obligatorische Ausnahme für vorübergehende Vervielfältigungen nach Art 5 Abs 1 RL nicht angeführt. Daraus muss geschlossen werden, dass ein auch die vorübergehenden Kopien verhindernder Kopierschutz Vorrang vor dieser Schranke hat. Diese Ausnahme kann nicht durchgesetzt werden.

[543]) Siehe *Knies,* Kopierschutz für Audio-CDs – Gibt es den Anspruch auf die Privatkopie?, ZUM 2002, 796 f.

[544]) Die den Privilegierten die Vervielfältigung in dem für die Nutzung erforderlichen Maße gemäß Art 5 Abs lit b und Abs 5 (Drei-Stufen-Test) ermöglichen. Vgl Art 6 Abs 4 Unterabs 2.

[545]) Insofern widersprüchlich soll aber nach Erwägungsgrund 39 die Ausnahme zu Gunsten privater Vervielfältigungen weder den Einsatz technischer Maßnahmen noch deren Durchsetzung im Falle einer Umgehung behindern.

[546]) Die Voraussetzung des rechtmäßigen Zugangs wird ausdrücklich nur in Art 6 Abs 4 Unterabs 1 der RL erwähnt, durch die Formulierung „derartige Maßnahmen" in Unterabs 2 wird jedoch auf Maßnahmen iSd Unterabs 1 verwiesen und damit der rechtmäßige Zugang auch zur Voraussetzung für die Anwendung des Art 6 Abs 4 Unterabs 2.

oder nicht[547]. Jedenfalls dürfen die Rechtsinhaber nicht daran gehindert werden, geeignete Maßnahmen einzusetzen, welche die Zahl der Vervielfältigungen einschränken bzw steuern[548]. Zudem können die Rechtsinhaber zwischen verschiedenen Anwendungsbereichen differenzieren und die Nutzung dieser Unterscheidung entsprechend einschränken[549].

Art 6 Abs 4 Unterabsatz 3 der Richtlinie weitet den Umgehungsschutz des Art 6 Abs 1 auf die freiwillig angewandten technischen Maßnahmen aus, sodass die Hilfsmittel zur Sicherung der Ausübung von Schranken ihrerseits gegen Umgehung geschützt sind.

Das in Artikel 6 Abs 4 der RL geregelte Verhältnis zwischen technischen Maßnahmen und Schranken findet jedoch keine Anwendung auf solche Schutzsysteme, die im Rahmen der interaktiven Zugänglichmachung auf Grund vertraglicher Vereinbarung eingesetzt werden. Unterabsatz 4 sichert damit den umfassenden Umgehungsschutz nach Art 6 Abs 1 der RL für den auf Vertragsbasis erfolgenden Vertrieb von geschützten Werken oder Schutzgegenständen via Internet: Wird ein geschützter Inhalt der Öffentlichkeit auf der Grundlage vertraglicher Vereinbarung interaktiv[550] zugänglich gemacht, so haben die dabei angewandten technischen Schutzmechanismen Vorrang vor den Schrankenbestimmungen. Wer also im Rahmen einer interaktiven Online-Nutzung einer Vereinbarung zustimmt[551], kann sich nicht auf eine urheberrechtliche Ausnahme berufen und entgegen der Vereinbarung vom Anbieter des Abrufdienstes verlangen, dass ihm dieser die Wahrnehmung der Ausnahme ermöglicht[552]. Der Diensteanbieter kann somit die Anwendung der Schrankenregelung individualvertraglich ausschließen. Im Ergebnis

---

[547]) Vgl Erwägungsgrund 52 iVm Art 5 Abs 2 lit b. Diese Einschränkung ist wohl dahingehend zu verstehen, dass der Verwender technischer Maßnahmen weniger Ausgleich erhalten soll als derjenige Rechtsinhaber, der sich keiner Schutzsysteme bedient. Siehe *Davies,* Technische Mechanismen zur Kontrolle privater Vervielfältigung, GRUR Int. 2001, 918.

[548]) Vgl Erwägungsgrund 52.

[549]) So können etwa die Kopien von Neuerscheinungen stärker beschränkt werden, als jene von alten Auflagen. Siehe *Reinbothe,* EG-Richtlinie zum Urheberrecht in der Informationsgesellschaft, GRUR Int. 2001, 742.

[550]) Notwendige Voraussetzung für die Anwendung des Unterabs 4 ist daher, dass der Nutzer die einzelnen Inhalte individuell auswählen kann und diese nicht, wie etwa bei einem radioähnlichen Dienst, vorausgewählt übertragen werden. Siehe *Bechtold,* Vom Urheber- zum Informationsrecht. Implikationen des Digital Rights Management, München 2002, 426.

[551]) Etwa einer Nutzungsvereinbarung, die beim erstmaligen Aufruf der Internetseite durch einfachen mouse-click bestätigt wird. Vgl *Gutman,* Österreichisches, Deutsches und Europäisches Urheberrecht im Internet, Dissertation, Wien 2003, 136.

[552]) Vgl Erwägungsgrund 53. Siehe *Reinbothe,* EG-Richtlinie zum Urheberrecht in der Informationsgesellschaft, GRUR Int. 2001, 742.

kann demnach der Nutzer eines interaktiven Abrufdienstes uneingeschränkt durch technische Vorkehrungen an der Ausübung von Schranken, etwa dem Herstellen einer Kopie zum privaten Gebrauch, gehindert werden[553]. Dadurch wird der elektronische Handel gegenüber dem herkömmlichen Handel in körperlicher Form stark benachteiligt: Wer online ein Musikstück downloadet, darf uneingeschränkt an der Anfertigung von Kopien gehindert werden, während der Käufer desselben Musikstückes auf CD die Wahrnehmung der Privatkopieschranke gegenüber den eingesetzten Kontrollmaßnahmen durchsetzen kann[554].

Die Position der Nutzer wird schließlich auch noch dadurch verschlechtert, dass nach Erwägungsgrund 45 der RL die urheberrechtlichen Ausnahmen und Beschränkungen vertraglichen Vereinbarungen nicht entgegenstehen dürfen[555]. Damit haben nicht nur die im Rahmen interaktiver Online-Nutzung erfolgenden vertraglichen Vereinbarungen vor den Schrankenbestimmungen Vorrang[556], soweit dies nach innerstaatlichem Recht zulässig ist, gehen vertragliche Vereinbarungen auch im nicht-interaktiven Bereich den Schrankenbestimmungen vor. Die Richtlinie gestattet also die Aushebelung[557] der Schrankenbestimmungen durch vertragliche Vereinbarungen. Somit darf etwa, soweit nach innerstaatlichem Recht zulässig, die von der nationalen Privatkopieschranke gedeckte Vervielfältigung zum privaten Gebrauch vertraglich ausgeschlossen werden. Diese Absegnung vertraglicher Verwendungsbeschränkungen durch den europäischen Gesetzgeber erstaunt vor allem im Hinblick darauf, dass sowohl die in der Datenbankrichtlinie vorgesehenen Schrankenbestimmungen als auch jene der Computerprogrammrichtlinie vertragsfest ausgestaltet sind[558]. Den in diesen Richtlinien festgelegten Mindestbefugnissen der Nutzer, wie etwa die Herstellung einer Sicherungskopie, kann durch eine vertragliche Vereinbarung nicht derogiert werden. Im Anwendungsbereich der

---

[553]) AA *Linnenborn* sowie *Metzger/Kreutzer,* die davon ausgehen, dass die beim Abruf im Speicher des Nutzers entstehende Vervielfältigung des Werks nicht von Unterabs 4 erfasst ist und somit staatliches Einschreiten zur Sicherung der Privatkopieschranke nach Unterabs 1 möglich wäre. Unterabs 4 beziehe sich lediglich auf das Werk, das auf dem Server des Anbieters liegt, nicht aber auf die online gelieferte Kopie. Siehe *Linnenborn,* europäisches Urheberrecht in der Informationsgesellschaft, K&R 2001, 400 f; *Metzger/Kreutzer,* Richtlinie zum Urheberrecht in der Informationsgesellschaft – Privatkopie trotz technischer Schutzmaßnahmen?, MMR 2002, 141 f.

[554]) Dies jedoch auch nur dann, wenn staatliche Maßnahmen zur Durchsetzung der digitalen Privatkopieschranke ergriffen wurden.

[555]) Erwägungsgrund 45 hat folgenden Wortlaut: „Die in Artikel 5 Absätze 2, 3, und 4 vorgesehenen Ausnahmen und Beschränkungen sollten jedoch vertraglichen Beziehungen zur Sicherstellung eines gerechten Ausgleichs für die Rechtsinhaber nicht entgegenstehen, soweit dies nach innerstaatlichem Recht zulässig ist".

[556]) Vgl die obenstehenden Ausführungen zum Art 6 Abs 4 Unterabs 4 der Richtlinie.

[557]) Siehe *Bechtold,* Vom Urheber- zum Informationsrecht. Implikationen des Digital Rights Management, München 2002, 390 f und 427.

[558]) Siehe dazu die Kap 3.3.1 und 3.3.2.

Urheberrechtsrichtlinie hat sich der europäische Gesetzgeber jedoch dafür entschieden, die vertraglich vereinbarte Beschränkung einer schrankengedeckten Nutzung für zulässig zu erklären. Dieses Zugeständnis an die Rechtsinhaber, das im ursprünglichen Richtlinienentwurf noch nicht enthalten war[559], scheint Ausdruck der massiven Lobby-Arbeit seitens der Content-Industrie[560] im Rahmen der Verhandlungen zur Urheberrechtsrichtlinie zu sein. Durch diese Bestimmung wird die Position der Rechtsinhaber deutlich gestärkt, ihre überlegene Stellung gegenüber den Nutzern damit endgültig rechtlich abgesegnet.

Erwägungsgrund 45 darf allerdings auch nicht überbewertet werden, denn zum einen bezieht er sich nicht auf die zwingende Ausnahme für vorübergehende Vervielfältigungen nach Art 5 Abs 1 der Richtlinie, diese ist daher in allen Mitgliedstaaten vertragsfest. Zum anderen ist im Hinblick auf die übrigen, fakultativen Schranken der Richtlinie zu beachten, dass die Zulässigkeit vertraglicher Verwendungsbeschränkungen nicht direkt aus Erwägungsgrund 45 selbst folgt, sondern zunächst nach innerstaatlichem Recht zu beurteilen ist. Die entscheidende Weichenstellung im Hinblick auf die Position des Nutzers trifft demnach der Gesetzgeber des jeweiligen Mitgliedstaates selbst[561].

6.2.1 Exkurs: Selbsthilferecht

Wie bereits weiter oben erwähnt, wurde aus Erwägungsgrund 52 der RL, der nicht auf die Zurverfügungstellung geeigneter Mittel durch die Rechtsinhaber Bezug nimmt, sondern den Mitgliedstaaten generell ermöglicht, Maßnahmen zur Sicherung der Ausübung der Privatkopie zu ergreifen, geschlossen, dass die Mitgliedstaaten

---

[559]) Sondern erst im Rahmen der ersten Lesung des Parlaments in den Richtlinientext aufgenommen wurde, vgl die Stellungnahme des Europäischen Parlaments zum Richtlinienvorschlag, ABl C 150/171 vom 10.2.1999, Erwägungsgrund 29a .

[560]) Vgl oben Fn 183.

[561]) Im österreichischen UrhG ist die Vertragsfreiheit lediglich im Hinblick auf die unabdingbaren Mindestbefugnisse des Nutzers eines Computerprogramms und einer Datenbank gesetzlich beschränkt. Bezogen auf die übrigen Schrankenbestimmungen bestehen keine ausdrücklichen gesetzlichen Beschränkungen der Vertragsfreiheit. Da es sich, wie bereits ausführlich im Hinblick auf § 42 UrhG dargelegt (vgl oben das Kap 6.1.2.2), bei den Schranken auch nicht um Nutzerrechte handelt, die ein subjektives privates oder öffentliches Recht auf die Nutzung im durch die betreffende Schranke vorgegebenen Rahmen verleihen würden, ist für das österreichische Recht von der Zulässigkeit vertraglicher Verwendungsbeschränkungen auszugehen. Die von den urheberrechtlichen Schranken des österreichischen UrhG gedeckten Nutzungen können damit - soweit nicht ausdrücklich das Gegenteil vorgesehen ist - vertraglich ausgeschlossen werden. Zum selben Ergebnis kommt *von Diemar* für das deutsche Recht, siehe dazu ausführlich *von Diemar*, Die digitale Kopie zum privaten Gebrauch, Hamburg 2002, 159 ff.

auch den Umgehungsschutz selbst beschränken und den Privilegierten so eine Art Selbsthilferecht gewähren können[562]. Erwägungsgrund 51 legt jedoch allgemein fest, dass die staatlichen Maßnahmen zur Ermöglichung der Ausnutzung einer urheberrechtlichen Schrankenbestimmung entweder in der Änderung einer schon angewandten Schutzvorkehrung oder in der Bereitstellung von Umgehungsmitteln bestehen. In der eigenständigen Umgehung einer Schutzvorkehrung im Wege des „Hackens" kann jedoch keinesfalls eine Zurverfügungstellung von Zugriffsmöglichkeiten durch die Rechtsinhaber bzw eine Anpassung der Schutzmaßnahme an technische Vorgaben gesehen werden[563].

Als Argument gegen die Zulässigkeit der Normierung eines „right to hack" lässt sich zudem anführen, dass der sich dem hier diskutierten Spannungsverhältnis widmende Art 6 Abs 4 der Richtlinie sich lediglich auf die unmittelbaren Umgehungshandlungen nach Art 6 Abs 1 bezieht, jedoch keine Anwendung auf die Vorbereitungshandlungen gemäß Art 6 Abs 2 findet.[564] Die Lösung des Spannungsverhältnisses über die Legitimierung eines Selbsthilferechts ist jedoch, wie bereits weiter oben dargestellt[565], nur in Verbindung mit der Gestattung vorbereitender Handlungen, insbesondere des Vertriebs von Umgehungsvorrichtungen, sinnvoll, da ein einzelner Nutzer in der Regel mangels technischer Kenntnisse nicht in der Lage sein wird, eine technische Schutzmaßnahme zu umgehen.

Im Anwendungsbereich der Urheberrechtsrichtlinie ist die Umgehung einer technischen Schutzvorkehrung im Wege der Selbsthilfe daher jedenfalls unzulässig.

Etwas anderes gilt jedoch für die von den Schranken der Art 5 und 6 der Computerprogrammrichtlinie gedeckten Nutzungen. Nach Art 1 Abs 2 lit a der Urheberrechtsrichtlinie bleiben die bestehenden gemeinschaftsrechtlichen Bestimmungen über den rechtlichen Schutz von Computerprogrammen von den durch die Urheberrechtsrichtlinie getroffenen Regelungen unberührt. Art 7 Abs 1 lit c der Computerprogramm-RL beschränkt den Schutz technischer Maßnahmen auf das In-Verkehr-Bringen und den Besitz zu Erwerbszwecken von Mitteln, die allein dazu

---

[562]) So etwa *Bayreuther,* Beschränkungen des Urheberrechts nach der neuen EU-Urheberrechtsrichtlinie, ZUM 2001, 838.

[563]) Vgl *Dreier,* Die Umsetzung der Urheberrechtsrichtlinie 2001/29/EG in deutsches Recht, ZUM 2002, 39; *Spindler,* Europäisches Urheberrecht in der Informationsgesellschaft, GRUR 2002, 117; *Metzger/Kreutzer,* Richtlinie zum Urheberrecht in der Informationsgesellschaft – Privatkopie trotz technischer Schutzmaßnahmen?, MMR 2002, 140.

[564]) Siehe Reinbothe, Die EG-Richtlinie zum Urheberrecht in der Informationsgesellschaft, GRUR Int 2001, 741.

[565]) Siehe oben im Kap 6.1.3.

bestimmt sind, die unerlaubte Beseitigung oder Umgehung technischer Programmschutzmechanismen zu erleichtern. Gegen die Umgehungshandlung selbst bietet die Computerprogramm-RL mithin keinen Schutz. Erwägungsgrund 50 Satz 2 der Urheberrechtsrichtlinie hält dbzgl ausdrücklich fest, dass der Umgehungsschutz auf diesem Stand belassen und nicht etwa auch auf die unmittelbare Umgehung technischer Schutzmaßnahmen erweitert werden soll, wie dies im Anwendungsbereich der Urheberrechtsrichtlinie der Fall ist[566].

Wie soeben erwähnt, verbietet Art 7 Abs 1 lit c der Computerprogramm-RL das In-Verkehr-Bringen und den Erwerbszwecken dienenden Besitz von Mitteln, die der *unerlaubten* Beseitigung oder Umgehung technischer Schutzmaßnahmen dienen. Die „erlaubte" Umgehung einer in Verbindung mit Computerprogrammen verwendeten technischen Maßnahme ist mithin zulässig. Ob es sich neben dem unstreitigen Fall der ausdrücklichen Zustimmung des Rechtsinhabers zur Umgehung auch dann um eine derartige „erlaubte" Umgehung handelt, wenn eine gesetzliche Erlaubnis vorliegt, wenn also bspw die Schutzmaßnahme zur Wahrnehmung einer Schranke des Urheberrechts umgangen wird, ist Gegenstand heftiger Kontroversen und stellt bis heute einen ungelösten Konflikt dar[567]. Streitig ist insbesondere, ob Umgehungsvorrichtungen vertrieben werden dürfen, welche die Herstellung von Sicherungskopien ermöglichen[568].

Ausgerechnet die Urheberrechtsrichtlinie, deren Anwendungsbereich sich wie erwähnt gerade nicht auf die Computerprogramm-RL erstreckt, scheint diesen Konflikt nunmehr, zumindest teilweise, zu lösen: Nach Erwägungsgrund 50 Satz 3 der Urheberrechtsrichtlinie soll der durch letztere harmonisierte Rechtsschutz bezüglich technischer Maßnahmen die Entwicklung oder Verwendung *anderer* Mittel zur Umgehung technischer Maßnahmen, die erforderlich sind, um Handlungen nach

---

[566]) Erwägungsgrund 50 Satz 2 lautet: „*Er* [der Rechtsschutz der Urheberrechtsrichtlinie. Anm] *sollte insbesondere nicht auf den Schutz der in Verbindung mit Computerprogrammen verwendeten technischen Maßnahmen Anwendung finden, der ausschließlich in jener Richtlinie behandelt wird"*. Vgl dazu *Jaeger*, Auswirkungen der EU-Urheberrechtsrichtlinie auf die Regelungen des Urheberrechtsgesetzes für Software, CR 2002, 310.

[567]) Vgl etwa die Begründung zum 2. deutschen UrheberrechtsänderungsG, BT-Drucks 12/4022, S 12: „Nicht geklärt hat die Richtlinie [Die Computerprogrammrichtlinie, Anm.] das Verhältnis zwischen dem Recht auf Sicherungskopie (Art. 5 Abs. 1 und 2) und dem Schutz von Kopierschutzmechanismen (Art. 7 Abs. 1 c)". Siehe *Bechtold*, Vom Urheber- zum Informationsrecht. Implikationen des Digital Rights Management, München 2002, 430.

[568]) Siehe *Bechtold*, Vom Urheber- zum Informationsrecht. Implikationen des Digital Rights Management, München 2002, 430. Bejahend *Raubenheimer*, Vernichtungsanspruch gem. § 69f UrhG, CR 1994, 129 ff; *Jaeger*, Auswirkungen der EU-Urheberrechtsrichtlinie auf die Regelungen des Urheberrechtsgesetzes für Software, CR 2002, 311; ablehnend *Wand*, Technische Schutzmaßnahmen und Urheberrecht, München 2001, 72 ff und 126 ff und *Loewenheim* in *Schricker*, Urheberrecht, 2 Auflage 1999, Rn 11 zu § 69f dUrhG;

Art 5 Abs 3 (Beobachten, Untersuchen und Testen des Funktionierens des Programms)[569] oder Art 6 (Dekompilierung)[570] der Computerprogramm-RL zu ermöglichen, nicht aufhalten oder verhindern. Was unter „andere" Mittel zu verstehen ist, ergibt sich deutlich besser aus der englischen Fassung der Richtlinie, der zufolge der durch die Urheberrechtsrichtlinie harmonisierte Rechtsschutz bezüglich technischer Schutzmaßnahmen *„should neither inhibit nor prevent the development or use of **any means** of circumventing a technological measure that is necessary to enable acts to be undertaken in accordance with the terms of Article 5 (3) or Article 6 of Directive 91/250/EEC".*

Gemeint ist daher in der Tat, dass die Entwicklung und Verwendung *jeglicher* Mittel zur Umgehung technischer Schutzmaßnahmen erlaubt sein sollen, soweit diese Mittel zur Ausnutzung der Schranken dienen[571]. Daraus folgt, dass die in der Computerprogramm-RL vorgesehenen Schranken im Fall der Verhinderung ihrer Wahrnehmung durch technische Schutzmaßnahmen von den Nutzern im Wege der Selbsthilfe durchgesetzt werden dürfen. Während demnach eine in Verbindung mit einem Computerprogramm angewendete technische Schutzmaßnahme zur Wahrnehmung einer Schranke im Wege der Selbsthilfe umgangen werden darf, gilt dies nicht für technische Schutzmaßnahmen, die mit sonstigen urheberrechtlichen Werken verbunden sind.

Aufgrund dieser unterschiedlichen Behandlung von Computerprogrammen und sonstigen urheberrechtlichen Werken[572] ist es daher nicht zutreffend[573], dass sich die bisher in der Praxis bestehenden Abgrenzungsschwierigkeiten zwischen erlaubten und unerlaubten Zwecken einer Umgehungsvorrichtung erübrigen. Zwar ist im Anwendungsbereich der Urheberrechtsrichtlinie eine Umgehung technischer Schutzmaßnahmen ohne Erlaubnis des Rechtsinhabers stets illegal[574], da nach der Computerprogramm-RL jedoch zum einen die Umgehung selbst und zum anderen die Entwicklung und Verwendung von Umgehungsmitteln zur Wahrnehmung der Schranken zulässig sind, kann von einem generellen Verbot von Umgehungsvorrichtungen nicht gesprochen werden. Auch in Zukunft wird daher

---

[569]) Vgl § 40d Abs 3 Z 2 UrhG.
[570]) Vgl § 40e UrhG.
[571]) Siehe dazu ausführlich *Jaeger*, Auswirkungen der EU-Urheberrechtsrichtlinie auf die Regelungen des Urheberrechtsgesetzes für Software, CR 2002, 310.
[572]) Siehe *Gutman*, Österreichisches, Deutsches und Europäisches Urheberrecht im Internet, Dissertation, Wien 2003, 135.
[573]) Vgl dazu oben das Kap 5.2.1.
[574]) Vgl dazu Fn 525.

zwischen erlaubten und unerlaubten Zwecken einer Umgehungsvorrichtung unterschieden werden müssen[575].

Diesem Exkurs folgt eine hinsichtlich der digitalen Privatkopie zusammenfassende Beurteilung der oben dargestellten Bestimmung des Art 6 Abs 4 der Richtlinie zur Regelung des Spannungsverhältnisses zwischen technischen Schutzmaßnahmen und urheberrechtlichen Schrankenbestimmungen.

6.2.2 Beurteilung

Im Ergebnis gilt für das Verhältnis von Schutzvorrichtungen und digitalen Vervielfältigungen zum privaten Gebrauch folgendes: Sofern die Ausnahme für digitale Vervielfältigungen zum privaten Gebrauch im nationalen Recht überhaupt vorgesehen ist[576], sollen die Mitgliedstaaten freiwillige Maßnahmen der Rechtsinhaber einschließlich diesbezüglicher Vereinbarungen zwischen den Parteien fördern, die zur Erreichung des Ziels dieser Ausnahme erforderlich sind[577]. Die Richtlinie enthält keine Vorgaben bezüglich der Art und Weise oder Form, in der die Nutzung der Ausnahme durch die Rechtsinhaber gewährt werden soll und eröffnet dadurch einen großen Gestaltungsspielraum. Vorstellbar wäre etwa, dass die private Vervielfältigung vollständig verhindert wird, den privilegierten Personen aber Informationen zum ein- oder mehrmaligen Überwinden technischer Vorkehrungen überlassen oder ihnen die Möglichkeit eröffnet wird, auf individuellem Wege[578] beim Hersteller weitere Kopien zu bestellen[579]. Die Verwender technischer

---

[575]) Im Hinblick auf Vorrichtungen zur Umgehung des Kopierschutzes eines Computerprogramms wird sich in der Praxis dabei das Problem ergeben, dass nur solche Kopierprogramme zulässig sind, mit denen ausschließlich Computerprogramme kopiert werden können. Sobald ein bestimmtes Kopierprogramm auch zum Kopieren eines anderen Werks, etwa einer kopiergeschützten Audio-CD, eingesetzt werden kann, handelt es sich um eine illegale Umgehungsvorrichtung. Die Vornahme entsprechender Differenzierungen im Programm ist nach dem jetzigen Stand der Technik jedoch nicht möglich. Faktisch wird dadurch die Herstellung einer Sicherungskopie eines kopiergeschützten Computerprogramms unmöglich, weil das hierfür benötigte Kopierprogramm auch zur Umgehung des Kopierschutzes sonstiger urheberrechtlicher Werke verwendet werden kann und somit die Entwicklung und der Vertrieb dieses Programms unzulässig ist.
[576]) Art 5 Abs 2 b ist eine fakultative Schranke, welche die Mitgliedstaaten vorsehen können, aber nicht müssen. In Dänemark ist etwa die Digitalkopie unzulässig. Siehe *Rosén*, Urheberrecht und verwandte Schutzrechte in der Informationsgesellschaft, GRUR Int. 2002, 202.
[577]) Vgl Erwägungsgrund 51 Satz 2.
[578]) Etwa durch Abruf im Internet.
[579]) Siehe *Kröger*, Die Urheberrechtsrichtlinie für die Informationsgesellschaft – Bestandsaufnahme und kritische Bewertung, CR 2001, 322.

Schutzmaßnahmen könnten aber auch bestimmten Verbänden, etwa einer Vereinigung von Begünstigten der Privatkopieschranke, die Herstellung von Kopien ermöglichen und diesen die eigenständige Verteilung dieser Vervielfältigungsstücke an die Privilegierten übertragen[580].

Im Fall des Scheiterns dieser Selbstregulierung innerhalb einer angemessenen Frist *kann* ein Mitgliedstaat Maßnahmen ergreifen, damit die Begünstigten der Privatkopieschranke diese auch tatsächlich nutzen können. Denkbar wäre hier die Einräumung einer Beschwerdemöglichkeit bei einer Regierungsbehörde[581] oder die Normierung einer als Herausgabeanspruch ausgestalteten Pflicht der Rechtsinhaber, die zur Ausübung der Schranke erforderlichen Mittel zur Verfügung zu stellen. Dieser individuelle Anspruch des einzelnen Nutzers auf Bereitstellung geeigneter Mittel könnte durch die Möglichkeit einer Verbandsklage zur Durchsetzung dieser Verpflichtung ergänzt werden[582].

Zusammenfassend ist hinsichtlich des Spannungsverhältnisses zwischen technischen Schutzmaßnahmen und der digitalen Privatkopie festzustellen, dass die Begünstigten vorerst darauf angewiesen sind, dass die Verwender technischer Schutzvorkehrungen auf freiwilliger Basis Vereinbarungen mit Nutzervereinigungen treffen und den Begünstigten auf dieser Grundlage Mittel zur Verfügung stellen, um von der Privatkopieschranke zu profitieren. Künftig obliegt es demnach allein den Rechtsinhabern zu entscheiden, ob die gesetzlich vorgesehene Privatkopieschranke auch tatsächlich genutzt werden kann und gegebenenfalls in welchem Umfang diese Nutzung möglich sein wird. Vor dem Hintergrund, dass sich bei den freiwilligen Vereinbarungen zwischen Rechtsinhabern und Nutzervereinigungen keine

---

[580]) Siehe zu diesen Möglichkeiten die Begründung zum deutschen Gesetzesentwurf zur Regelung des Urheberrechts in der Informationsgesellschaft vom 6.11.2002, BT-Drucks 15/38, S 27, abrufbar unter http://www.urheberrecht.org/topic/Info-RiLi/ent/1500038.pdf.

[581]) Hierfür haben sich die meisten Mitgliedstaaten entschieden. Siehe dazu schon oben Fn 540.

[582]) Diesen Weg, vervollständigt durch einen Bußgeldtatbestand, ist etwa der deutsche Gesetzgeber im Hinblick auf das verpflichtende staatliche Eingreifen nach Art 6 Abs 4 Unterabs 1 der RL gegangen. Die Kann-Vorschrift des Art 6 Abs 4 Unterabs 2 der Richtlinie zur Durchsetzung der Privatkopieschranke bei der Anwendung technischer Schutzmaßnahmen wurde vom deutschen Gesetzgeber aufgrund des enormen Zeitdrucks für die Umsetzung der Urheberrechtsrichtlinie im Rahmen des Gesetzes zur Regelung des Urheberrechts in der Informationsgesellschaft (jenes Gesetz, das die richtlinienbedingten Änderungen des deutschen Urheberrechtsgesetzes umsetzt, siehe dt BGBl I 2003/46, S 1774 ff) nicht umgesetzt. Die Zukunft der Privatkopie im Spannungsverhältnis zu technischen Schutzmaßnahmen soll Gegenstand einer weiteren Novelle des deutschen UrhG sein (sog „zweiter Korb"), die sich zudem mit elektronischen Pressespiegeln und insbesondere mit DRM-Systemen beschäftigen wird. Vgl die Begründung zum Gesetzesentwurf vom 6.11.2002, BT-Drucks 15/38, S 15 und 27 sowie die Pressemitteilung „Startschuss zum zweiten Teil der Urheberrechtsreform", beides abrufbar unter www.urheberrecht.org. Siehe zu den möglichen Maßnahmen *Metzger/Kreutzer*, Richtlinie zum Urheberrecht in der Informationsgesellschaft – Privatkopie trotz technischer Schutzmaßnahmen?, MMR 2002, 140 f.

gleichwertigen Parteien gegenüberstehen, besteht die Gefahr, dass die Rechtsinhaber im Rahmen freiwilliger Maßnahmen hinsichtlich der digitalen Privatkopie neue Standards setzen, die weit hinter dem derzeitigen Umfang des § 42 UrhG zurückbleiben[583]. Hoeren[584] weist in diesem Zusammenhang zu recht darauf hin, dass die nachträgliche Anpassung eines einmal gesetzten Standards an den derzeitigen gesetzlichen Nutzungsumfang der Privatkopieschranke wenig realistisch ist. Angesichts der für die Zukunft zu erwartenden verstärkten Verwendung technischer Schutzmaßnahmen bedarf es somit für die freiwilligen Maßnahmen gesetzlich vorgegebener Mindeststandards, um zu verhindern, dass die Festlegung des Nutzungsumfangs der Privatkopieschranke künftig einseitig durch die Rechtsinhaber erfolgt[585].

Tatsächlich ist allerdings hinsichtlich der digitalen Privatkopie kaum zu erwarten, dass die Content-Industrie, insbesondere die Musikindustrie, zunächst vor dem Hintergrund der Digitalisierungsproblematik den Kopierschutz perfektioniert, um diesen dann zur Durchsetzung der ungeliebten Privatkopie partiell wieder zu durchbrechen. Angesichts des Widerstandes bzw regelrechten „Kampfes" der Rechtsinhaber gegen die Vervielfältigung zum privaten Gebrauch, ist diesbezüglich nicht wirklich mit freiwilligen Maßnahmen zu rechen. Es wäre doch geradezu paradox, anzunehmen, dass ausgerechnet jene, die sich im Rahmen der Verhandlungen zur Urheberrechtsrichtlinie für eine Abschaffung der digitalen Privatkopie stark gemacht haben, nunmehr sozusagen aus freien Stücken der Privatkopie zur Durchsetzung verhelfen werden[586].

Die privilegierten Personen sind daher auf ein staatliches Eingreifen angewiesen, um in den Genuss der Ausnahme für digitale Privatkopien in dem von § 42 UrhG eingeräumten Umfang zu kommen. Aus diesem Grund sind die nationalen Gesetzgeber gefordert, von der Kann-Bestimmung des Art 6 Abs 4 Unterabs 2 der RL Gebrauch zu machen und staatliche Maßnahmen zur Sicherstellung der Privatkopieschranke zu ergreifen. Ist nämlich dem Schrankenbegünstigten die Herstellung einer digitalen Privatkopie zwar rechtlich erlaubt, wird jedoch die

---

[583]) Vgl *Hoeren*, Urheberrecht und Verbraucherschutz. Überlegungen zum Gesetz über Urheberrecht in der Informationsgesellschaft, S 49. Das Gutachten ist abrufbar unter
www.vzbv.de/mediapics/1043159929Gutachten_Urheberrecht_Hoeren_2003.pdf.
[584]) Siehe *Hoeren*, Urheberrecht und Verbraucherschutz. Überlegungen zum Gesetz über Urheberrecht in der Informationsgesellschaft, S 49. Vgl Fn 583.
[585]) Vgl *Hoeren*, Urheberrecht und Verbraucherschutz. Überlegungen zum Gesetz über Urheberrecht in der Informationsgesellschaft, S 31. Vgl Fn 583.
[586]) Vgl *Mayer*, Die Privatkopie nach Umsetzung des Regierungsentwurfes zur Regelung des Urheberrechts in der Informationsgesellschaft, CR 2003, 280.

Ausnutzung dieser Kopiermöglichkeit durch den Einsatz technischer Schutzmaßnahmen in Verbindung mit einem generellen Umgehungsverbot faktisch vereitelt, so kommt dies für den Fall, dass keine staatlichen Maßnahmen zur Durchsetzung der Privatkopieschranke ergriffen werden, der Abschaffung derselben gleich. Der Ausgleich zwischen den Interessen der Urheber bzw Leistungsschutzberechtigten an der Anerkennung eines unbeschränkten Herrschaftsrechts am Werk und den Interessen der Allgemeinheit am ungehinderten Zugang jedes einzelnen zu den Kulturgütern[587], wie er in der Regelung der Privatkopieschranke zum Ausdruck kommt, wäre damit aufgehoben. Es bedarf daher staatlichen Eingreifens, um die Durchsetzung der Privatkopieschranke sicherzustellen. Dieses Bedürfnis nach staatlichen Maßnahmen zur Aufrechterhaltung der digitalen Privatkopie wird noch dadurch verstärkt, dass die digitale Privatkopie aufgrund des Art 6 Abs 4 Unterabs 4 der RL im Bereich der interaktiven Online-Nutzung ohnedies de facto bereits abgeschafft ist, da die Anbieter geschützter Inhalte bei entsprechenden vertraglichen Vereinbarungen an keinerlei Schrankenregelungen gebunden sind[588] und von derartigen Vereinbarungen[589] im Rahmen der Online-Nutzung geschützter Werke in der Regel auszugehen ist[590].

Im überaus bedeutenden Bereich der Online-Nutzung ist die digitale Privatkopie somit de facto bereits abgeschafft, die nationalen Gesetzgeber sind daher gefordert, durch staatliche Maßnahmen zumindest im verbleibenden Anwendungsbereich der Privatkopieschranke für deren Durchsetzung zu sorgen.

6.2.3 Umsetzung im Urheberrechtsgesetz

---

[587]) OGH 26.1.1993 – Null-Nummer II - ÖBl 1993, 136 = MR 1993, 65 = WBl 1993, 233.

[588]) Vgl *Spindler*, Europäisches Urheberrecht in der Informationsgesellschaft, GRUR 2002, 119.

[589]) Etwa Nutzungsvereinbarungen, die beim erstmaligen Aufruf der Internetseite durch einfachen mouse-click bestätigt werden. Vgl *Gutman*, Österreichisches, Deutsches und Europäisches Urheberrecht im Internet, Dissertation, Wien 2003, 136.

[590]) Vgl *Dreier*, Die Umsetzung der Urheberrechtsrichtlinie 2001/29/EG in deutsches Recht, ZUM 2002, 37 und *Gutman*, Österreichisches, Deutsches und Europäisches Urheberrecht im Internet, Dissertation, Wien 2003, 137.

Der österreichische Gesetzgeber hat sich bei der Umsetzung der Richtlinie im Rahmen der Novelle 2003 im Hinblick auf Art 6 Abs 4 der RL dafür entschieden, vorerst keine gesetzliche Regelung für den Fall des Ausbleibens freiwilliger Maßnahmen seitens der Rechtsinhaber vorzusehen. Vielmehr sollen die Entwicklungen in diesem Bereich zunächst abgewartet und entsprechende legislative Maßnahmen erst dann ergriffen werden, wenn sich hierfür ein praktisches Bedürfnis zeigt[591]. Das Absehen von einer entsprechenden gesetzlichen Regelung wird insbesondere mit den Unsicherheiten der technischen Entwicklung und der sich herausbildenden Usancen in diesem Bereich begründet und mit der Ansicht *von Lewinskis/Walters* untermauert, denen zufolge Art 6 Abs 4 der Richtlinie nur in diesem Sinne zu verstehen sei[592].

Vor dem Hintergrund, dass alle anderen Mitgliedstaaten[593] zur Sicherstellung der Nutzung bestimmter Schranken ein entsprechendes gesetzliches Prozedere vorgesehen haben[594], verleitet diese Vorgehensweise des österreichischen Gesetzgebers zu der Annahme, dass hier schlichtweg der einfachste Weg eingeschlagen wurde. Dies ist bedauerlich, zumal sich dieser „österreichische" Weg als Einbahnstraße Richtung Content-Industrie darstellt: Während der Gesetzgeber im Hinblick auf den Einsatz technischer Maßnahmen auf der einen Seite einen sogleich wirksamen, umfassenden und weit in das Vorfeld verlagerten Schutz gewährt und damit die Interessen der Rechtsinhaber rechtlich absichert, fehlt es auf der anderen Seite an einem gesetzgeberischem Äquivalent, das den Schrankenbegünstigten die Wahrung ihrer berechtigten Interessen garantieren würde[595].

---

[591]) Siehe ErläutRV 40 BlgNR 22. GP, 25.

[592]) Siehe ErläutRV 40 BlgNR 22. GP, 25. *Von Lewinski/Walter* vertreten die Ansicht, dass die Mitgliedstaaten erst dann eingreifen dürfen, wenn entsprechende freiwillige Maßnahmen tatsächlich fehlen. Siehe *von Lewinski/Walter* in *Walter*, Europäisches Urheberrecht, 2001, Rz 159 Info-RL.

[593]) Die Niederlande ausgenommen. Vgl dazu den Bericht "Implementing the European Union Copyright Directive" der *foundation for information policy research,* abrufbar unter http://www.fipr.org/copyright/guide/.

[594]) Vgl dazu der deutsche Gesetzgeber im Hinblick auf die in Art 6 Abs 4 Unterabs 1 der Richtlinie angeführten Ausnahmen den Schrankenbegünstigten folgendes Instrumentarium bereitgestellt: § 95b Abs 2 dUrhG gewährt dem einzelnen Begünstigten einen zivilrechtlichen Anspruch gegen den Rechtsinhaber auf Herausgabe jener Mittel, die zur Inanspruchnahme der jeweiligen Schrankenbestimmung erforderlich sind. Dieser individuelle Herausgabeanspruch wird durch eine Verbandsklagebefugnis (§ 3a des Unterlassungsklagengesetzes idF Gesetz zur Regelung des Urheberrechts in der Informationsgesellschaft) und den Bußgeldtatbestand des § 111a dUrhG ergänzt, demzufolge derjenige, der die zur Schrankendurchsetzung notwendigem Mittel nicht zur Verfügung stellt, ordnungswidrig handelt, was mit einer Geldbuße bis zu € 50.000 geahndet werden kann. Diese staatlichen Mittel zur Durchsetzung der qualifizierten Schranken stehen jedoch erst für den Fall zur Verfügung, dass bis 1. September 2004 seitens der Rechtsinhaber keine freiwilligen Maßnahmen zur Schrankendurchsetzung getroffen wurden. Vgl dazu weiter unten, insbesondere Fn 605.

[595]) Vgl die Begründung zum deutschen Gesetzesentwurf zur Regelung des Urheberrechts in der Informationsgesellschaft vom 6.11.2002, BT-Drucks 15/38, S 26 f, abrufbar unter http://www.urheberrecht.org/topic/Info-RiLi/ent/1500038.pdf.

Zwar räumt die Urheberrechtsrichtlinie freiwilligen Maßnahmen zur Durchsetzung der Nutzungsmöglichkeiten für die Schrankenbegünstigten den Vorrang vor diesbezüglichen gesetzlichen Regelungen ein, dies schließt jedoch nicht aus, dass im innerstaatlichen Recht von Anfang an ein gesetzliches Prozedere für den Fall des Ausbleibens freiwilliger Maßnahmen seitens der Rechtsinhaber vorgesehen wird. Im Gegenteil vermag wohl ein gesetzlich vorgegebenes Instrumentarium zur Durchsetzung der Schrankennutzungen sozusagen als „Rute im Fenster" einen Anreiz dafür zu schaffen, dass entsprechende Vereinbarungen zwischen Rechtsinhabern und Nutzern auch tatsächlich getroffen werden.

Da sich jedoch bei den freiwilligen Vereinbarungen mit Rechtsinhabern und Schrankenbegünstigten ganz offenkundig keine gleichwertigen Parteien gegenüberstehen, wäre der Gesetzgeber in diesem Zusammenhang zumindest - wenn er schon keine staatlichen Maßnahmen für den Fall des Ausbleibens freiwilliger Maßnahmen vorsieht - gefordert gewesen, bestimmte Mindeststandards für freiwillige Vereinbarungen vorzugeben[596]. Diese Festlegung bestimmter zwingender Kriterien im Hinblick auf freiwillige Maßnahmen hat der österreichische Gesetzgeber im Rahmen der Novelle 2003 bedauerlicher Weise verabsäumt.

Im Zusammenhang mit legislativen Maßnahmen zur Schrankendurchsetzung hat sich der österreichische Gesetzgeber aber immerhin zu einer Entschließung[597] mit folgendem Inhalt durchgerungen:

Der Bundesminister für Justiz wird ersucht, im Einvernehmen mit dem Bundesministerium für soziale Sicherheit, Generationen und Konsumentenschutz dem Nationalrat bis zum 1. Juli 2004 darüber zu berichten,

- *ob und inwieweit sich in Österreich Urheber und Inhaber verwandter Schutzrechte technischer Maßnahmen bedienen, durch die die Nutzung freier Werknutzungen für reprographische Vervielfältigungen, für Vervielfältigungen durch öffentliche Bibliotheken und ähnliche Einrichtungen und für Vervielfältigungen zum privaten Gebrauch verhindert wird;*
- *ob und inwieweit von Seiten der Rechtsinhaber freiwillige Maßnahmen getroffen worden sind, um sicherzustellen, dass den Begünstigten der oben erwähnten freien Werknutzungen, die rechtmäßigen Zugang zu*

---

[596]) Siehe dazu schon oben im Kap 6.2.2.
[597]) Siehe JAB 51 BlgNR 22 GP, Anlage 2.

dem geschützten Werk oder sonstigen Schutzgegenstand haben, die
Mittel zur Nutzung dieser freien Werknutzung im erforderlichen Ausmaß
zur Verfügung gestellt werden;

- *für den Fall, dass die oben erwähnten freiwilligen Maßnahmen nicht*
  ausreichen, ob und welche gesetzlichen Maßnahmen vorgeschlagen
  werden, um die Möglichkeit der Nutzung der erwähnten freien
  Werknutzungen sicherzustellen.

Sollten also die Verwender technischer Schutzmaßnahmen, durch welche die Nutzung der erwähnten Schranken verhindert wird, bis 1. Juli 2004 keine oder für die Inanspruchnahme der betreffenden Schranke unzureichende Maßnahmen getroffen haben, so wird darüber dem Nationalrat berichtet und diesem zugleich legislative Maßnahmen zur Durchsetzung der Schrankennutzungen vorgeschlagen. Da die Richtlinie dem nationalen Gesetzgeber freistellt, auch der digitalen Privatkopieschranke durch staatliche Maßnahmen zur Durchsetzung zu verhelfen, ein derartiges Eingreifen jedoch nicht zwingend vorschreibt, werden im Hinblick auf die von der gesetzlichen Lizenz der Vervielfältigung zum privaten Gebrauch gemäß § 42 Abs 4 UrhG gedeckten digitalen Privatkopien unter Umständen gar keine legislative Maßnahmen vorgeschlagen. Durch die Entschließung werden legislative Maßnahmen im Bereich der digitalen Privatkopie lediglich in Aussicht gestellt. Selbst wenn sich der österreichische Gesetzgeber jedoch dafür entscheiden sollte, die Nutzung der digitalen Privatkopieschranke durch staatliche Maßnahmen sicherzustellen und zu diesem Zweck legislative Maßnahmen vorgeschlagen werden, so müsste in weiterer Folge erst eine entsprechende Novellierung des Urheberrechtsgesetzes in Angriff genommen werden. Realistischer Weise wird damit erst nach der Sommerpause 2004 begonnen werden können und angesichts der zu erwartenden Lobby-Arbeit sowohl seitens der Industrie als auch der Konsumentenschutzverbände im Rahmen der politischen Debatte ist mit einer Verabschiedung noch im Jahre 2004 kaum zu rechnen[598].

---

[598]) In dem zwischenzeitig vorliegenden Bericht der Justizministerin an den Nationalrat „betreffend die Nutzung freier Werknutzungen" ist diese auf der Grundlage der von den beteiligten Kreisen abgegebenen Stellungnahmen zur Ansicht gelangt, dass es derzeit nicht angezeigt ist, gesetzliche Maßnahmen vorzuschlagen, um die Möglichkeit der Nutzung insbesondere der Vervielfältigung zum privaten Gebrauch sicherzustellen (vgl S 21 des Berichtes, abrufbar unter http://www.bmj.gv.at/_cms_upload/_docs/bericht_freie_werknutzung.pdf).
Nach Auffassung des BMJ bedienen sich Urheber und Inhaber verwandter Schutzrechte in Österreich derzeit nur in relativ eingeschränktem Umfang technischer Maßnahmen, durch die die Nutzung der Privatkopieschranke unmöglich gemacht wird. Vor dem Hintergrund, dass die eingesetzten technischen Schutzmaßnahmen in allen

Während also der Umgehungsschutz für technische Schutzmaßnahmen zugleich mit dem Inkrafttreten der Urheberrechtsnovelle 2003, mithin ab 1.7.2003 wirksam wird, werden die Schrankenbegünstigten für den Fall des Ausbleibens freiwilliger Maßnahmen frühestens - wenn überhaupt - im Jahre 2005 in die Lage versetzt werden, ihre Interessen durchzusetzen. Diese zeitliche Verzögerung scheint aus Nutzersicht zumindest im Hinblick auf die freien Werknutzungen für reprographische Vervielfältigungen[599] und für Vervielfältigungen durch öffentliche Bibliotheken und ähnliche Einrichtungen[600], also jene für Österreich relevanten Schranken, denen die Mitgliedstaaten nach der Richtlinie zwingend zur Durchsetzung verhelfen müssen[601], unzumutbar.

Dies wird durch einen Vergleich mit der deutschen Regelung verdeutlicht, der zufolge gesetzlich schon vorgegebene[602] zivil- und ordnungswidrigkeitenrechtliche Möglichkeiten zur Durchsetzung qualifizierter[603] Schranken bereits dann zur Verfügung stehen, wenn sich die Rechtsinhaber innerhalb einer Frist von 12 Monaten[604] nach Inkrafttreten der Urheberrechtsnovelle[605] nicht im Rahmen freiwilliger Vereinbarungen mit den Nutzern über die Schrankendurchsetzung einigen. Während also den deutschen Schrankenbegünstigten für den Fall des Ausbleibens freiwilliger Maßnahmen bereits ab 1. September 2004 ein rechtliches

---

Fällen die Herstellung von Vervielfältigungen auf analogen Trägern ermöglichen, seien gesetzliche Maßnahmen zur Sicherstellung der Nutzung der Vervielfältigung zum privaten Gebrauch nicht erforderlich (vgl S 19 f). Abschließend wird allerdings darauf hingewiesen, dass der Bericht des BMJ aufgrund der sich noch im Fluss befindlichen Entwicklung technischer Schutzmaßnahmen und der Tatsache, dass die einschlägigen Bestimmungen des UrhG zum Zeitpunkt der Berichterstattung erst 1 Jahr in Kraft waren, keine abschließende Beurteilung des Problemkreises erlaube. Das BMJ werde daher die Entwicklungen auf dem Gebiet der technischen Schutzmaßnahmen weiter beobachten. Insbesondere beabsichtige das BMJ die beteiligten Kreise zu Gesprächen über eine den Interessen der Konsumenten ausreichend Rechnung tragende Geschäftspolitik im Bereich der technischen Schutzmaßnahmen einzuladen (vgl S 21 f).

[599]) Vgl Art 5 Abs 2 lit a der RL.

[600]) Vgl Art 5 Abs 2 lit c der RL.

[601]) Vgl Art 6 Abs 4 Unterabs 1 der RL.

[602]) Vgl die §§ 95b Abs 2 und 111a sowie Artikel 3 des Gesetzes zur Regelung des Urheberrechts in der Informationsgesellschaft, Bundesgesetzblatt I 2003/46, S 1774 ff. Vgl oben Fn 594. Das am 13. September 2003 in Kraft getretene Gesetz ist abrufbar unter http://www.urheberrecht.org/topic/Info-RiLi/ent/11650.pdf.

[603]) Das sind jene Schranken, die in § 95b Abs 1 Z 1 bis 7 des deutschen Gesetzes zur Regelung des Urheberrechts in der Informationsgesellschaft aufgezählt sind. Die Privatkopieschranke des § 53 dUrhG ist darin nicht aufgelistet. Die Zukunft der Privatkopie im Spannungsverhältnis zu technischen Schutzmaßnahmen soll Gegenstand einer weiteren Novelle des deutschen UrhG sein (sog „zweiter Korb"). Siehe dazu oben Fn 582.

[604]) Ursprünglich war die Frist sogar mit nur 3 Monaten bemessen, vgl § 137j des Gesetzesentwurfs zur Regelung des Urheberrechts in der Informationsgesellschaft vom 6.11.2002. Erst auf Empfehlung des Rechtsausschusses (vom 9.4.2003) hin, wurde die Frist auf 12 Monate verlängert. Die beiden Texte sind auf http://www.urheberrecht.org/topic/Info-RiLi/ abrufbar.

[605]) Genauer: Des Gesetzes zur Regelung des Urheberrechts in der Informationsgesellschaft. Dieses Gesetz wurde am 12.9.2003 im deutschen Bundesgesetzblatt veröffentlicht (BGBl I 2003/46, S 1774 ff) und ist am 13. September 2003 in Kraft getreten. Vgl Fn 602. Nach Artikel 6 dieses Gesetzes treten die zivil- und ordnungswidrigkeitenrechtlichen Möglichkeiten des §§ 95b Abs 2 und 111a sowie des Artikels 3 am 1. September 2004 in Kraft.

Instrumentarium zur Schrankendurchsetzung zur Verfügung steht, können österreichische Nutzer damit erst im Laufe des Jahres 2005 rechnen. Im Hinblick auf die digitale Privatkopie ist mangels zwingender Vorgaben der Urheberrechtsrichtlinie nicht einmal gesichert, ob überhaupt staatliche Maßnahmen ergriffen werden.

Soll die digitale Privatkopieschranke gemäß § 42 Abs 4 UrhG im Anwendungsbereich technischer Schutzmaßnahmen jedoch nicht zum inhaltsleeren Torso verkommen, scheint vor dem Hintergrund, dass gerade hinsichtlich digitaler Privatkopien nicht mit freiwilligen Maßnahmen der Rechtsinhaber zu rechnen ist[606], staatliches Eingreifen zur Sicherstellung der Nutzung dieser Schranke dringend geboten.

---

[606]) Siehe oben das Kap 6.2.2.

7 Zusammenfassung und Ausblick

7.1 Zusammenfassung der Ergebnisse

Eine der wesentlichsten Neuerungen durch die Umsetzung der Urheberrechtsrichtlinie[607] stellte die Einführung eines neuen Verwertungsrechtes, des Zurverfügungstellungsrechtes, in § 18 a UrhG dar. Dieses neue Verwertungsrecht ermöglicht die eindeutige urheberrechtliche Einordnung von On-demand-Diensten sowie von Links. Letztere werden unterschiedlich behandelt, je nachdem ob es sich um einen Hyperlink oder um einen Inline-Link handelt. Während bei ersteren eine konkludente Zustimmung des Website-Betreibers angenommen wird, bedürfen letztere in jedem Fall der Zustimmung des Urhebers.

Weiters wurde der in § 16 Abs 3 UrhG verankerte Grundsatz der internationalen Erschöpfung durch die Novelle 2003 in ein Gebot der gemeinschaftsweiten Erschöpfung geändert. Diese Änderung war bereits längst überfällig, da der Grundsatz der internationalen Erschöpfung bereits seit der Silhouette-Entscheidung des EuGH als unzulässig angesehen wurde.

Die in § 42 UrhG geregelte freie Werknutzung der Vervielfältigung zum eigenen Gebrauch wurde hinsichtlich digitaler Kopien in Umsetzung der Urheberrechtsrichtlinie im Rahmen der Novelle 2003[608] auf den privaten Gebrauch eingeschränkt. Die Herstellung einer digitalen Privatkopie ist daher weiterhin zulässig, sofern diese Vervielfältigung zum privaten Gebrauch erfolgt. Demnach sind juristische Personen von der Privilegierung ebenso wenig erfasst, wie die Vervielfältigung natürlicher Personen zu beruflichen Zwecken.

Ebenso zulässig ist die Verwendung technischer Schutzmaßnahmen. Die Zulässigkeit des Einsatzes *zugangsverhindernder* Schutzvorkehrungen folgt daraus, dass es dem Rechtsinhaber vorbehalten ist, zu entscheiden, ob er den Zugang zu seinem Werk oder Schutzgegenstand ermöglichen will und gegebenenfalls in

---

[607]) Richtlinie 2001/29 des Europäischen Parlaments und des Rates vom 22. Mai 2001 zur Harmonisierung bestimmter Aspekte des Urheberrechts und der verwandten Schutzrechte in der Informationsgesellschaft, ABl L 167 vom 22.6.2001, S 10 ff.

[608]) Urheberrechtsgesetz-Novelle 200, BGBl I 2003/32 vom 6.6.2003, RV 40 BlgNR 22. GP.

147

welcher Form, also etwa verschlüsselt, unter vorheriger Abfrage einer Zugangsberechtigung oder ohne jeglichen Schutz[609]. Dem Einsatz *nutzungsverhindernder* Schutzmaßnahmen, also solcher Vorkehrungen, die jedwede vom Rechtsinhaber nicht erwünschte Verwendung des Werks oder Schutzgegenstands ausschließen, wie insbesondere Kopierschutzvorrichtungen, könnte ein etwaiges Recht auf die Privatkopie entgegenstehen. Ließe sich aus der Privatkopieschranke des § 42 UrhG ein Anspruch des Nutzers auf die Herstellung von Vervielfältigungen zum privaten Gebrauch ableiten, so wäre der Einsatz technischer Maßnahmen, welche die Ausübung dieses Rechts verhindern, unzulässig. Ein derartiges Recht auf die Privatkopie besteht nach österreichischem Recht jedoch nicht. Bei der freien Werknutzung des § 42 Abs 4 UrhG handelt es sich lediglich um eine rechtliche Genehmigung, digitale Vervielfältigungsstücke zum privaten Gebrauch ohne ausdrückliche Erlaubnis des Rechtsinhabers herzustellen, ein durchsetzbarer Anspruch auf die Vornahme digitaler Privatkopien wird dabei nicht verliehen[610]. „Copy" ist in diesem Zusammenhang also kein „right".

Soweit die erforderliche Aufklärung bzw Kennzeichnung erfolgt[611], entstehen bei der Verwendung nutzungsverhindernder Schutzmaßnahmen, die zu einem Ausschluss der Kopiermöglichkeit führen, auch keine gewährleistungsrechtlichen Ansprüche[612]. Dem Rechtsinhaber steht es mithin generell frei, sein urheberrechtlich geschütztes Werk oder seinen Schutzgegenstand mit einem technischen Schutz zu versehen.

Macht ein Rechtsinhaber von dieser Möglichkeit Gebrauch und verwendet zum Schutz seines Werks bzw seines Schutzgegenstands technische Maßnahmen, so sind diese Vorkehrungen nach dem in Umsetzung der Urheberrechtsrichtlinie neu eingeführten § 90c UrhG umfassend vor Umgehung geschützt[613]. Das Umgehungsverbot richtet sich dabei nicht nur gegen die unmittelbare Umgehungshandlung selbst, sondern bezieht auch vorbereitende Handlungen wie den Vertrieb von Umgehungsvorrichtungen mit ein. Die Umgehung einer technischen Schutzmaßnahme ist ausschließlich bei vorliegender Zustimmung des Rechtsinhabers zulässig, eine gesetzliche Erlaubnis, wie etwa die nach § 42 UrhG

---

[609]) Siehe oben das Kap 5.1.1.
[610]) Siehe oben das Kap 5.1.2.1 sowie 6.1.2.2.
[611]) Vgl *von Diemar*, Die digitale Kopie zum privaten Gebrauch, Hamburg 2002, 154.
[612]) Siehe oben das Kap 5.1.2.2.
[613]) Siehe oben das Kap 5.2.2.

zulässige Herstellung von Privatkopien, rechtfertigt demnach nicht die Umgehung einer Schutzvorkehrung.

Wird daher durch eine technische Schutzmaßnahme nicht nur die unrechtmäßige Ausübung der den Rechtsinhabern vorbehaltenen Rechte verhindert, sondern auch die von urheberrechtlichen Schranken gedeckte und damit rechtmäßige Werknutzung verunmöglicht, so kollidiert das generelle Umgehungsverbot technischer Schutzmaßnahmen mit den Schranken des Urheberrechts: Den von den Ausnahmen Begünstigten ist innerhalb der gesetzlichen Grenzen die Werknutzung erlaubt, der Einsatz technischer Schutzmaßnahmen in Verbindung mit dem generellen Umgehungsverbot verhindert aber die faktische Ausübung dieser gesetzlich eingeräumten Privilegien. Vor dem Hintergrund, dass es sich bei den urheberrechtlichen Schranken wie insbesondere jene der Privatkopie auch nicht um Nutzerrechte handelt, die durchsetzbare Ansprüche auf die Ausübung der durch die betreffende Schranke eingeräumten Werknutzung verleihen würden[614], wird das Spannungsverhältnis zwischen technischem Schutz und urheberrechtlichen Schranken offenkundig.

Der europäische Gesetzgeber hat im Rahmen der Verhandlungen zur Urheberrechtsrichtlinie dieses Kollisionsproblem gesehen und einer außerordentlich komplexen Regelung zugeführt[615]. Danach sollen die Mitgliedstaaten zunächst darauf hin wirken, dass die Verwender technischer Schutzmaßnahmen auf freiwilliger Basis den privilegierten Personen die Möglichkeit verschaffen, die betreffende Ausnahme oder Beschränkung auszunutzen. Scheitert diese Selbstregulierung nach Verstreichen einer angemessenen Frist, so ermöglicht die Urheberrechtsrichtlinie im Hinblick auf digitale Privatkopien staatliches Eingreifen zur Durchsetzung dieser Schranke gegenüber technischen Schutzmaßnahmen. Die staatlichen Maßnahmen könnten darin bestehen, den Schrankenprivilegierten eine Beschwerdemöglichkeit bei einer Regierungsbehörde einzuräumen, die für die Durchsetzung der betreffenden Schranke Sorge zu tragen hat. Das staatliche Eingreifen könnte aber ebenso darin bestehen, dass den Schrankenbegünstigten in bezug auf die zur Nutzung der betreffende Ausnahme benötigten Umgehungsvorrichtungen ein Herausgabeanspruch gegen den Rechtsinhaber verliehen wird.

---

[614]) Siehe oben das Kap 6.1.2.2.
[615]) Siehe oben das Kap 6.2.

Der ohnehin nur fakultative Schutz der Privatkopieschranke wird jedoch dadurch erheblich eingeschränkt, dass die Anbieter geschützter Inhalte im Bereich der interaktiven Online-Nutzung dieser Inhalte bei entsprechenden vertraglichen Vereinbarungen nicht an die Schrankenbestimmungen und mithin auch nicht an die Privatkopieschranke gebunden sind. Die Mitgliedstaaten können daher nicht verhindern, dass sich im Bereich der interaktiven Zugänglichmachung die Anbieter geschützter Inhalte im Rahmen vertraglicher Vereinbarungen der Privatkopieschranke entledigen[616]. Der Nutzer eines interaktiven Abrufdienstes kann somit uneingeschränkt durch technische Schutzmaßnahmen an der Herstellung einer digitalen Vervielfältigung zum privaten Gebrauch gehindert werden und zwar selbst dann, wenn der betreffende Mitgliedstaat staatliche Maßnahmen zur Durchsetzung der digitalen Privatkopie gegenüber technischen Schutzmaßnahmen ergriffen hat.

Soweit dies nach innerstaatlichem Recht zulässig ist, gilt der Vorrang vertraglicher Vereinbarungen vor den Schrankenbestimmungen auch für den nicht-interaktiven Bereich[617]. Da im österreichischen UrhG die Vertragsfreiheit lediglich im Hinblick auf die Mindestbefugnisse des Nutzers eines Computerprogramms und einer Datenbank gesetzlich beschränkt ist und es sich bei den Schranken des UrhG nicht um Nutzerrechte handelt, die einen Anspruch auf die Nutzung in dem durch die betreffende Schranke vorgegebenen Rahmen verleihen würden, ist der vertragliche Ausschluss schrankengedeckter Nutzungen nach österreichischem Urheberrecht daher nicht nur im Rahmen interaktiver Online-Nutzung, sondern auch im nicht-interaktiven Bereich möglich.

Die Befugnis des österreichischen Gesetzgebers, im Rahmen staatlicher Maßnahmen in das Spannungsverhältnis zwischen technischen Schutzmaßnahmen und der digitalen Privatkopie einzugreifen, ist daher ohnehin sehr beschränkt.

7.2 Ausblick

Nach der derzeitigen Rechtslage steht jedenfalls die digitale Privatkopie im Spannungsverhältnis zu technischen Schutzmaßnahmen auf verlorenem Posten: Die Herstellung digitaler Vervielfältigungen zum privaten Gebrauch ist zwar weiterhin

---

[616]) Vgl Bayreuther, Beschränkungen des Urheberrechts nach der neuen EU-Urheberrechtsrichtlinie, ZUM 2001, 838.
[617]) Vgl Erwägungsgrund 45. Siehe dazu das Kap 6.2.

gemäß § 42 Abs 4 UrhG zulässig, der Einsatz technischer Schutzmaßnahmen in Verbindung mit dem generellen Umgehungsverbot verhindert jedoch die faktische Ausnutzung dieser Schranke. Die gesetzliche Erlaubnis zur Herstellung digitaler Vervielfältigungen zum privaten Gebrauch ist also insofern wertlos, als ihr keine rechtliche Handhabe gegen die technisch bedingte Vereitelung der Vornahme digitaler Privatkopien entspricht.

Hinsichtlich der freiwilligen Maßnahmen seitens der Rechtsinhaber zur Durchsetzung der digitalen Privatkopie hat es der österreichische Gesetzgeber im Rahmen der Novelle 2003 verabsäumt, bestimmte zwingende Kriterien festzulegen, die diese Maßnahmen zu erfüllen haben. Aufgrund dieses Fehlens gesetzlich vorgegebener Mindeststandards für freiwillige Maßnahmen steht zu befürchten, dass die Rechtsinhaber hinsichtlich der digitalen Privatkopie neue Standards setzen, die hinter dem derzeit von der Privatkopieschranke eingeräumten Nutzungsumfang zurück bleiben und deren nachträgliche Anpassung an diesen gesetzlichen Nutzungsumfang wenig realistisch ist[618].

Tatsächlich ist aber angesichts des regelrechten „Kampfes" der Content-Industrie gegen die digitale Privatkopie in diesem Bereich nicht wirklich mit freiwilligen Maßnahmen durch die Rechtsinhaber zu rechnen.

Um so mehr ist der österreichische Gesetzgeber gefordert, in das Spannungsverhältnis zwischen technischen Schutzmaßnahmen und der freien Werknutzung der Vervielfältigung zum privaten Gebrauch einzugreifen und die Durchsetzung der digitalen Privatkopie im Rahmen staatlicher Maßnahmen sicher-zustellen.

Im Hinblick auf die Entschließung des Nationalrats[619], dass der Bundesminister für Justiz bis 1. Juli 2004 unter anderem darüber zu berichten hat, ob die Möglichkeit der Nutzung der Privatkopieschranke durch freiwillige Maßnahmen (ausreichend) sichergestellt ist und gegebenenfalls gesetzliche Maßnahmen zur Sicherstellung vorzuschlagen sind, bleibt daher zu hoffen, dass sich der österreichische Gesetzgeber nicht mit dem in Aussichtstellen diesbezüglicher Maßnahmen begnügt, sondern tatsächlich von der Kann-Vorschrift des Art 6 Abs 4 Unterabs 2 der Richtlinie

---

[618]) Vgl *Hoeren*, Urheberrecht und Verbraucherschutz. Überlegungen zum Gesetz über Urheberrecht in der Informationsgesellschaft, S 49. Das Gutachten ist abrufbar unter www.vzbv.de/mediapics/1043159929Gutachten_Urheberrecht_Hoeren_2003.pdf.
[619]) Vgl JAB 51 BlgNR 22. GP, Anlage 2.

Gebrauch macht und der digitalen Privatkopie bei der Anwendung technischer Schutzmaßnahmen zur Durchsetzung verhilft.

Soll nämlich der im Urheberrecht und insbesondere in den urheberrechtlichen Schrankenregelungen zum Ausdruck kommende Ausgleich zwischen den Interessen der Rechtsinhaber und jenen der Nutzer bzw der Allgemeinheit[620] auch im digitalen und damit im Bereich technischer Schutzmaßnahmen gewahrt werden, so bedarf es im Hinblick auf die Schranken wie insbesondere jene der Privatkopie eines Äquivalents für den im Anwendungsbereich technischer Schutzmaßnahmen bestehenden umfassenden Umgehungsschutz und des daraus resultierenden Spannungsverhältnisses zu den Schrankenbestimmungen[621]. Dieses Äquivalent für den Umgehungsschutz kann nur darin bestehen, dass der Gesetzgeber durch staatliche Maßnahmen die Nutzungsmöglichkeiten urheberrechtlicher Schranken sicherstellt[622].

Sollte dies hinsichtlich der Privatkopieschranke bedauerlicherweise nicht der Fall sein, so bleibt zur Rettung der digitalen Privatkopie im Spannungsverhältnis zu technischen Schutzmaßnahmen nur noch die, wiewohl wenig aussichtsreiche Korrekturmöglichkeit der EU-Kommission. Die Kommission hat im Rahmen der Berichterstattungen nach Art 12 Abs 1 der Richtlinie unter anderem zu prüfen, ob sich der Einsatz technischer Schutznamen nachteilig auf gesetzlich erlaubte Handlungen wie insbesondere die Herstellung digitaler Kopien zum privaten Gebrauch auswirkt und gegebenenfalls Änderungsvorschläge vorzulegen[623]. In eine eventuelle Gegenkorrektur[624] durch die EU-Kommission sollten von den Schrankenbegünstigten jedoch nicht allzu große Hoffnungen gesetzt werden. Aus Nutzersicht handelt es bei der Urheberrechtsrichtlinie um eine rechtliche Absegnung des technisch Möglichen[625] auf Kosten der digitalen Privatkopie, angesichts der

---

[620]) So stellt etwa die in § 42 UrhG normierte Privatkopieschranke einen gerechten Ausgleich zwischen den Interessen der Urheber bzw Leistungsschutzberechtigten an der Anerkennung eines unbeschränkten Herrschaftsrechts am Werk und den Interessen der Allgemeinheit am ungehinderten Zugang jedes einzelnen zu den Kulturgütern dar. Vgl OGH 26.1.1993 – Null-Nummer II - ÖBl 1993, 136 = MR 1993, 65 = WBl 1993, 233 und oben in Kap 3.1 sowie 6.1.2.2.

[621]) Vgl die Begründung zum deutschen Gesetzesentwurf zur Regelung des Urheberrechts in der Informationsgesellschaft, BT-Drucks 15/38, S 26 f. Der Entwurf ist abrufbar unter http://www.urheberrecht.org/topic/Info-RiLi/ent/1500038.pdf

[622]) In ihrem Bericht ist die Justizministerin zu der Ansicht gelangt, dass eine Beeinträchtigung http://www.bmj.gv.at/_cms_upload/_docs/bericht_freie_werknutzung.pdf.

[623]) Vgl *Flechsig*, Grundlagen des Europäischen Urheberrechts, ZUM 2002, 19.

[624]) Vgl *Gutman*, Österreichisches, Deutsches und Europäisches Urheberrecht im Internet, Dissertation, Wien 2003, 159.

[625]) Siehe *Dreier*, Urheberrecht an der Schwelle des 3. Jahrtausends, CR 2000, 47.

langen und von dem massiven Druck der Lobby der Content-Industrie gezeichneten Verhandlungen zur Urheberrechtsrichtlinie scheint eine nachträgliche Änderung dieses Ergebnisses durch die Kommission sehr unwahrscheinlich.

8 Literaturverzeichnis

Adar/Huberman,   Studie des XEROX PARC „Free Riding on Gnutella", http://www.firstmonday.dk/issues/issue5_10/adar/index.ht ml

Bayreuther,   Beschränkungen des Urheberrechts nach der neuen EU-Urheberrechtsrichtlinie, ZUM 2001, 828 ff.

Bechtold,   Vom Urheber- zum Informationsrecht. Implikationen des Digital Rights Management, München 2002.

Bechtold,   Multimedia und Urheberrecht – einige grundsätzliche Anmerkungen, GRUR 1998, 18 ff.

Bosak,   Urheberrechtliche Zulässigkeit privaten Downloadings von Musikdateien, CR 2001, 176 ff.

Blocher,   Sonderprobleme der Softwareverträge (Teil I) – Die Rechtsstellung des Software-Anwenders nach österreichischem und deutschem Urheberrecht, EDVuR 1994, 5 ff.

Blocher,   in *Koppensteiner* (Hrsg), Österreichisches und europäisches Wirtschaftsprivatrecht, Teil 2: Geistiges Eigentum, Wien 1996, 423 ff.

Braun,   „Filesharing"-Netze und deutsches Urheberrecht, GRUR Int 2001, 1106 ff.

Brenn,   Zugangskontrollgesetz, Wien 2001.

Brenn,   Richtlinie über Informations- und Kommunikationsdienste mit Zugangskontrolle und Überlegungen zur innerstaatlichen Umsetzung, ÖJZ 1999, 81 ff.

Buchinger/Zivny,   „Kampf den Raubkopien", Rechtspanorama, *Die Presse* vom 7.4.2003.

Czirnich,   „Rechtslage bei kopiergeschützten Audio-CDs", http://www.tecchannel.de/multimedia/262/index.html.

Daum,   Der Vergütungsanspruch für die private Überspielung von Musikwerken im österreichischen, internationalen und EG-Recht, Dissertation, Wien 1998, 103.

Davies,   Technische Mechanismen zur Kontrolle privater Vervielfältigung, GRUR Int. 2001, 915 ff.

Deutsche Vereinigung für gewerblichen Rechtsschutz und Urheberrecht, Stellungnahme zum Grünbuch der Kommission der Europäischen Gemeinschaften über Urheberrecht und die technologische Herausforderung, GRUR 1989, 183 ff.

Dillenz,   Praxiskommentar zum österreichischen Urheberrecht und Verwertungsgesellschaftenrecht, Wien 1999.

Dillenz (Hrsg),   Materialien zum österreichischen Urheberrecht, Wien 1986.

Dittrich,   Straffreier Gebrauch von Software?, ecolex 2002, 186 ff.

Dittrich,   Die Festplatte – ein Trägermaterial isd § 42b UrhG, ÖJZ 2001, 754 ff.

Dittrich,   Zum Umfang der freien Werknutzung für den eigenen Gebrauch, MRA 1984 H 4, 1 ff.

Dittrich,   Die Vervielfältigung zum eigenen Gebrauch, in FS Roeber, Berlin 1973, 108 ff.

Dittrich,   Österreichisches und Internationales Urheberrecht, Wien[3], 1998.

Dittrich,   Veröffentlichung und Erscheinen, ÖJZ 1971, 225 ff.

Dreier,   Die Umsetzung der Urheberrechtsrichtlinie 2001/29/EG in deutsches Recht, ZUM 2002, 28 ff.

Dreier,   Urheberrecht an der Schwelle des 3. Jahrtausends, CR 2000, 45 ff.

Fallenböck/Haberler,   Technische Schutzmaßnahmen und Urheberrecht in der Informationsgesellschaft, ecolex 2002, 262 ff.

Fiebinger,   § 42 UrhG: Die magische Zahl 7 ist tot!, MR 1993, 43 ff.

Flechsig,   Grundlagen des Europäischen Urheberrechts. Die Richtlinie zur Harmonisierung des Urheberrechtsschutzes in Europa und die Anforderungen an ihre Umsetzung in deutsches Recht, ZUM 2002, 1 ff.

Flechsig,   EU-Harmonisierung des Urheberrechts und der verwandten Schutzrechte in der Informationsgesellschaft, ZUM 1998, 139 ff.

Foundation for information policy research/Ian Brown,

"Implementing the European Union Copyright Directive", www.fipr.org/copyright/guide/.

Fromm/Nordemann,   Urheberrecht, 9 Auflage 1998.

Frotz,   Zum Vervielfältigungsrecht des Urhebers und zu den konventionskonformen nationalen Beschränkungen – Ein Beitrag zur Fortentwicklung des UrhG, in FS 50 Jahre UrhG, ÖSGRUM Bd 4, 1986, 119 ff.

Gamerith,   Wettbewerbsrechtliche Unterlassungsansprüche gegen „Gehilfen", WBl 1991, 305 ff.

Ganea/Heath/Schricker (Hg), Urheberrecht Gestern – Heute – Morgen. Festschrift für Adolf Dietz zum 65. Geburtstag, München 2001.

Gaster,   Der Rechtsschutz von Datenbanken, Köln 1999.

Gerlach,   „Making available right" – Böhmische Dörfer?, ZUM 1999, 278 ff.

Goldmann/Liepe,   Vertrieb von kopiergeschützten Audio-CDs in Deutschland, ZUM 2002, 362 ff.

Gutman,   Österreichisches, Deutsches und Europäisches Urheberrecht im Internet. Missbrauch, technische Schutz-möglichkeiten und rechtliche Flankierung, Dissertation, Wien 2003, http://www.e-xam.at/update/literatur/pdf/ urheberrecht%20eu.PDF

Haberstumpf,   Der Schutz elektronischer Datenbanken nach dem Urheberrechts-Gesetz, GRUR 2003, 14 ff.

Hackl,   Die zivilrechtliche Haftung der Internet-Provider unter besonderer Berücksichtigung der neuen Rechtslage, Dissertation, Graz 2002, http://www.e-xam.at/update/literatur/pdf/providerhaftung.PDF

Haedicke,   Die Umgehung technischer Schutzmaßnahmen durch Dritte als mittelbare Urheberrechtsverletzung, in Ganea/Heath/Schricker, Urheberrecht gestern – heute – morgen. Festschrift für Adolf Dietz zum 65. Geburtstag , München 2001, 349 ff.

Haller,   Music on demand, Wien 2001.

Hebenstreit,   Urheberrechtliche Schrankenregelungen im digitalen Umfeld, Dissertation Wien, 2001.

Hoeren, High-noon im europäischen Immaterialgüterrecht. Überlegungen zum Vorschlag für eine EU-Richtlinie über die Maßnahmen und Verfahren zum Schutz der Rechte an geistigem Eigentum, MMR 2003, 299 ff.

Hoeren, Entwurf einer EU-Richtlinie zum Urheberrecht in der Informationsgesellschaft, MMR 2000, 515 ff.

Hoeren, Urheberrecht und Verbraucherschutz. Überlegungen zum Gesetz über Urheberrecht in der Informationsgesellschaft. Gutachten im Auftrag von Verbraucherzentrale Bundesverband e.V. in Berlin, http://www.vzbv.de/mediapics/1043159929Gutachten_Urh eberrecht_Hoeren_2003.pdf

Hofmann, Zur Bedeutung des Begriffs „einzelne" für die freie Werknutzung im österreichischen Urheberrecht, MR 1985 H 4.

Jaeger, Auswirkungen der EU-Urheberrechtsrichtlinie auf die Regelungen des Urheberrechtsgesetzes für Software. Stellungnahme des ifrOSS zur Umsetzung des Art. 6 Richtlinie 2001/29/EG im Verhältnis zu den §§ 69a ff. UrhG, CR 2002, 319 ff.

Koppensteiner (Hrsg), Österreichisches und europäisches Wirtschaftsprivatrecht, Teil 2: Geistiges Eigentum, Wien 1996.

Koziol/Welser, Grundriss des bürgerlichen Rechts, Bd 1, 11 Auflage, Wien 2000.

Knies, Kopierschutz für Audio-CDs – Gibt es den Anspruch auf die Privatkopie?, ZUM 2002, 793 ff.

Kreutzer, Napster, Gnutella & Co.: Rechtsfragen zu Filesharing-Netzen, GRUR 2001, 193 ff.

Kröger, Enge Auslegung von Schrankenbestimmungen – wie lange noch?, MMR 2002, 18 ff.

Lehmann, Electronic Business in Europa, München 2002.

Leistner, Der Rechtsschutz von Datenbanken im deutschen und europäischen Recht, München 2000.

Leupold/Demisch, Bereithalten von Musikwerken zum Abruf in digitalen Netzen, ZUM 2000, 379 ff.

Linnenborn, Europäisches Urheberrecht in der Informationsgesellschaft, K&R 2001, 394 ff.

Loewenheim, Vervielfältigungen zum eigenen Gebrauch von urheberrechtswidrig hergestellten Werkstücken, in *Ganea/Heath/Schricker,* Urheberrecht gestern – heute – morgen. Festschrift für Adolf Dietz zum 65. Geburtstag, München 2001, 415 ff.

Lucas, Le « triple test » de l´article 13 de l´Accord ADPIC à la lumière du rapport du Groupe spécial de l´OMC « Etats-Unis – Article 110 5) de la Loi sur le droit d´auteur », in *Ganea/Heath/Schricker,* Urheberrecht gestern – heute - morgen. Festschrift für Adolf Dietz zum 65. Geburtstag, München 2001, 423 ff.

Mahr, Die digitale Speicherung von Werken der Tonkunst zum Zwecke der Rundfunksendung, MR 1998, 333 ff.

Masouyé, WIPO-Kommentar zur Berner Übereinkunft (1981).

Mayer, Die Privatkopie nach Umsetzung des Regierungsentwurfes zur Regelung des Urheberrechts in der Informationsgesellschaft – Verkommt der Begriff „Recht zur Privatkopie" zum bloßen Euphemismus?, CR 2003, 274 ff.

Medwenitsch/Schanda, Download von MP3-Dateien aus dem Internet: Private Vervielfältigung und rechtmäßig erstellte Vorlage, in *Tades/Danzl/Graninger* (Hrsg), Ein Leben für Rechtskultur. Festschrift für Robert Dittrich zum 75 Geburtstag, Wien 2000, 219 ff.

Mönkemöller, Moderne Freibeuter unter uns? – Internet, MP3 und CD-R als GAU für die Musikbranche!, GRUR 2000, 663 ff.

Metzger, Stellungnahme des ifrOSS zur EU-Urheberrechtsrichtlinie über Urheberrecht in der Informationsgesellschaft, http://www.ifross.de/ifross_html/art21.pdf

Metzger/Kreutzer, Richtlinie zum Urheberrecht in der Informationsgesellschaft – Privatkopie trotz technischer Schutzmaßnahmen?, MMR 2002, 139 ff.

Nordemann/Vinck/Hertin, Kommentar zum internationalen Urheberrecht (1977).

Palandt/Heinrichs, Bürgerliches Gesetzbuch, München 1999.

Parschalk, Provider-Haftung für Urheberrechtsverletzungen Dritter, ecolex 1999, 834 ff.

Popp, Verwertungsgesellschaften. Ihre Stellung im Spannungsfeld zwischen Urheberrecht und Kartellrecht, in *Dittrich* (Hrsg), ÖSGRUM Bd 25, Wien 2001.

Raubenheimer,   Die jüngste Rechtsprechung zur Umgehung/Beseitigung eines Dongles, NJW-CoR 1996, 174 ff.

Raubenheimer,   Beseitigung/Umgehung eines technischen Programmschutzes nach UrhG und UWG, CR 1996, 69 ff.

Raubenheimer,   Vernichtungsanspruch gem. § 69f UrhG, CR 1994, 129 ff.

Reinbothe,   Die Umsetzung der EU-Urheberrechtsrichtlinie in deutsches Recht, ZUM 2002, 43 ff.

Reinbothe,   Europäisches Urheberrecht und Electronic Commerce, in *Lehmann,* Electronic Business in Europa, München 2002, 367-407.

Reinbothe,   EG-Richtlinie zum Urheberrecht in der Informationsgesellschaft, GRUR Int. 2001, 733 ff.

Reinbothe,   Beschränkungen und Ausnahmen von den Rechten im WIPO-Urheberrechtsvertrag, in *Tades/Danzl/Graninger* (Hrsg), Ein Leben für Rechtskultur. Festschrift für Robert Dittrich zum 75 Geburtstag (2000), 251 ff.

Reinbothe,   Der EU-Richtlinienentwurf zum Urheberrecht und zu den Leistungsschutzrechten in der Informationsgesellschaft, ZUM 1998, 429 ff.

Ricketson,   The Berne Convention for the protection of literary and artistic works: 1886 – 1986, London 1987.

Rosén,   Urheberrecht und verwandte Schutzrechte in der Informationsgesellschaft, GRUR Int. 2002, 195 ff.

Röttinger,   Gedanken zum urheberrechtlichen Vervielfältigungsbegriff, in FS 50 Jahre Urheberrechtsgesetz.

Schack,   Private Vervielfältigung von einer rechtswidrigen Vorlage?, in FS Erdmann, Köln 2002, 165 ff.

Schack,   Urheber- und Urhebervertragsrecht, Tübingen 2001.

Schaefer,   Welche Rolle spielt das Vervielfältigungsrecht auf der Bühne der Informationsgesellschaft?, FS Nordemann, 1999, 191 ff.

Schanda,   Verantwortung und Haftung im Internet nach dem neunen E-Commerce-Gesetz, ecolex 2001, 920 ff.

Schricker/Katzenberger, Die urheberrechtliche Leerkassettenvergütung – Eine

Erwiderung, GRUR 1985, 87 ff.

Schricker,   Urheberrecht - Kommentar, 2 Auflage, München 1999.

Schuhmacher,   WBl 1989, 56 ff (MBS-Familie – Glosse).

Spindler,   Europäisches Urheberrecht in der Informationsgesellschaft, GRUR 2002, 105 ff.

Verein für Konsumenteninformation,
     „Kopierschutz Audio-CDs. Verflixte Schikanen",
     http://www.konsument.at/seiten/p2560.htm

von Diemar,   Die digitale Kopie zum privaten Gebrauch, Hamburg 2002.

von Diemar,   Kein Recht auf Privatkopien – Zur Rechtsnatur der gesetzlichen Lizenz zu Gunsten der Privatvervielfältigung, GRUR 2002, 587 ff.

von Lewinsky,   Der EG-Richtlinienvorschlag zum Urheberrecht und zu den verwandten Schutzrechten in der Informationsgesellschaft, GRUR Int 1998, 637 ff.

Walter,   Öffentliche Wiedergabe und Online-Übertragung. Berner Übereinkunft, WIPO-Verträge, künftige Info-RL und deren Umsetzung in österreichisches Recht, in *Tades/Danzl/Graninger* (Hrsg), Ein Leben für Rechtskultur. Festschrift für Robert Dittrich zum 75. Geburtstag, Wien 2000, 363 ff.

Walter,   Die freie Werknutzung zum eigenen Gebrauch, MR 1989, 69 ff.

Walter,   Europäisches Urheberrecht, 2001.

Walter,   Ministerialentwurf einer UrhG Nov 2002 – Ausgewählte Aspekte, 217 ff.

Walter,   Werkverwertung in körperlicher Form I, Vervielfältigung und Verbreitung des Werks, MR 1990, 112 f.

Walter,   MR 1999, 94 ff (Radio Melody III Glosse).

Wand,   Technische Schutzmaßnahmen und Urheberrecht, München 2001.

Waß,   Digital Rights Management – Die Zukunft des Urheberrechts?, http://www.rechtsprobleme.at/doks/wass-drm.pdf.

Weinknecht,   Rechtslage bei MP3-Dateien,

http://www.weinknecht.de/ojr/index.html

Wittmann,   Die EU-Urheberrechts-Richtlinie – ein Überblick, MR
                        2001, 143 ff.

Wittmann/Popp,   Die Urheberrechtsgesetz-Novelle 1993, MR 1993, 4 f.

Zanger,   Urheberrecht und Leistungsschutz im digitalen Zeitalter,
                        Wien 1996.

Zecher,   Die Umsetzung der EU-Urheberrechtsrichtlinie in
                        deutsches Recht II, ZUM 2002, 451 ff.